本书由广东社会科学院资助出版

| 光明社科文库 |

敲燧石

冯立鳌短篇历史文化论集

冯立鳌◎著

光明日报出版社

图书在版编目（CIP）数据

敲燧石：冯立鳌短篇历史文化论集／冯立鳌著．--
北京：光明日报出版社，2023.10
ISBN 978 - 7 - 5194 - 7518 - 5

Ⅰ.①敲… Ⅱ.①冯… Ⅲ.①文化史—中国—文集
Ⅳ.①K203-53

中国国家版本馆 CIP 数据核字（2023）第 188062 号

敲燧石：冯立鳌短篇历史文化论集

QIAOSUISHI：FENGLIAO DUANPIAN LISHI WENHUA LUNJI

著　　者：冯立鳌

责任编辑：房　蓉　　　　　　　责任校对：郭玫君　龚彩虹
封面设计：中联华文　　　　　　责任印制：曹　净

出版发行：光明日报出版社

地　　址：北京市西城区永安路 106 号，100050

电　　话：010 - 63169890（咨询），010 - 63131930（邮购）

传　　真：010 - 63131930

网　　址：http：//book. gmw. cn

E - mail：gmrbcbs@ gmw. cn

法律顾问：北京市兰台律师事务所龚柳方律师

印　　刷：三河市华东印刷有限公司

装　　订：三河市华东印刷有限公司

本书如有破损、缺页、装订错误，请与本社联系调换，电话：010-63131930

开　　本：170mm×240mm

字　　数：305 千字　　　　　　印　　张：17

版　　次：2024 年 1 月第 1 版　　印　　次：2024 年 1 月第 1 次印刷

书　　号：ISBN 978 - 7 - 5194 - 7518 - 5

定　　价：95.00 元

最好是把真理比作燧石，它受到的敲打越厉害，迸发出的火花就越灿烂。①

——马克思

① 中共中央马克思恩格斯列宁斯大林著作编译局 . 马克思恩格斯全集：第 1 卷［M］. 北京：人民出版社，2006：174.

目 录
CONTENTS

01

传统智慧篇

思辨之宗　大道之源[*]

——《易经》的思维智慧

产生于殷末周初的《易经》，形成于民族心智开始定型的时代，它以特定方式凝结起华夏族成长阶段的时代精神，构建了风格鲜明的思想体系，其深层理念对后来诸子百家认识世界的视角和方法起了引导作用，对民族心理的发育、成熟也产生了深重影响，因而被誉为"群经之首，大道之源"。在以中国式现代化全面推进中华民族伟大复兴的当代社会，反观《易经》思想体系赖以确立的思维方式与思维特征，能发现其中蕴含的诸多思维智慧。

一、系统思维

在对世界万物的归纳和反映上，《易经》采用了系统的思维方式。系统是由若干不同要素按一定结构组成的、具有特定功能的有机整体。系统的思维方式是将纷繁的事物从结构和功能上归为统一、整体看待的方法。

《易经》首先选用了八卦的系统化工具。八卦是用代表着相反属性的两种符号（-- —），按三三为组的结构组合而成的八个基本图形，八卦中的每一卦都是一个独立系统。借助八卦认知万物，为系统思维的运用创设了前提。其次，《易经》的作者把八卦按上下方位相互叠加推衍，得到了六十四卦的更高层次的系统，并用这一卦画系统来比附说明世界万事万物的复杂变化。这一认知体系的建构表现出了更为鲜明的系统化思维模式。另外，《易经》在观察世界万物时，涉及了人、家庭、家族、国家、天下乃至天地宇宙等具有所属关系的各种

* 此文发表于《光明日报》2014年5月24日第10版《智慧》栏，发表时附加了"编者按"，具体如下："中华文化有着多重内涵，对待中华文化，实有汲取精华、革除糟粕的必要。在丰富广博的传统文化资源中，最具活性、最富启示意义的，当属古人观察世事的思维方式、对待事物的行事方法。这是蕴含于文化深层的精妙所在，跨领域、无国界、贯古今。鉴赏这些传统智慧，识辨其中的优长和缺失，对于今人当有所裨益。广东学者冯立鳌循此理路进行了梳理阐发，撰文数篇，本版将陆续刊出，与读者共同思考、交流讨论。"

系统，这一纵向互含的系统链进一步展现了系统的普遍性，强化了人们的系统思维。

《易经》的系统思维对人们后来的思维方式产生了直接影响，如殷末的五行思想在春秋战国时得到了系统性的整理，由散状形态演化成了具备生克制衡关系的严密系统。兵家将战争的组织策划看作一个动态系统；医学将人及人的内脏器官视作不同系统；人们也认可了由天、地、人组成的宏观大系统，"天人合一"的系统观受到了广泛认可。

古希腊的思想家在世界构成上坚持单一的原子论，导致西方人看重个体价值、重视个人权益；系统思维则要求把组成系统的多项要素作为整体来看待，因而中国思想史上形成了看重整体的思想原则。《老子》说："天得一以清，地得一以宁"，儒家认为"《春秋》大（注重）一统"，法家主张"尊于一"，宋明时强调理、气一元论。虽然各派理论的出发点不同，但都毫无例外地表现了对整体观的推崇。"先天下之忧而忧，后天下之乐而乐"，表达的是整体高于个体的价值观；中国人在生活细节上常有"牵一发而动全身"的顾忌，也有"舍车保帅"的"一盘棋"思想；中国历史上的爱国主义、集体主义大受弘扬，这都源于系统观、整体观对民族思维的影响。

二、和合思维

在看待事物的关系上，《易经》采用了和合的思维方式。不同要素间复杂的依存、交感和转化就是和合，和合思维方式是看到相关联的事物在相互对立中相互交感、相互依存和相互促进的一种思维方法。

《易经》中的"爻"有交错、联系之意，《说文》中直接把"爻"解释为"交"。八卦是由代表相反内涵的两种符号交杂而成的，其中蕴含的两端思维是和合思维的典型形式。《易经》每一卦都是按六爻构成的不同要素之间的交合，六十四卦代表着《易经》体系内互不重复和穷尽无遗的交合形式，足见和合思维是《易经》推衍的前提和根本。另外，在《易经》的卦象系统中，那些上下能发生交感的卦象则吉，如泰卦；相反的否卦，因乾上坤下，天地不交感，则不吉，否极泰来的吉庆态度就表达着对和合思维的肯定。

《易经》的和合思维与西方对立统一的矛盾思维略有不同，它关照的对象不限于两个，可以是一组要素群，并且它更看重不同要素间的相互支持和相互依存。和合思维对后来各家学派的理论建构都产生了不同程度的影响，例如，儒家明确提出"和为贵"，主张在社会生活中用支持、合作的和合手段来成就自己的功名与品格；《老子》认为"知和曰常"，主张通过不争、守弱的途径实现与对立的方面和乐相处；法家韩非也主张通过君主的权力运作实现"上下和调"的政治目标。中国人历来认为"水至清则无鱼""兼听则明"，肯定异质要素与不同意见的积极作用。思想家和民众的理念各不相同，但"贵和"却是共同的思维原则。中国共产党在21世纪倡导"和谐社会"，要求"推进协商民主"，这为和合思维在当代治国实践中大放异彩奠定了基础。

三、变易思维

"易"字在甲骨文中蕴含变化之意。《易经》以变动不居的思维看待世界，认为万物的变易会体现在自身各卦象的推衍过渡中，进而把认识和探求万物的变易视为自己的基本旨归。

通过卦象的推衍和体系的展开，《易经》表达了关于事物变易的基本思想：事物的变易源于内部要素的不同交合；变易要经历一个渐微积累的过程；变易超过一定限度，就会走向反面；等等。

《易经》的变易思维对后来人们有不少的启发和教益：正是感到了"亢龙有悔""物极必反"的法则，孔子提出了中庸的处事方法，以防止"过犹不及"；老子主张以"知雄守雌"、坚守柔弱的方法，避免自身由强大走向毁灭；法家则用制度变革来应对社会生活的变易。在社会生活中，人们主张学识的"跬步之积"，认定要保持德性之纯就要"防微杜渐"等。《西游记》中的孙悟空深受人们喜爱，也是因为其应变能力和多变身躯与民族的变易思维相契合。党的十八届三中全会认为"实践发展永无止境"，进而提出了全面深化改革的许多重大决定，这是用社会内部要素的调整来推动民族的发展复兴，古老的变易思维也在此得到了新展现。

四、人本思维

在观察世界万物及其关系时，始终以人类的需要为出发点和落脚点，这就是初级的人本思维。

《易经》卦画系统的创立及其推衍始终体现着对人类自身的关注。构成八卦的两个符号，其实就是对男女生殖器官的描摹，两者的交错表现着人类的生殖崇拜以及某种生生不息的生命意志。六十四卦的绝大多数卦辞直接说明了人类社会的生产、生活和政治活动，体现着人生的立场，表现出对人事凶吉的看重。《易经》作者的着眼点和思考重心显然是社会人生，其理论的致思过程在于：以人类关系来理解和思索天地关系，又从天地法则的高度来领悟和说明人类社会。

虽然论及天地自然等复杂的现象，但其体系建构的本位始终是人本身。

《易经》人本思维的导引，使百家争鸣的焦点总是在社会生活方面，在科技领域，与人的生命、生存直接相关的农学、医药学得到了长足发展。历史上，学术大家自认的使命是"为天地立心，为生民立命，为往圣继绝学，为万世开太平"，这一价值立论使社会观、伦理观在中华文化中形成了丰厚积累。此外，人本思维使中华主流文化一直关注着人类社会"此岸"的存在状态，宗教神学始终未能取得主导地位。西方文艺复兴时期的人本主义，确认并支持了中国传统的人本思维。中国共产党确立了以人为本的科学发展观，提出全面深化改革要以"增进人民福祉为出发点和落脚点"，使传统人本思维在扬弃过程中得到了发挥和运用。

黑格尔说："《易经》包含着中国人的智慧。"在万木争荣的世界民族之林，中华民族是一株久历寒暑、最富年轮的劲松，其千难不衰的经历、抗风耐霜的生机和复兴在望的前景都是民族的外在表征，而以思维方式与思维特征表现出来的思维智慧，则是体现文化基因的一种内在意蕴。无论世间风云如何变幻，未来的兴盛终归会属于不弃智慧的民族。

彰扬理性　教化德行[*]

——《易传》的思想创新

中华传统文化中蕴含着强烈的创新精神，这在易学的承传中也得到了生动的体现。产生于战国末期的《易传》，总结了《易经》产生后近千年天地翻覆的社会生活和自春秋时期以来百家争鸣的理论成果，采取经典诠释的形式阐发易理，在文化传承中做出了极富智慧的思想创新。

一、赋予了易学以理性精神

《易经》以卦画推衍来表达思想理念，具有经验性、直观性、模糊性的特征。《易传》借鉴吸收了民族思想发展中的精粹，以少有的睿智挖掘和认定了经文的理性成果，并做了准确的思想阐发和文字表达，使易学的理性精神大放光彩。

首先，《易传》用文字来命名构成八卦的两个符号，明确地运用了"阴阳"概念。《易经》将两端思维用两个符号来表达，对符号并未以文字命名；《易传》对这一理念做了深刻体认，称其方法为"观变于阴阳而立卦"，确认"乾，阳物也；坤，阴物也"，提出"一阴一阳之谓道"，明确地运用了"阴阳"概念，并规定了刚柔、动静、雄雌、男女、上下、明暗等对立事物的"阴阳"归属。《易传》还首次提出了"太极"概念，阐发了"形而上者谓之道，形而下者谓之器"的命题，极大地提升了易学的理论性与逻辑表达性。

其次，《易传》对经文中卦画推衍所形成的思想理念做了精辟概括，提出了"刚柔相推而生变化"的变易根源论，表明了"渐微"和"彰显"两种变易的形式，推断出变易"反复其道"的回复性和无限性趋势，对变易思想做出了精深阐述。

另外，《易传》在经文注释中敏锐地发掘话题，阐发见解：断定《易经》作者具有忧患意识；认为包牺氏是通过观天法地，"近取诸身，远取诸物"而创

* 此文发表于《光明日报》2014年6月14日第5版《智慧》栏。

立了八卦；提出"《易》与天地准，故能弥纶天地之道"。《易传》阐发了经文的思想内涵，也论证了卦画推衍与人类世界的相通性。

《易传》为易学注入了理性精神，使《易经》的许多深邃理念自觉化、明朗化。它开创了易学研究的义理学派，又以自身的思想高度推进了易学的影响力，尤其是使阴阳学说得到规范化提升，对天文学、医学、农学、建筑学，乃至人们的审美观念都产生了深刻影响。

二、确立了人的社会责任

《易传》承袭了经文的人本思维，提出了"生生之谓易"的命题，认为变易就是生命的生育和生长。带着这样强烈的生命意识，《易传》把人掺杂于经文安排的天地交合之中，认为天道、人道、地道构成《易》的"三材"，进而认为易卦的六爻正是"三材"各兼两位而形成的。"天人合一"在此被模式化，人成了与天地相合、影响世界变化的必有要素。

根据"穷则变，变则通，通则久"的法则，人类世界只能在动态的变易中实现永恒。因而，身居天地之间的人就应该积极地推动变易，以实现生命的意志和人类的永存。据此，推动变易就是人与天地相合的一种天赋责任。在解释开首的乾卦之象时，《易传》提出"天行健，君子以自强不息"。认为天道刚健，人应该以天为法，以刚强意志推动事物变易而永不歇息。在对"革"卦的解释中提出"天地革而四时成，汤武革命，顺乎天而应乎人"，认为汤武推动社会变革，是实现了顺天应人的责任。

在确立人的社会责任时，《易传》既倡导"君子见几而作，不俟终日"的能动性，又主张"待时而动""与时偕行"的时机论，两者强化了"天人合一"的认知模式，提升了人推动社会变易的客观可能性，彰显了《易传》"责任观"的理性精神。

古希腊思想家通过自然法理念推论出了人的自然权利、天赋权利，《易传》则通过经文诠释推论出了人的"天赋"责任，不同的思维导向对中西方的民族心性产生了不同且深远的影响，使中华文化中含有极强的责任意识。司马迁早年向父亲承诺了著史尽孝的责任，他身遭腐刑后隐忍苟活，就是认定责任重于泰山；"天下兴亡，匹夫有责"，表达的是中国士大夫强烈的社会责任感；"无才可去补苍天，枉入红尘若许年"，透露出的是生命中责任失落的惆怅与自责。在当代中国，责任意识、担当精神，始终是一个伟大政党取得人民信任的优秀品格，也是一位普通公民应该具备的优良素质。党的十八大报告提出，要"引导人们自觉履行法定义务、社会责任、家庭责任"，民族传统文化中的责任理念仍然闪烁着熠熠光彩。

三、认定了生命过程的道德之基

依据经文的和合思维，相关联的不同事物相互依存，促成了新事物的产生。《易传》强调人在天地间的生存和责任，从而主张生命间的彼此关爱和相互助益。它把这一理念提升到德性的层面，提出"圣人所以崇德而广业"，认为只有崇尚德行才能广大事业，从而把道德视作生命过程中实现责任的可靠基石。

《易传》把乾坤八卦视为父母与六个子女的关系，使卦象系统具有浓厚的人伦色彩；赞扬了乾卦刚健广生的品性；认为"地势坤，君子以厚德载物"，提出"坤厚载物，德合无疆"。大地以自己的丰厚资材滋养生命、载育众生，与万物同荣，《易传》肯定了这一德性，主张欲成大业的君子应该效法大地，用自己的丰厚德性助益同类、惠利生命，使有生者被及德泽、受利生长，从而与天地之德相合，并由此获得万物的涵养，实现事业的成功和生命的价值。

《易传》还从德行方面理解许多卦象，如认为履卦讲行为修养，是道德的基础；谦卦讲礼节谦让，是道德的枢纽等。它借助对经文有关思想的阐发，对人们进行谆谆道德指引，如提出"利者，义之和也""君子以见善则迁，有过则改"等。《易传》是要把合于生生目标的道德理念展现出来，强化人们的道德自觉。

重道德还是重才智，是中西早期文化的差异所在。古希腊哲学是"爱智慧"的学问，表明西方思想家对才智的看重；《易传》把前人的道德理念灌注于易学体系中，强化了传统文化中的道德至上观。孔子曾说："骥不称其力，称其德也。"表明了德行高于才能的价值标准；宋明理学在根本上是一种伦理至上的学说；在中国神魔小说《西游记》中，德性最强的唐僧尽管降魔能力最差，却是团队的领头人，而取经的结果也表明，只有以德性为统，才有艰难事业的成功。在"文革"时期受推崇的三篇红色文献中，张思德、白求恩恰恰是道德的楷模，老愚公也是因某种精神而受到推崇。人们认可的是，"一个人能力有大小，但只要有这点精神，就是一个高尚的人"。道德至上的理念已潜存于民族的"集体无意识"中，致使反传统的时代仍未脱离传统的思维路径，可见道德至上理念在民族传统文化中的影响之深。

事实上，《易传》是沿着传统人本思路，从人生观的角度看待世界万物变化的，它把人类世界的变化、人的责任实现、人的道德修养看成是统一的过程。"善不积不足以成名，恶不积不足以灭身"，既是讲事物变易中渐积与显变的两种常规，又是在讲人生的功业成败与道德修养的联系。"君子安而不忘危，存而不忘亡，治而不忘乱"，既是讲事物的两端转化，又是讲人对变易之枢的能动把握，也是强调君子"知微知彰，知柔知刚"及安身保国的道德养成。在《易传》的理论视野中，天、地、人构成"三材"系统。人与天地参，负有推动变易、促成社会通达长久的责任；人也只有德合天地，与万物相助益，赞天地之化育，才能实现自己的责任和使命。《易传》正是以此构建了自己形散而神聚的严整体系。

习近平总书记说："创新是一个民族进步的灵魂，是一个国家兴旺发达的不竭源泉，也是中华民族最深沉的民族禀赋。"①《易传》总结了丰富的历史生活，吸收了前人的思想资料，在对《易经》的继承中创新了易学、创新了中华文化。它的思想成果和创新方法，推动了民族理论思维的深化，也为后来的思想创新树立了标杆，拓展了道路。在以中国式现代化全面推进中华民族伟大复兴的当代社会，创新未有穷期，《易传》的思想灵魂正显示着无尽的生命力。

---

① 习近平．习近平谈治国理政：第 1 卷 ［M］．北京：外文出版社，2014：51.

水与老子生存智慧[*]

在礼崩乐坏的春秋末世，思想大家老子透彻地观察到了社会政治的腐朽，为了保持心境安宁，他拒绝与执政者合作，超然世外，寄情于山水，感受大自然的洁净与辽阔，从而更能体会人生的真谛。老子是以改变了的心态认识国家政治与社会生活的，因而难以与坚固不变的山产生心灵的契合。曲折流动、变化万端的水则正好能激起哲人的共鸣，因而成为思想家的寄思与体悟之物。可以说，老子的生存智慧和哲学思想是与自然水性相通的，甚至可以说就是对水性的体悟。

一、从水性中体悟处世之方

春秋时期的另一思想家孔子深刻体察过寄情山水者的不同文化心态，指出"智者乐水，仁者乐山"。老子作为乐水的智者，从自然水性中体悟到了充满智慧的处世之方。

水首先是一种柔弱之物，它不逞强，甚至回避"坚强"，但长久的韧性却使它具有滴水穿石之效，坚强的石头反被柔弱的水战胜。老子由此认定"天下莫柔弱于水，而攻坚强者莫之能胜"，并提出了柔弱胜刚强的贵柔论。老子进一步将这种观点提升到人生的高度，即"坚强者，死之徒；柔弱者，生之徒"。将坚守柔弱视为人们谋取生存的有效方式。主张柔弱处世的老子，始终认为"柔之胜刚，弱之胜强，天下莫不知"。他的贵柔守弱，本质上是一种乐观、豁达、蔑视强大而不失自信的处世理念。

水追求下位而安于卑贱，不与物争，所以不会引起纷争，同时水又善待万物，促成万物生长，深得众物喜爱。老子由此悟出了一条重要的处世原则：要

＊ 此文发表于《光明日报》2013 年 11 月 27 日第 12 版《智慧》栏。文章发表后，该报在2013 年 12 月 21 日第 9 版《智慧》栏"读者来函"中发表了任国征的短文《国外的水智慧》，该文对《水与老子生存智慧》做了联想和评点。

谦卑，要忍让，要善处下位，尽量助益他人，以消弭纷争，避免失败，赢得人心。他认为"上善若水"，最好的处世方法是像水一样，善利万物而不争。正因为不争，故而没有失败之忧，并能使人们乐于推戴。老子从善利万物的水性引申出了一种宽厚的处人之道，他主张："善者，吾善之；不善者，吾亦善之，德善矣！"即无论对自己友好还是不友好的人，都要善意对待，以此成就德性和功业。这就是水性般的处世方式。曹雪芹在《红楼梦》中叙述薛宝钗处事平和、内敛、宽厚，说她"罕言寡语，人谓藏愚；安分随时，自云守拙"，又说她"不比黛玉孤高自许，目下无尘，故比黛玉大得下人之心"，这客观地印证了老子处世方式的有效性。

老子按照效法自然的思路，将他的处世原则做了概括："吾有三宝，持而保之。一曰慈，二曰俭，三曰不敢为天下先。"在他看来，人生的路途艰难崎岖，世事难料，但一个人只要持有如水那样慈善利物、俭朴单纯、守弱不争的三件法宝，就一定能柔而制胜，得到人生的达观和舒美。

二、从水性中体会治国之道

远离庙堂的老子在思想深处并没有放弃对社会政治的思考，他从水性的自然平和中反观了现实政治的弊端。水的本性是求平，而求平是自然天道。老子认为，自然天道就像拉弓一样，"高者抑之，下者举之"，即所谓"损有余而补不足"，而现实社会恰好相反，表现为"损不足而奉有余"，这正是一种公平的缺失。为此，老子主张为政者要以宽厚包容的心态来实施公平之政，提出"容乃公（公平），公乃王（主宰）"，认为为政者效法水性、追求公平，自然会取得良好的政治效果。

社会执政者一直看重人心向背，儒家孔子主张执政者应努力造成百姓"襁负其子而至"的民心归顺局面，那么，怎样才能达到这一效果呢？老子从对水的观察中体会到了一种可靠的方法。比如，百川和大海都是水聚而成的，但为什么是百川奔海，海纳百川？老子认为那是因为大海处在百川的下位，"以其善下之，故能为百谷王"。据此，老子认为，为政者要想人心归顺，就一定要甘下位，在民众面前应言语卑谦、利益置后，所谓"以其言下之""以其身后之"，由此使"天下乐推而不厌"，造成百川归海、万民追随的局面。老子说"善用人者为之下"，这一理念与他提倡的处世方法是本质相通的。在中国历史上，力量弱小的刘邦能够战胜有拔山扛鼎之力的项羽，就是因为前者卑谦纳才、善处人下，形成了众流归海之势；而后者刚愎自用、刻薄待人，逞力暴虐，最后成了孤家寡人，自刎乌江。

水促成万物的生长，但它对万物"生而不有，为而不恃，长而不宰"才是最高的德性。在老子看来，政府管理者就应该像水利万物那样治国理民，对于苍生，生成利益而不占有，支持发展而不矜持，促成生长而不主宰。他认为，人们得益受利，反而不知道施与者的存在，才是为政的最高境界。所谓"太上，不知有之；其次，亲而誉之"。

以公平公正的方式和卑谦处下的态度治世理民，正是践行了自然水性体现出的天道规律。老子认为，执政者遵循这一天道，始终把百姓的利益放在上位，坚守宽广、包容、公平、卑下等德性之美，就自然可以成就海纳百川的"百谷王"之位。

三、从水性中推测宇宙生成

老子冷静地凝思水性，从水的现状追溯它的无限过去，发现了汽与水的交互变化，进而思考"无"与"有"的转换，由此推测和描述了宇宙万物的生成。

老子考究了"有"与"无"的关系。一方面，他从具体状态上指出了"有"与"无"互相依存、互相转化的生成关系，认为它们是"同出而异名"，属互相区别又本质相同之物；另一方面，在根本意义上，他认为"天下万物生于有，有生于无"，还认为从宇宙生成上讲，"无"比"有"更原初、更根本。对这种"无"的状态，老子描述为"视之不见名曰夷（无色），听之不闻名曰希（无声），搏之不得名曰微（无形）"，认为它"迎之不见其首，随之不见其后"，是一种没有形状、没有物象的恍惚之物。

在老子看来，作为宇宙生成的原初状态，是先于天地、不依赖万物，与万物循环往复的东西，这种东西究竟是什么呢？时间稍后的《管子》一书认为宇宙生成于"精气"，而老子并没有对这一原初之物做出具体的认定，只是说勉强可以称之为"道"，老子其实并不准备将其规定为具体的物质形态，他要坚守宇宙生成上思辨与抽象的原则。但综合考察，老子对这种原初之物的想象和描述完全是以水汽为摹状物的，与水"同出而异名"的汽正是一种恍惚无体、无色无声、无形无状之态，在感觉经验的范围内，属似无而有、似有而无的东西。老子在论天地之道时发问："孰能浊以澄，静之徐清？"更是明确地将水作为意指之物。应该说，无论老子关于宇宙的原初想象究系何状，他关于有无关系思想的形成，以及对"无"的根本性描述，都明显受到"汽—水"交互变化的启发，是从水的形态变化中推测和描述宇宙的生成过程的。

老子对水及其特性深切体悟的思维方法，极大地影响了后来的思想家。如

《孙子兵法》中提出"兵形象水"；荀子则认可君主与庶民的"舟水之喻"。前者看重水在运动中的规律性和灵活性；后者看重水的凝重处下和不可欺侮的力量。两位思想家都试图从自然水性中得出深沉的事理体悟，对老子的水性哲思做了独到的发挥。

　　老子用宁静的心情观察自然的必然性，他从水的物性上体悟出了柔弱与不争的处世之方，体会出了公平与谦下的治国之道，从其形态变化上推测并描述了宇宙万物的生成。水是一种普通的自然之物，曾经滋养了人的血液，而老子用它进一步滋养人的精神，真正使自然之水具有了精深的文化内涵，并因此成就了一种博大恢宏的民族智慧。

"内方外圆"与"和而不同"*

生活在世界上的人都处在特定的社会环境中，而社会环境始终不以人的意志为转移。人们在不可确定的外在环境中是否可以拥有自己确定的心性，如何以确定的心性应对多样的环境并立身处世，是人生在世必然会碰到的重大课题。思想家孔子在《论语》中大量论及这一处事做人的难题。他主张以"内方外圆"的处世智慧，达成与社会环境的"和而不同"，塑造出松柏常青的理想人格。

一、追求内在的直、正、刚

孔子在内心把一个人的各个属性归结为内在品质和外在表象两个方面，内在品质是一个人的长期行为所反映出来的德性，属于人本质的东西；外部表象主要表现为一个人所拥有的物质财富和社会地位。孔子认为，人的内在品质是非常重要的，他主张人应该把重点放在优良德性的塑造上。

对于人的内在德性的塑造，孔子逐层地提出了"直""正""刚"的准则。

首先，要求"直"。"直"包含无隐、无伪，耿直、率性而为。孔子肯定"直道而行"的品格，表白自己"吾无隐乎尔"，认为"人之生也直，罔之生也幸而免。"人在世上生存是因为直，但欺罔的人也能生存，那是因为侥幸而避免了灾祸。相反，对不直的隐匿性格，孔子则持贬斥、否定的态度。他把"直"视作坚持人生基本原则的一条底线。

其次，提倡"正"。"正"是对承担一定社会治理责任的人的进一步要求，指一个人的品行端正、行为正派。孔子对前来讨教政务治理的季康子说："政者，正也。子帅以正，孰敢不正？"在他看来，"正"虽是给上流人物提出的要求，但只要"君子"们率先垂范，就一定能对普通民众的德性行为产生正面影

---

* 此文发表于《光明日报》2013年12月21日第9版《智慧》专栏，发表后，该报在2014年1月4日第12版《智慧》栏"读者来函"中发表了任国征的短评《子学里的方圆智慧》，该短评对《"内方外圆"与"和而不同"》做了评点并给予了肯定。

响，起到"正人君子"的作用。

最后，赞赏"刚"。"刚"表示一个人理想、目标和原则的坚定性和不可移的特征。孔子提出："刚、毅、木、讷，近仁。""刚"是第一位的品格。孔子认为："志士仁人，无求生以害仁，有杀身以成仁。"一个人为了保持内在的信念，生命也可以放弃，可见其内在的刚强程度。还认为"三军可夺帅也，匹夫不可夺志也"。外界的任何强大的东西都可被改变，而一个人的意志是不能被征服的，哪怕他是一介匹夫。这里的"刚"应该是指践行"仁"时意志坚定，同时表现为坚贞不屈、舍生忘死的内在品格，集中体现为内在的刚强。

二、实现外在的柔顺和圆润

在追求德性塑造的同时，孔子主张人们对外部的表象可漠然置之。孔子认为人的外在环境，包括个人境遇是不由人主观选择的，不可勉强，因而主张人们应该与时相应、可进可退。他明确表示自己的处世与许多前贤不同，是"无可无不可"的态度。

面对清浊不定、无法把握的外在环境，孔子历来是以灵活的方式予以应对的，以求和睦相处、存身待时。在他看来，人的处世并没有非如何不可的固定方式，考虑的只是怎样才合适。孔子对此做了多方面的论说，他曾经认同"深则厉，浅则揭"的生活方式，主张河水深时就和衣蹚过，水浅时就撩衣过去，不主张固执一端。他生活中坚守的四条原则是"毋意、毋必、毋固、毋我"。其中的第二与第三条就是不绝对肯定、不固执，表达了一种灵活的处世风格。他曾说自己"疾固也"，表达出对生活中的固执态度的不赞成。

比如在人们与朋友、君上和世道的关系上，他的观点是"忠告而善道之，不可则止，毋自辱焉""天下有道则见，无道则隐"等。在孔子看来，人们对父母、朋友、君主、社会和自然应该忠诚以待，但当这种忠诚不能得到理解，甚至会给自己带来羞辱和危险时，则不可勉强而为。他赞扬蘧伯玉"邦有道，则仕；邦无道，则可卷而怀之"的君子风格，他也教育学生们要根据不同情况采取灵活的处世方法。孔子主张的这种处世方式表现的是一个人外在的柔顺和圆润。

三、塑造内方外圆的人格

孔子要求人们着力于内在品格的正直与刚强，同时却主张以进退适宜的方式达到外在的柔顺与圆润，这即是一种外柔内刚、内方外圆的人格。

孔子理想的人格模式，既要求人们形成各自不同的个性特征，具有坚贞不屈的意志和品格，又要求人们具有良好的修养和柔顺圆通的处世方式，保持外在的和合局面。他曾赞扬卫国大夫宁俞说："宁武子，邦有道则知，邦无道则愚。其知可及也，其愚不可及也。"宁俞的过人之处不在于政治清明时能施展自己的才智，而在于政治黑暗时他愚钝得使人浑然不觉，他达到了常人难及的高度圆顺，从而也保持了自己内在品质的方正，构成了一种完美的人格。

孔子一方面反对只求处世圆滑而品行不正的行为，如他多次表明对"巧言令色"之人的反感，认为花言巧语、外表伪善的人，很少有仁德；另一方面，他也认为，不知灵活变通就难有人格的完满。他在回答一位学生关于什么是耻辱的问题时说："邦有道，谷；邦无道，谷，耻也。"国家政治由清明变得黑暗，一个人还不知变通地做官食禄，而不能与政治决裂，这就是耻辱。这是外在的不圆顺伤害到了其内在的方正。

在这种意义上，孔子认为，鄙陋的人做官从政是难以做到人格完满的："其未得之也，患得之；既得之，患失之。苟患失之，无所不至矣。"没有得官时担心得不到，得到后又担心失去。如果担心失去官位，就什么事情都做得出来。在孔子看来，事情的要害就在于这些人处世方式上缺乏可进可退的圆顺性，知进而不知退，必然丧失本我应有的方正。

四、"君子和而不同"

孔子进一步把理想人格的设定与社会和合的企求结合起来，提出了"君子和而不同"的人生理念。这里的"不同"，是指人内在的方正、刚强和个性差异。这里的"和"，是指人们以圆通柔顺的处世方式实现与外在事物的和谐。所谓"礼之用，和为贵"。这里的"和"，正是指在坚持"礼"的原则时与外界事物形成的和谐关系。"和而不同"，构成了一种较高境界的人生哲学。

孔子对内方外圆的理想人格曾做过生动的比喻："不曰坚乎？磨而不磷。不曰白乎？涅而不缁。"至坚者磨而不薄，至白者染之于涅（一种黑色燃料）而不黑。它们能适应外部环境，即使在不利的境遇中也能保持自己坚硬和洁白的本色。孔子还把这种理想人格比作松柏："岁寒，然后知松柏之后凋也。"众木纷杂，但只有松柏才能在严寒季节中保持青绿之色，它们能圆润地应付有利和不利的生存境遇，从而坚守自我本性，真正做到内方外圆、外柔内刚，成为和而不同的典范。

孔子的坚白之论与松柏之喻展示了他所提倡的理想人格的本质特性，标示了一种高尚的人生哲学。自此以后，坚韧不拔、坚贞不屈、洁白不染就成了深受人们赞颂的优秀品行，松柏长青更成了志士仁人自我塑造和一生追求的崇高精神风范。

争胜艺术　制胜之道*

——《孙子兵法》中的思维方式

《孙子兵法》是中华文化土壤中生长出的一枝娇艳奇葩，无论是中国自古至今的军事家，还是当代西方有所相知的政商巨子，都无不惊叹该书的丰盈智慧与指导价值，其实这部影响深远的名著，是中华思维智慧在军事争战上的凝结，是春秋末期的孙武为适应时代需要而"磨制"出的一部争胜宝典。

一、从多因相和中把握战争规律

传统和合思维认定不同物质相交会生成新的物质，即"和实生物"。孙子把战争结果视为多种因素综合作用下的生成之物，在总结战争经验的基础上，归结了各种战争要素的复杂糅合情况，以及其对战争结果的影响，锻造了在多因相和中把握胜败的战争理论。

《孙子兵法》首先在意念中确立了战争结果的圆点，然后将战争要素看作围绕这个点而存在的三个层级的圆形系统，自内向外分别为军事条件、社会条件和自然条件。军事条件包括将帅能力、士卒素质和军需物资等；社会条件有国家经济实力、上下团结、人心向背及外交状况；自然条件指山川地理及寒暑风雨的气候等。不仅如此，它还充分考虑了战争耗时久暂和距离远近等时空状况，顾及各种要素的消长变化及其明晦显现程度，从而使这个多层级的系统成了一种非平面的立体存在物。在孙子看来，战争正是由于其中许多要素的激荡作用，才生成了圆点上的结果。根据这一思路，全书深刻分析并揭示出诸多要素相合的不同形式及其结果，展现了圆形系统各层要素与战争圆点的联系规律。

人是战争中必不可少的和合要素，而《孙子兵法》进一步把人视为各种和合要素的操作者及战争结果的承受者，表现了对该要素——战争主体的极大关注。全书带着对战争主体特定的价值判断来论述战争，既揭示了各要素与圆点的联结规律，又着力阐发了人对这些规律的运用技巧。它把人的价值选择性、

---

*　此文发表于《光明日报》2014 年 8 月 23 日第 7 版《智慧》栏。

主观能动性和战术操作性突显出来、结合起来，使五千言的兵法既是论述战争规律的理论著作，又是指导用兵布阵的军事技术著作。把中华民族丰富的思维智慧聚合起来，推向实用的层面，又可以提示战争主体如何能动地操作，这样的文化创新是空前的。

《孙子兵法》在论证多因相和思想时，还将古老的五行学说作为一种思想资源，如讲到"经之以五事"及为将五法时，还提到进兵"五利""将有五危""火攻有五""用间有五""用兵五法（原则）"等，又用"五行无常胜"来说明战争因素的优劣无常。五行思想加强了多层系统中不同要素的关联性，强化了兵法理论的综合性特征，成为全书认识事物关系和说明变易规律的一种重要方法。

二、在两端相依中探求制胜之道

《易经》开创了两端相依的思维方式，《孙子兵法》运用这一思维利器分析了战争各要素间的相互作用，创造了把思维智慧与军事争胜相结合的无上典范。

孙子从对三层系统中许多对立要素相互关系的分析入手，揭示了军事争胜的规律。其中，军事条件涉及生死、存亡、胜负、利害、劳佚、强弱、卑骄、众寡、攻守、巧拙、智愚、钝锐、迂直、彼己、奇正、虚实、得失、怯勇、取予、安危、动静、行止、进退、专分、分合、徐疾、静哗、饱饥、锐惰、往返、屈伸、刚柔、聚散、劲疲、久速，还新创了形（军事实力）势（作战态势）、势节（节奏）、周隙（不周全）、全（完整）破（残缺）等概念；社会条件涉及道法、治乱、亲疏、内外、有无、主客、好恶、有余不足、纵横、文武、贵贱、赏罚、镒铢、轻重等；自然条件涉及天地、高下、远近、险易、广狭、短长、前后、左右、寒暑、朝暮、昼夜、阴阳等。全书借用两端思维捕捉和认识了诸多相反的战争要素，对它们的相互关系进行了透彻精细地分析，建构起了关于战争理论的一大奇观。

和西方的对立统一不同，中华文化中的两端思维更强调对立双方的相互依存、相互促进和相互成就。孙子在论述敌我争胜时，把两端相依的一面发挥得淋漓尽致。如粮草往往对争战构成制约，敌方间谍常对争胜构成威胁，孙子为此提出"因粮于敌""因其敌间而用之"，要求消耗敌方粮草和利用敌方间谍，主张吸收对方的战争资源，将敌人的战争要素内化为支持自我的力量。又如克敌制胜是战争的最终目的，而孙子则认为我方取胜依赖于敌方提供机会。他说："昔之善战者，先为不可胜，以待敌之可胜。不可胜在己，可胜在敌。"认为高明的指挥员首先要使自己不可战胜，取胜则要依赖敌方提供战机；己方只能保证不被战胜，而夺取胜利取决于敌方。把战争最终目的的实现建立在对敌人一方的某种依赖上，这正是中华两端思维在战争论上的彻底贯彻。

三、打造以变为魂的争胜艺术

战争是复杂的动态系统，系统的要素处在争夺和流变中，战争的任何一方都不会固定于强弱的某一端，正是这种高度的流变才使主观能动性的发挥具有空间，才使战争的争胜成为可能。孙子以变易思维看待战争，论述战争规律，打造了以变为魂的争胜艺术。

首先是识变。孙子围绕"知己知彼"的根本原则提出了多种识敌技巧，如"半进半退者，诱也""辞强而进驱者，退也"，并主张用"策之""作之"等试探方式令隐藏真情的敌人自我暴露，以期对微妙多变的战争实情做出识辨。

其次是应变。孙子提出了不同地理条件下的不同用兵方式；提出了避实击虚、以治待乱等作战手段；提出了"怒而挠之，卑而骄之，佚而劳之，亲而离之"等不同敌情下的应对策略，其出发点是要将瞬息万变的战场情势迅速转化为于己有利的条件。他还认为用兵布局应像传说中的常山之蛇，"击其首则尾至，击其尾则首至，击其中则首尾俱至"，这正是兼有防御和进攻机能，具有灵活应变能力的用兵战术。

最后是创变。根据"兵以诈立"的原则，孙子提出了"能而示之不能，用而示之不用"等迷惑敌人的策略；"置之死地而后生"则是一种高超的"魔变"艺术。他以奇正之变说明这种变化的无穷，认为"善出奇者，无穷如天地，不竭如江河"。不仅指出了战争创变的一般策略，又留给战争指挥者无限的创变空间。中国现代战争史上的运动战，实质上正是以动创变，在运动中寻机歼敌的战术。

近代德国军事理论家克劳塞维茨的《战争论》，以德国古典哲学般的深刻冷峻，对战争的性质及诸多环节做了分析，被西方誉为"战略学的圣经"。《孙子兵法》规避线性思维，采用浑圆思维看待战争，是一种极富综合性、灵活性和跨越性的有机战争观。西汉战神韩信就是熟读和善用《孙子兵法》的高手，《三国演义》依据历史线索，艺术化地演绎了上百场大大小小的军事争战，这些演绎受到兵法理论的规范和引导，反过来又成为演示《孙子兵法》的经典案例。

《孙子兵法》的诞生距今已约 2 500 年，它的基本思想对当今军事争战仍不失为重要的借鉴和指导。1991 年，第一次海湾战争中，防御方的萨达姆军队把大批飞机坦克隐藏在防空掩体中以避损失，以美国为首的多国部队则利用空中优势实施猛烈打击。孙子云："善守者，藏于九地之下；善攻者，动于九天之上。"战后有评论认为，这是两个不同重量级对手之间的相互较量，但攻守双方都没有背离《孙子兵法》的预见和指导。美国总统里根曾说："中国哲学家孙子主张不战而屈人之兵。真正成功的军队是这样一支军队：由于其力量、能力和忠诚，它将不是需要被用来打仗的一般军队，因为谁都不敢向它挑衅。"日本企业家松下幸之助说："《孙子兵法》乃是我成功之法宝。"

　　《孙子兵法》是中华思维智慧在军事争战中的集中演示，传统和合思维、系统思维、两端思维、综合思维、变易思维、人本思维及能动思维在一个点上得到了充分调动与发挥，由此铸就了中外战争论上的千古绝唱。

讷言敏行　君子修为*

在注重德性标格的中华文化中，孔子和老子虽有大相异趣的人生观、处世观，却共同持有"讷言"的主张。"讷言"成了两位大师思想理念的一个交汇点，灌注着他们思考社会和人生的智慧，孔子"讷言而敏行"的理念更是引导了民族心性的塑定。

一、"讷言"以寡失

言与行是人主体活动的两种方式。孔子从人格塑造上着眼而提出"有言者不必有德"，并认为考察一个人要"听其言而观其行"，即言语不能代表一个人的德性，人格的实现在行不在言。他据此提出："仁者，其言也讱"，"君子欲讷于言而敏于行"。讱、讷，均为言语迟钝之意。因为放言易，力行难，人格塑造的重点又不在言，所以主张言语要迟钝、简约，说话越少越好，即"讷言"。

据说孔子在家乡行走，就是一副恭顺温和不说话的"讷言"样子。为什么要"讷言"呢？因为孔子发现："御人以口给，屡憎于人。"还发现"以约失之者鲜矣"。"口辞捷给"常招人讨厌，而约束自己、言语简约的人过失也少。既然如此，孔子自然要提倡"讷言"。

《诗经·大雅·抑》中有言："白圭之玷，尚可磨也；斯言之玷，不可为也。"是说白圭上的斑点可以磨掉，而说出口的错误无法挽回，这是强调慎言以避免失言。南容对这几行诗句非常感兴趣，并反复诵读，孔子以此认为南容大可造就，就把侄女嫁给了他，可见孔子对"讷言"的看重以及他倡导"讷言"的原因。

老子曾说："多言数穷，不如守中。"认为说话多常会陷入困境，不如守静勿言，做到"大辩若讷"，这与孔子的认识极为相近。

＊ 此文发表于《光明日报》2014 年 9 月 13 日第 5 版《智慧》栏。

二、"讷言"以诚信

孔子提出"讷言",同时也有成就信用的道德考量。他说:"古者言之不出,耻躬之不逮也","君子耻其言而过其行"。一个人言语过多,就会有不能兑现之言,反而丧失了信用,是"巧言乱德"或自取耻辱,要想成就做人的诚信,还是少说话、不空言为好。

孔子曾对学生说:"予欲无言。"表示他不准备再说话了。老师不说话怎么教育学生呢? 孔子解释说:"天何言哉? 四时行焉。"意思是天什么话都不说,但春夏秋冬依次更替,没有紊乱和差失,这才是一种高度诚信的品格。孔子一再说:"巧言令色,鲜矣仁。"甘美悦人之言,喜狎悦人之色,很少能有仁德。相反,"敏于事而慎于言",才是接近德性的正道。

老子也认为"轻诺必寡信",他说:"信言不美,美言不信。善者不辩,辩者不善。"老子认为巧辩和饰美会伤害言语的真实和诚信,这与孔子的理念异曲同工。

三、"讷言"以多思

孔子的"讷言"也体现着主体的谦逊、勤学和深思,他把"讷言"视作智识积累和提升的环节。

孔子平时处事"温良恭俭让",这种谦逊恭让就包含多闻以求学思。他曾说"多闻阙疑,慎言其余",又提出"多闻,择其善者而从之,多见而识之"。主张遇事多听多看,保留疑问,弄清问题,再将有把握的部分说出来,"讷言"在此是多思多问的环节。孔子曾自豪于自己"默而识之,学而不厌,诲人不倦"的精神。其中的"默识",即遇事"不言而存诸心"或"不言而心解"之意,体现为勤学多思的过程。面对生活中的问题,他认为"学如不及,犹恐失之",即学习和思考最为紧迫,而言语表达则在其后。孔子坚持认为"学而不思则罔,思而不学则殆",主张把学习与思考结合起来,以此解决疑问,提升智识,这样才能具备说更多话的资格。

孔子的弟子端木赐(子贡)机灵敏锐,长于言谈,颜回木讷如愚,好学善思,所谓"回也闻一以知十,赐也闻一以知二"。孔子当着子贡的面评价说,子贡你的确是赶不上颜回。在孔子看来,讷言多思自然优于善言少思。

老子也从人智识高低的角度论"讷言",他把"讷言"直接视为智慧的体现,曾说:"知者不言,言者不知。"认为深沉的智慧与高谈阔论不会同时具备,因而主张"俗人昭昭，我独昏昏；俗人察察，我独闷闷"。老子实是主张以不言和愚钝而免于流俗，坚守自己内在的智识，所谓大智若愚是也。

四、"讷言"求时中

孔子的"讷言"并非一味不说话。他说："君子于其言，无所苟而已矣。"话还是要说的，但不能随便马虎。为此，他提出"讷言"必须讲求"时"和"中"。

孔子特别欣赏公叔文子"时然后言"的说话风格，即看准时机，在该说的时候才说。他提到如下情况："可与言而不与之言，失人；不可与言而与之言，失言。知者不失人，亦不失言。"在该说的时候不说，会失去人的信任；在不该说的时候却说，就是失言，关键是要靠智识认准说话的时机。孔子还提道："侍于君子有三愆：言未及之而言谓之躁，言及之而不言谓之隐，未见颜色而言谓之瞽。"与人交往，对方没说到就抢先说，是急躁；对方说到了还不说，是隐瞒；不看对方脸色就贸然说，是眼瞎。这三种都是没有准确把握说话时机而造成的过失。所以，讲求"时"是"讷言"的重要原则。

同时，说话也不能夸夸其谈，徒逞口舌之能，而必须忠诚、中肯，要能切中要害。闵子骞对鲁国的一项改建工程提出了意见，孔子对其大加赞赏："夫人不言，言必有中。"认为闵子骞言不妄发，发必中理。言必求"中"当是孔子"讷言"的又一重要原则。

老子推崇"善言无瑕谪"，这种无过失的"善言"服从于所谓"不言而善应"的天道，也合于"以其言下之"的谦卑方式，他甚至认为（军事活动中）"言居上势，则以丧礼处之"。他的"善言"更多考虑的是处世的方式。

五、"讷言"而"敏行"

言与行是个体人生命活动的两个维度，也是其建功立业、实现人生价值的必要方式。如何掌控这两种方式，把握两个维度间的张力，关乎人格、风格的塑定。老子主张"言有宗，事有君"，坚守"无为"的行为方式，追求"含德之厚，比于赤子"的境界，这使他的"讷言"更彻底、更深沉。孔子则与此不同，其以"敏行"辅助"讷言"，使生命活动的两种方式相协调、相补充。

孔子特别看重人的行，他主张"先行其言而后从之"，认为把要说的事先做出来才好，据此提出了"敏于事而慎于言""讷于言而敏于行"的思想。这里的敏，指迅疾、敏捷。因为言易行难，做事情主要靠行，所以主张言从迟而行求疾。

孔子根据"敏则有功"的理念,认为敏行是成就功业和塑造人格的根据。他同时也认为,人的许多思想和理念应当用行动来表达,行动可以是最好的语言。比如仲弓请教怎样才能举荐贤才,孔子回答:"举尔所知。尔所不知,人其舍诸?"把身边的贤才推举起来,用自己的行为表明一种思想态度,远处的贤才,别人也就不会埋没。孔子说:"不患人之不己知,患其不能也。"只要有能力,行动就能说明自己,用不着担心别人不了解,他坚信行为是最好的语言。

《易传》提出"天行健",认定天通过四时运行和生成百物的行来成就功德,其无言而行,以行为言,正是"讷言而敏行"的典范。这一思想把孔子的"讷言"主张定格化,使讷言敏行、自强不息成为得到民族广泛认同的文化人格。中国传统文化推崇一诺千金,赞赏快马加鞭、老牛奋蹄,就是看重言语的稀贵和行为的捷健,"嘴尖皮厚腹中空"的多言无实人格自然成为被嘲笑的对象。改革开放初期的"不争论"、快步疾走,就践行着讷言敏行的风格。"空谈误国,实干兴邦""一分部署,九分落实""蹄疾而步稳""做不到的不要写""干一寸胜过说一尺",这些无不映照着讷言而敏行的思想智慧。

古希腊的思想家推崇辩证法,提倡在论辩和互相诘难中发现真理,由此引导出西方善于表达的外向型人格。中国先哲则主张"讷言",引导着内敛型的民族心性。中国传统文化主张低沉,鄙视张扬,它从来"不患人之不己知",因为它实在、敦厚、深沉。

庄子的智慧及其历史穿透力

在中华文化的智慧海洋中，无论是意境的深邃还是论证的机智，庄子的思想都可视为裹带多彩浪花的触底深流。庄子以批判反省的精神看待既成的社会秩序及思想观念，采用借事说理、寓理于事的形式，表达了不少对世界和人生的理解，其许多思想观念始终闪烁着穿透历史的光亮。

一、物无贵贱的平等观

关于如何看待世间人与人的关系，中国传统社会确立并认可人之间的尊卑贵贱，儒法两家分别崇尚道德力量和行政力量而偏执一端，但对维护这种等级制的社会秩序并无二致。对世人普遍认可的贵贱尊卑观念公开说不的是庄子。庄子讲了一个河伯见海神的故事：秋雨大至，百川注河，黄河之神河伯欣喜地顺流到了海边，面对茫茫大海，他望洋兴叹、自感鄙陋渺小时向海神请教，其中就问到了如何确定贵贱。海神告诉河伯说："以道观之，物无贵贱；以物观之，自贵而相贱。"

庄子借海神之口告诉人们，世界万物本没有贵贱差别，差别在于人的主观认识，是人们只知道从物观物，而不懂从道观物所致。庄子说，井底之蛙不明大海，夏天的虫子不晓冬冰，因其受到生命的时限和狭隘环境的局限，只能以物观物，而不能以道观物。其实若从道的角度看，人聚气而为生，气散则为死，生与死也本无差别。细小的草茎与粗大的屋柱、丑女与西施等极具差别的事物，原都是一回事。庄子认为，人如果能突破自身局限，扩展胸怀，跳出物观，摆脱物念，从事物的本质和无限流变的过程中去观察世界，达到"道"的高度，就会发现万物没有贵贱之分。物无贵贱的论证表达了庄子关于人与人、人与自然物之间普遍的平等观。

西方思想家直接宣称人生来平等，庄子则从对等级观念批判反思的角度论证人的平等性，不仅指出了贵贱等级观念产生的认识论缘由，也提出摆脱这一偏狭认识的途径。庄子的命题包含人与人的平等，且把平等观念扩展到人与自然物的关系上，命题的说理性和彻底性都为其他思想家所不及。

物无贵贱的平等观支持人们用公平公正的眼光看待一切社会组织和社会成员，看待人类与自然万物的相依关系。中共十八届三中全会通过了全面深化改革的决定，其中提出让全体劳动者公平地享有发展成果，让不同所有制经济平等使用生产要素，公平参与市场竞争，同时推崇生态伦理、生态文明的理念。这些都不失为对物无贵贱思想的生动发挥。

二、物性为尊的自主观

既然物无贵贱，庄子自然而然地提出了物性为尊的思想，主张看重和尊重任何一个普通之物的物性。庄子讲了这样一个故事：有只海鸟落在鲁国郊外，鲁侯把它迎送进太庙，给它敬美酒、奏韶乐，献上祭祀用的上等饭食，而海鸟却慌乱四顾，忧惧悲戚，不敢吃一片肉，也不敢饮一杯酒，三天就死了。庄子认为，这是鲁侯用养自己的方法养鸟，而不是用养鸟的方法养鸟，是不尊重他物的物性所致。庄子还讲了"伯乐治马"的故事：马，蹄可以踏霜雪，毛可以御风寒，吃草饮水，抬足奔跑，这是马的天性，即使有壮丽的殿堂，对马而言也无用。而伯乐出现后却说："我擅长调理马。"于是用烙铁打印记，用剪刀剔杂毛，用铲子削马掌，给马戴上笼头，用缰绳拴起来，关进固定的马棚，于是马就死掉了十之二三。后来的鞭打、驱驰、调驯，使马死得更多。庄子认为，伯乐治马尚且是违背物性，其他的所为就更是有害无益。

在庄子看来，物无贵贱，万物的物性没有优劣之别，都应受到充分的尊重。而尊重物性，最好的办法就是要让万物主体自主地选择和决定自己的生存方式。据此，人们在政治生活、社会服务和环境改造中，任何主体都不能把自己的意志强加于别人；在社会生活中，谁也不能自认高明地设定别人的命运和幸福。自由自主才是尊重物性，合于天道。

党的十八届三中全会提出要确立各类企业的投资主体地位，要求尊重企业和个人的自主经营权；中国在国际舞台上主张"鞋子合不合脚，自己穿了才知道"，反对大国干涉别国内政，都能够看出庄子物性为尊的思想在当代也闪烁着光芒。

三、是非无定的认识观

庄子认为，由于看问题的角度和立场不同，不同主体对事物自会形成不同的看法。例如，人睡在潮湿处会腰痛，泥鳅则不是这样；人在树顶会感到不安，猴子却不然。这三者究竟谁懂得哪里才是恰当的住处呢？人吃牛羊肉，鹿吃草，蜈蚣爱吃蛇，猫头鹰喜吃老鼠，这四者究竟谁懂得什么才是好的味道呢？人以为毛嫱、丽姬漂亮，可鱼见了会游到深水中，鸟见了会高高飞走，鹿见了会逃掉，这四者究竟谁懂得什么是真正的美呢？这些问题根本没有答案，"此亦一是非，彼亦一是非"，表明世上其实根本没有确定的是非。

非但如此，庄子进一步认为，世上的是非永远也搞不清楚。他说，我与你两人进行辩论，怎么能判断谁是谁非呢？必须请出第三个人来判定。但如果他的意见相同于你我任何一方，那就没法判定谁是谁非；而如果他的意见与你我都不相同，或者都相同，那也无法判定你我两人谁是谁非。所以，世间的是非没有定论。

庄子关于是非无定的认识观是中国哲学中的"不可知论"，这一论证生动地表明了真理判定问题在理性层面永远无法解决的困惑，具有深奥的认识谜底和深厚的思想含量，直到两千多年后，马克思把实践引入认识论，提出实践是检验真理的唯一标准，才破解了这一认识谜团。

然而，庄子在此论证的人类认识的相对性，表达了一种无可辩驳的怀疑精神，他把人的平等观引入认识领域，要人们破除迷信，藐视权威，始终保持主体认识的独立性，是极富智慧思想的。党的十八届三中全会指出，"实践发展永无止境，解放思想永无止境"，要求人们"以更大决心冲破思想观念的束缚"。庄子的认识论观念对当代中国的思想解放极有裨益。

四、戒除妄动的无为观

既然要尊重万物之性，那庄子就顺势否定了违背自然天性的恣意妄为。庄子讲的"伯乐治马"就包含戒除妄动之意。他还讲了一则"混沌凿窍"的寓言故事：南海之帝为倏，北海之帝为忽，中央之帝为混沌。有一次倏和忽一同到混沌那里聚会，受到了很好的招待。临别时他们想报答一下混沌，商量说："人都有七窍以享受，混沌却没有，我们给他凿一下吧。"于是，他们一天凿一窍，七天后七窍凿成，然而混沌却死了。庄子借此指出人们的善意作为对自然物可能具有伤害，要求人们戒除一切主观妄动的行为。

庄子还预告了文明进步的副作用，他讲了一则"抱瓮灌圃"的故事：汉水边的一位老者要灌溉菜园，他凿隧道通于井下，抱瓮汲水，往返不止。孔子的弟子子贡看见了，给他介绍了一种机械取水的方法。老者愤然作色，表示机械之法他是知道的，但以机心弄机械，必在生活中弄机巧，最后反而会造成人生的苦恼，所以他不屑使用。庄子由此提醒人们，科技进步必会带来社会生活与文化心态的改变，但需要人类付出相应的代价，从而告诫人们应该慎用机巧，坚守无为。

党的十八届三中全会针对政府对市场干预过多的情况，制定了政府简政放权的许多措施，也强化了对生态环境的保护，提出在生态保护上"实行最严格的源头保护制度"，建立限制开发区域，这与庄子的上述思想是相通的，是无为主张的现实体现。

庄子的思想气度恢宏，博大精深，论域宽广，富含智慧，虽然时有片面之弊，但思想深邃，催人彻悟。《红楼梦》中的贾宝玉"愚顽怕读文章"，但从其续写《庄子·胠箧》、"作践南华《庄子因》"的情景看，他对《庄子》极为喜爱且极为熟通，庄子的思想智慧应是滋养他精神灵性的重要乳汁。在中国社会转型和全面改革时期，庄子思想中的批判精神尤为珍贵，它支持各类主体的平等与自主，推动人们对传统观念做出反思和消解。社会发展没有尽头，改革创新永无止境，庄子思想的历史穿透力必然永存。

荀子的"礼"与规范文化 *

　　春秋时代的百家争鸣磨砺出了治理中国社会的诸多理论思想及价值观念，然而，这种思想观念如果不能化作人们普遍的行为方式，就不能真正地影响现实并指导社会运行。战国后期的儒学大师荀子敏锐地发现了这一问题，他在社会血缘政治关系行将解体和社会秩序重建的历史关头，深刻论证了传统礼义对于社会生成的作用，从理论上说明了礼义思想化作社会制度、行为规范的意义和方式，从而塑定了传统中国的规范文化。

一、规范造就了社会

　　荀子继承了儒家先哲关于道德伦理的思想，承认礼的合理性，但他遮蔽了其中血缘关系的根基及其影响，从人类进化说明礼的起源，以此论证礼制规范对于社会生活的意义。

　　荀子认为，人生来就有欲望和追求，欲求无限而财物有限，因而必然引起争夺，导致社会大乱。他说："先王恶其乱也，故制礼义以分之，以养人之欲，给人之求，使欲必不穷乎物，物必不屈于欲，两者相持而长。"在他看来，礼是先王制定的用以抑制人的非分欲求、安排社会生活的准则，是一种系统化、外在化而人们必须遵守的行为规范。

　　荀子的礼其实体现为包含不同社会角色和名分差异的社会等级制度，所谓"贵贱有等，长幼有差，贫富轻重皆有称者也"。礼对社会每一等次的人都有不同的规定，荀子认为，如果人们都能按照各自名分的要求来行动，社会就会像人的手足头目那样协调，就能呈现健康和谐的大治状态；而舍弃礼制，社会就会因为欲求无度的争夺而混乱。

　　荀子用"群"来指称人类结成的结构纷繁的社会组织系统，用"分"来说明社会组织内部的层级划分和礼制等次，用"义"指合于传统道德诉求的礼制

---

　　* 此文发表于《光明日报》2014 年 7 月 12 日第 5 版《智慧》栏。

原则，用"辨"来指称人对礼制规范的认知。他论证说：天覆地载的万物，仅仅能为人类所用，就在于"人能群"；为什么人能"群"，而其他动物不能，就在于人能"分"，即能够合理地分工合作；为什么唯独人类能"明分使群"，是因为人类有"义"，能遵守先王倡导的礼制原则。说到底，还是礼制支持着社会组织，是规范造就了人类社会。

在人类社会的起源上，东西方的思想家都看到了社会规范的作用。西方思想家一直认可契约论，他们看重的是个体的权利与平等；荀子的先王制礼说则着眼于社会整体的和谐有序，两种规范文化的着眼点与理论构架均有不同。

宋代司马光在《资治通鉴》开篇表明："天子之职莫大于礼，礼莫大于分，分莫大于名。"对周王封三晋的违礼行为大加贬斥。这代表着一位政治家的切身感触、思想家的深邃领悟和史学大家对荀子规范文化的推崇，体现着荀子规范论对中国思想文化的深重影响。

二、规范成就了"人"

为了说明礼制规范与人类社会的必然联系，荀子进一步对人的本质做了考察，指出："人之所以为人者，非特以二足而无毛也，以其有辨也。""辨"是人对礼制规范的认知。他说："辨莫大于分，分莫大于礼。"在荀子看来，人的本质不在于其"二足无毛"的自然形体，而在于认同并遵守圣王制定的礼制名分。荀子剔除了人的自然属性，从社会属性上认识人的本质，肯定了礼制规范对人的本质的塑造。

荀子严谨地论述了人与自然万物的区别和联系，得出了精辟的结论："水火有气而无生，草木有生而无知，禽兽有知而无义，人有气、有生、有知，亦且有义，故最为天下贵也。"在"无机物—植物—动物—人"的万物等次系列中，每高一等次的对象都包含了前一等次对象的原始属性，但又增添了低等次对象所不具有的重要属性，这一重要属性使后者区别并高于前者。人之所以高于动物，根本在于人拥有"义"。"禽兽有父子而无父子之亲，有牝牡而无男女之别。"可见是"义"成就了人，知义守礼是人之为人的关键。

据此，荀子认为，社会上每一层级的个人，都应该从礼制中找到合于自己等分的要求，作为生活的准绳。"绳者，直之至；衡者，平之至；规矩者，方圆之至；礼者，人道之极也。"礼是人伦生活的至高标尺，是所有社会成员正身合矩的规范。所谓"无规矩不成方圆"，就是强调规范对于处事与做人的不可或缺性。

为了论证这种规范系统施加于个人生活的正当与合理，荀子提出了人性为恶的假设，他认为人的欲望追求表现着好利争夺的人性之恶，只有人为地接受礼义的改造，才会有恭敬辞让的德行操守，即所谓的"人之性恶，其善者伪也"。荀子批评先圣孟子的性善论说，认为如果人性本来为善，那还要礼义何用！荀子的"性恶论"为礼制规范的合理性做了极为恰当的铺垫。

弗洛伊德的人格论和荀子的成人论都看重社会规范对于人生的意义，也都强调后天学习的获得途径。弗氏将社会规范视作原欲释放的过滤器，认定缺置和错置的人就是疯子，对精神病的形成机理做了精当的说明；荀子则将社会规范视作化性成人的酵料，认为"为之，人也；舍之，禽兽也"，并对礼制规范的人伦意义做了最为严重的强调。

亚里士多德认为人是天生的政治动物，由此展开对公民政治、国家政体的探讨；马克思、恩格斯认为人是能制造工具的动物，由此展开对社会生产方式矛盾运动的探讨；卡西尔认为人是创造文化的动物，由此展开对人类各种文化形式的探讨；荀子实则把人视为知义明礼、遵守规范的动物，他是要借此确立礼义法度在社会的神圣地位。思想家对人的本质的不同定义反映着他们对人类社会的特殊思考和各自理论建构的特质。

三、人类因为规范而强大

荀子推崇人的社会性，认为人类通过礼制规范构成社会组织，就能产生强大的力量。他说："义以分则和，和则一，一则多力，多力则强，强则胜物。"例如，虎豹堪称猛兽，但人能制服它；人力不如牛，行走比不上马，但牛马均能为人所用。这都源于人拥有能够组织起来并合理分工的强大力量，人类正是因为拥有规范而强大。

针对传统社会对自然力及神秘力量的崇拜，荀子提出"天人相分"的理念，主张人类不应怀疑自己的力量，不必对自身之外的力量存有恐惧或崇拜，认为人类面临的问题要靠人类自己去解决。他坚信人如果掌握了自然界的规律，就能够"制天命而用之"，彻底地驾驭和利用自然物。

战国时期，传统血缘政治关系逐渐崩溃，新兴的社会阶层行将兴起，他们正着力探索新型社会的建构与治理。商鞅在西隅秦国打造法的规范，变革国家体制，积蓄了力量，但并没有说明规范对社会、规范对力量生成的作用。荀子在中国思想史上第一次对规范文化、制度文化的意义给予了充分肯定，明确地告诉人们他对礼制的推崇：规范造就社会，规范就是力量！这为新兴社会阶层的政治设计提供了明确的指引。荀子的学生韩非继承了荀子关于规范的思想，把其中的"礼"置换成"法"，把对先王的推崇转为对现世君主的膜拜，构建了极为阴冷强势的"法、势、术"相结合的政治规范论，立刻被秦王嬴政所赏识并在治国实践中采纳，实现了秦朝的政制一统，从而证实了荀子"规范创造力量"的思想。

社会规范常常表现为制度、法规和道德等形式。中国人有重礼法、传家训、习行规的传统，当代社会主张依法治国，高考作文题中出现了对"老规矩"的追忆，这都体现着对规范的坚守。历史上的不少政治家曾以制度改革的方式清除积弊。党的十八届三中全会提出推进社会治理的"制度化、规范化、程序化"，当下人们对"改革红利"的盼念，都是坚信从对规范的重置中能获得社会发展的力量。规范文化其实弥漫在人们的生活中。

规范文化，或曰制度文化，是依附于思想文化之内核，又对外在的行为文化起主导作用的"文化内瓤"，是任何一种完整文化的必有部分。无论荀子的崇礼观是否被后来的法制观所遮蔽，但他的思想理论塑造、成就了中国传统的规范文化，给中国历史和传统文化均打上了深沉的印记。

幸福生活的智慧[*]

——老子的思辨哲学

在中国思想史上，老子一方面赋予了"道"对万物本根性、规定性的意义，建立了道生万物、道统万物的一元化理论体系，极大地提升了传统文化的理论思辨性；另一方面，他又以经验实例论证了恒常之道的特征，将其灌注于日常生活中，教人们如何认识事物、如何保持优胜和如何获得幸福，由此展现了充满思辨的生活智慧。

一、如何认识事物

老子洞察天道，指出"反者道之动"，认为天道的本性是变动，变动的本质在于相反事物间的相互作用与转化。这一理念奠定了认识事物的前提。

在论述思想时，老子列举了人们生活中常会遇到的相反属性：如有无、难易、高下、长短、大小、前后、美丑、正反、善恶、直枉（屈）、洼盈、轻重、静躁、多少、敝新、刚柔、歙张、兴废、强弱、胜败、存亡、取予、进退、福祸、黑白、雄雌、牝牡、荣辱、生死、得失、薄厚、治乱、清浊、吉凶、左右、明昧、久暂、实虚（华）、终始、同异、彼此、人己、爱恶、唯诃、贵贱、古今、智愚、昭昏、彰微、逝返、闭开、结解、主客、夷纇、损益、巧拙、辩讷、成缺、寒热、形名、亲疏、利害、奇正、天人、抑举、有余/不足，以及争/不争、无为/（无不）为、知/不知、敢/不敢、信/不信、病/不病、足/不足等，归结为"万物负阴而抱阳"，认为世界万物都包含着内在联结而又相互对立的趋势，对立趋势推动事物的变化，又寓含着变化的结果。

老子以实例论证说："三十辐共一毂，当其无，有车之用。埏埴以为器，当其无，有器之用。凿户牖以为室，当其无，有室之用。"在车轴、陶器、户室等事物中，因为有了空虚的"无"，才具备器物的"有"，足见"有"与"无"的互相依存与难以区分。又如善恶相近、难易相成、福祸相倚、大智若愚等，都

　　* 此文发表于《光明日报》2014 年 8 月 9 日第 5 版《智慧》栏。

表明相反事物的内在相通性。

老子说："玄德深矣远矣，与物反矣！"深远的天道与物象常常相反。既然万物都包含着相反的趋势，那要全面认识一事物，就不仅要看到它的正面，还应把握其反面，这才是合于天道的认识。《红楼梦》中的跛足道人给贪欲致病的贾瑞送去风月宝鉴，叮咛说不可照正面，只能照背面。整个故事寓意深长地告诫人们，正面的美好与反面的丑陋是同一对象，识透事物的反面才是关键；只看事物的正面，是危险有害的！看来曹雪芹深得老子思想的玄奥。

老子从反面认识事物的思想是深刻而极富影响的。中国人历来相信利害相杂、福祸相倚、物极而反、赢缩转化的定则，主张安不忘危，治不忘乱，临强不畏，处弱无卑。人们有塞翁失马的挫折慰藉，也有月满则亏的成功警醒。这些都体现着对事物反面的顾及。

同时，老子这一思想也教给人们从反面入手的处事方法。欲取先予、知雄守雌、以曲求全，就是处事中主动占据反面，等待条件和机会以反得正的方法。天下大事做于细，治大国若烹小鲜，以不争而取胜，无为而（无不）为，以无事取天下——更是加入了生活的经验，把以反得正的方法推广到生存、生活以外的领域。

二、如何保持优胜

恃强而持胜是人的欲求和向往，然而，根据"反者道之动"，强大内含着毁灭，是危险的处世之道，老子因而提出"弱者道之用"，认为柔弱才体现了道的精神。

老子始终是从天道规律上看待事物的，他说："物壮则老，是谓不道，不道早已。"一方面，强壮的事物跟随的是衰老和死亡，故难长久；另一方面，老子看到了柔弱之水的优胜性，发现了"天下之至柔，驰骋天下之至坚"的道理。在强与弱的两相比较中，他认为"坚强者死之徒，柔弱者生之徒"。强者不得其死，而弱小则富有生机。他据此提出"知其雄，守其雌"的持柔守弱的方法，意在保持长久的优胜。

老子认为，"弱之胜强，柔之胜刚，天下莫不知，莫能行"。道理人们都明白，但实行起来却是不易的。问题在于："心使气曰强"。平静如水的心受到气的驱使，就会去逞强。老子因而指出"胜人者有力，自胜者强"。战胜别人只靠一时的力量，能战胜自己的逞强之气，才是真正的强者。《三国演义》中的司马懿在与诸葛亮对阵的祁山战场上避战守弱，在与曹爽较量的政治斗争中称病处下，他常常主动地规避强大，但他却是三国博弈中最后的胜利者。事实证明了老子柔弱胜刚强的现实性。

古老的易经思维崇尚阴阳和合，儒家一直推崇其中阳性的刚劲强健作用，主张自强不息的进取精神；老子则推崇其中阴性的柔弱和顺之德，认为"玄牝之门，是谓天地根"，从根源与本质上论证了阴柔属性的根本性。阴阳学说对阴阳两者的角色与功能曾有划分："阴在内，阳之守也；阳在外，阴之使也。"阴持静，为阳之内守；阳呈动，为阴之役使。老子的贵阴贱阳与儒家的阳尊阴卑，实际是在阴阳和合的世界上选择了不同的人生定位：崇阴守弱看重人自身的生存，尊阳进取则看重人的社会责任，两种处事方法体现着处世观与价值观上的不同选定。

三、如何获得幸福

幸福是人现实中的一种生活富足状态，又是人内心的满足性感受。老子没有使用"幸福"的概念，但他认为，有一种合于天道、顺乎自然的生活，人在其中无祸无咎，安于平和舒泰（所谓"往而不害，安平泰"），这就是幸福。

根据道统万物的理念，人们要获得平和舒泰的生活，就应遵循天地间的常道。"无遗身殃，是谓袭常。"不愿招致祸殃，就要因循常道。相反，"不知常，妄作，凶"。不识常道而任意妄为，自会引来凶险，失去幸福。

在生活中，人们把欲望的满足视为幸福的获得，老子则看到了事情的反面，认定欲望是幸福的天敌。因为奢欲贪念销蚀了人的满足感，使"欲望的满足"永难实现，从而使幸福沦为水中之月，同时，"罪莫大于可欲，祸莫大于不知足，咎莫大于欲得"。奢欲贪念促使人背离天道，没有满足，恣意妄为，人生灾祸大多由此而起。正是欲望破坏了平和舒泰的生活，哪里还能带来幸福。

从表象上看，人是为了幸福才追求欲望，然而，天道运行与事物表象正好相反，人纵容了欲望，却从根本上失去了幸福，这是人类的误区和不幸。古典小说《金瓶梅》中的男女主人公心性机敏，大都生活富足，遗憾的是他们做了欲望的奴隶，欲望控身不自由，是欲望毁灭了他们的生命和幸福，使他们沦落成一个个可怜的人。当代社会的腐败案例，从来没有生计困窘的成因，无一不受贪欲驱使。贪欲使人走上身心受控、没有幸福的不归路。生活的逻辑一再告诉人们：欲望的确是幸福的天敌。

欲望之门并不能通往幸福，老子主张从欲望的反面入手，以"无欲"来获取幸福。他要人们"无知无欲""见素抱朴"，认为"知足之足，常足矣"。在生活中剔除欲望，时时感受到满足，这才是真正长久的幸福。自然，多姿多彩的生活对欲望生成难免有刺激作用，比如"五色令人目盲""五味令人口爽，驰骋田猎令人心发狂"。但老子认为,人应该自觉地抑制欲望,"不见可欲,使心不乱",以便在朴素的生活中,"甘其食,美其服,安其居,乐其俗",安于平和舒泰。在老子看来,消除了贪欲,就是打开了一生幸福的闸门。

老子论及幸福时说:"持而盈之,不如其已;揣而锐之,不可长保。金玉满堂,莫之能守;富贵而骄,自遗其咎。功遂身退,天之道也。"这是一种无欲、知足、知止的长久幸福观。他叮嘱人们:"大道甚夷,而民好径。"大道本来平坦易行,但人们好走捷径,往往弄巧成拙。其实,剔除了奢欲,在生活中知足知止,幸福就在眼前。

老子学说以生存、生活着的个体人为本位,揭示了深沉的宇宙法则,描述了淳朴的生活哲学,展现了简易的生存智慧。人的一生,无论处江湖之远,还是居庙堂之高,老子的思想都能给灰白的生活打上色彩,给前行的断途照出曲径,给孤寂的生命送上灵魂的温热。

文以观史　武以争胜*

——《三国演义》中的谋略智慧

在中华文化史上，《三国演义》算得上是一部真正的奇书！它以历史题材为外壳，沉淀了中国传统文化的厚重内容；它以社会竞争为主线，将传统文化及其思维方式磨砺成一部争胜方法的集成；它把哲学意蕴的思维方式结晶成形象化的智慧案例，在动态的活动中展现出恒定的谋略方法。《三国演义》的魔力就在于蕴含其中的中国传统文化中的思维精髓。

一、以历史为载体的文化积淀

《三国演义》描述的宏观历史，从公元180年汉灵帝时的黄巾起义开始，到公元280年晋朝灭吴结束，历时约一百年。它的成书约在元末明初，即三国历史终了后一千余年，该书的形成经历了几个重要环节。一是在三国时代的社会运行中，董卓、袁绍、吕布、公孙瓒、曹操、孙氏父子、刘备、周瑜、诸葛亮、司马父子等一大批英雄豪杰在既定的社会环境中，按自己的行为方式发奋作为，留下了不朽的人生业绩与思想精神，这一种客观的历史过程，构成了全书的历史本源。二是晋初陈寿的《三国志》记载了三国这一"当代史"，百余年后南朝的裴松之对《三国志》又做了广征博采式的辑录引注。史学家追求历史的真实，但对史料的主观选择以及回护曲笔，已使文化学的创意初露端倪。三是唐宋时关于三国的民间故事与传说，这些故事已不着意于历史的真实，对人物言行进行了许多主观的设定，实际上已是按"集体无意识"进行了文化的创造。四是元末明初的文化大师罗贯中以他的如椽巨笔，对三国的历史和故事进行了全方位的梳理和系统化的加工创造，基本完成了全书的撰写，使这一文化产品定型。

可见，《三国演义》不同于三国历史，三国历史曾是社会演进的客观过程，而《三国演义》是通过对三国人物事迹的追忆、裁剪，乃至想象，构筑了一个

---

* 此文发表于《光明日报》2014年11月8日第8版《智慧》栏。

文学艺术的世界，属于后来人的文化创造。这一文化创造以三国历史为起点，创造过程延续了一千多年。同时，千余年中各代人的文化创造是"集体无意识"的产物，但都依循着当时主流文化的价值理念，这种价值理念的渊源比三国历史更悠久，也代表着中国传统文化的内在精神。

《三国演义》是以历史之体，载文化之魂。它首先向人们表述了一段并非完全虚假的历史，然而，历史人物最终成了文化表达的符号，人物言行及其行为方式未必忠实于历史，却体现着传统文化的思想精神和价值理念。如关羽本是三国时代的普通武将，而《三国演义》中的关羽则是忠烈、义气、勇武与诚信的化身，中国民间对关羽人格的崇拜，表明了中国社会对这一文化创造的高度认同。后世人欣赏《三国演义》，不是认可其中的历史描述，而是认同它所负载与传达的文化内容。

完全可以说，《三国演义》是中国传统文化的积淀物，从文化表达的意义上讲，它比三国历史更具典型性和鉴赏性。

二、以争胜为核心的方法集成

三国是一个竞争的时代，这段历史经过了豪强割据、军阀争战、三国对峙、晋朝统一的过程。多元竞争、胜者生存是贯穿其中的鲜明主线。《三国演义》承接了这一客观的历史主线，用中国传统文化的伦理精神和思维智慧演绎了这一过程，打造出了以争胜为核心的行为方法集成。

《三国演义》中的多元竞争，表现为不同政治集团间的对抗、集团内部各个派系的权位争斗，以及个人间才智能力的较量。对特定主体而言，竞争中最难确定的不是选择对手，也不是确定目标，而是要采取的手段。人间过河的目标实现正是难在桥的设计与建成，因而手段的设定是人们竞胜的关键，也是人们最为关切的环节。《三国演义》在长期的成书过程中不断调适和适应这一受众心理，在人物处事的手段上大做文章，刻意深化细化人物行事的机巧。同时，博大精深的中国传统文化内含着深沉多样而又充满智慧的思维方式，为人物行事手段的多样性打开了空间、提供了依据。因而，以中国传统文化为底蕴的《三国演义》在争胜方法的演绎上取得了最高的成就。

如赤壁大战中精通兵法的诸葛亮密书十六字曰："欲破曹公，宜用火攻；万事俱备，只欠东风。"对"目标—手段—条件"几个要素的相互关系有着全盘考虑，火攻的手段是当时军中的最高机密，因为它是弱方出奇制胜的关键。后来周瑜安排的蒋干盗书、收用蔡中、怒打黄盖、阚泽诈降、庞统授计、筑坛祭风等，都围绕着火攻的手段实施，其中小手段服务于大手段，足见手段在争胜中的重要。《三国演义》中的主帅常给前线领兵的将军"锦囊妙计"，吩咐临急打开，内中无不是应对危急的机巧手段。全书把传统文化中内含的争胜技术做了淋漓尽致的发挥，表现了中国思维方式在争胜中的新颖和奇特。

处事手段抛开了它的个性环境和具体针对性，在更一般的意义上就是传统文化中被称为"谋略"的行事方法。《三国演义》描写了百年间许多集团、个人与不同对手间的无数争胜活动，以竞争的眼光看，全书正是一部争胜方法的集成。

三、以形象为结晶的智慧深矿

《三国演义》的文化积淀，大体有三层景观：一是存在性文化，包括传统的政治制度和伦理思想这两个不变的文化形态。全书对充满等级尊卑的政治制度予以肯定，并对侵害皇权尊严的董卓、曹操等人予以鞭挞，表达了鲜明的政治立场。同时以传统的伦理思想为标尺来设定正反人物的言行，表达了特定的思想精神。二是流动性文化，包括权力争夺、军事争胜与外交争优，这是三种动无所居、常变常新的活动形式。全书通过几个朝廷与集团内部的权力斗争，展现了他们在传统政治体制下掌控和获得权力的种种方法。全书描写了大小数百次战役战斗，演示了指挥员对各种战争要素配置的思路方法及其对战争结局的决定作用，展现了许多高超的军事艺术。全书还通过许多割据集团间的政治结盟，展现了外交活动的策略手段，演示了不少出色的谈判艺术。三是恒定性的文化。《三国演义》在描述各文化领域不同主体的争胜过程及方法时，赋予其特定思想理念指导下的哲学层面的智慧，在流动的文化中展现了恒定的方法。如书中描写长期与曹操争战的刘备对人讲："操以急，吾以宽；操以暴，吾以仁；操以谲，吾以忠。每与操相反，事乃可成。"这是他在儒家仁义理念支配下对争胜手段的自觉选择，与曹操的崇法理念及行事方法正相对立。全书描述了他们两人长期较量的动态过程，从而把儒法两家行事方法的各自特点与固有短长展现了出来。可以说，哲学层面的方法、谋略问题是《三国演义》文化创造所达到的最深层次，也是其叙述恒定文化的最高归结。展现出中国传统文化的行事方法和谋略智慧，这正是《三国演义》的精华所在。

然而，《三国演义》对方法、谋略的叙述是极其独特的，它不是以概念语言的形式来表达的，也没有《孙子兵法》那样警语式的理论原则，而是选择了形象化的表达，结晶出无数形象化的谋略案例。行事方法与人物的文学形象、文化人格融为一体，需要人们通过梳理、体认来把握。

当代人有了《三国演义》中的大量形象贮备，也就拥有了中国思维智慧的积累，就能根据意象做出文化创新。毛泽东在皖南事变后评夷陵之战时说："刘备没有处理好主次矛盾的关系。"韩国企业家说："曹操是推行开放经营和人才经营的高手。"炒股人说："诸葛亮做多时看见街亭这一重要技术支撑点被空方吃掉了，就果断斩仓，全身而退。"只要做出事理的转换，就能激活意象的生命力。中国传统文化展现出的行事方法和谋略，正是这样一种"跨越时空、超越国度、富有永恒魔力"的思维智慧。

《三国演义》表达了集成化的争胜方法，结晶出形象化的谋略案例，隐含着恒定不变的哲学通则。当代社会的国家竞争、发展竞争并没有减弱，中国传统文化中的行事方法仍然具有现实的生命力，《三国演义》是一座正待人们深入采掘的文化金矿。

史家智慧之绝唱

在中华文化的建设历程中，《史记》的撰写是一件空前绝后的大事件。西汉太史令司马迁在海内一统的社会视野下，借助皇家金匮石室的典藏之丰和父子两代的学识之厚，撰写了笔及五帝、文涉天下的第一部中华通史。他用心雕琢，自创体例，把许多深沉的智慧灌注于著述中，《史记》成为"史家之绝唱"。

一、用历史保持民族的记忆

春秋终了以降约四百年间，中国社会经过了战国争雄、秦朝兴亡、群雄逐鹿、楚汉对峙、西汉开国、文景之治和武帝拓疆的跌宕起伏，社会连续发生了天旋地转、乾坤重造、曲折惊心的变化。西汉太史令司马谈觉察到这段历史在记录上的空缺，着手撰述一部辉煌的史书，却天不假年，不幸走到了生命的终点。

公元前110年，司马谈病卧床榻，临终前见到了自巴蜀出使返回的儿子司马迁，他拉着司马迁的手，流泪说道："自东周以来，孔子修《春秋》为史学经典，自《春秋》绝笔，至今四百年，其间诸侯兼并，归于汉朝一统，这一时期却史书断绝，我身为太史，没有把这段历史整理出来，如果任由典籍流失，这是最痛心的。"他希望司马迁继承此任务，把完成著述看作是对父亲最大的尽孝。

司马谈对儿子的嘱托表现着优秀史家的使命意识，也体现着一位民族先知的思想智慧。庄子有言："朝菌不知晦朔，蟪蛄不知春秋。"是说年寿短的生命不可能体验到超越自身生长时段的事物。在人类社会，生命短暂的个体按说无法体验超过他生命时段的社会演变，但依靠历史的传述，人们则能把握个体生命诞生之前千百年的事情，是历史记载打破了人类"夏虫不语冰"的自然魔咒，使人保持了对人类经历的记忆，实现了智识的逐代积累。在这一意义上，孔子、左丘明、司马谈都是中华民族早期的先觉者，他们撰著历史，把民族经由的路程及遭受的挫折告诉后世，保留了民族的记忆。司马谈把自己的未竟之业托付给儿子，并以恪尽孝道相劝勉，表明他也很看重史家对民族应有的责任担当。

"少负高远之才"的司马迁接受了父亲的嘱托，两年后接替了太史令职位，他阅览珍稀资料，搜求天下逸文，参合早年游历，考订往古事迹，奋力撰述史书。未料公元前99年发生李陵之祸，司马迁因言获罪，被处宫刑。大丈夫遭奇耻大辱，只有以死了之！但父亲的嘱托、史家的使命有泰山之重，无粪土之躯则无所寄托。求死不能，只好忍辱生存。司马迁以深沉智识彻悟了生死，同时实现了与专制皇权的精神决裂。他以文王拘而演《周易》、仲尼厄而作《春秋》的挫奋精神勉励自己，同时把自己的冷峻才思、傲世风骨以及满腔热血倾注在笔端，在隐忍屈辱中述往事、思来者，发愤著述，完成了这50多万字的皇皇巨著，其后听任生命星火默默熄灭。

历史是人类保留记忆的手段，中华民族的早期记忆因司马氏父子得以保留和明晰，司马迁更是将屈辱的命运燃烧出辉煌的烈焰，他们的智识、人格和功业与日月同在。

二、历史的主体是人

战国以来，社会生活迅疾而深刻的巨大变化，使人们已明确地看出，历史的进程中是人推动事件，而不是事件引导人，人是社会历史的主体。但在历史记录中，如何把社会主体与历史主线相统一，对任何一位史家都是新的课题。

《春秋》《左传》《竹书纪年》等先前的史书都是编年系事，把空间上并存的各事件编订于同一年月中，再按时间顺序排定。这种体例使跨年度的事件被分割记录，同一人物的事迹也随事件和年份的分隔而碎片化。《国语》与《战国策》关注人物的言论和谋策活动，是对人物、事件的片段记录，同样缺乏事件的整体连通性。为了突显人在历史活动中的主体地位，司马迁破天荒地开创了纪传体的形式。他以天子编年为"纪"，辅以王侯相袭的"世家"，还大量地采用了人物之"传"，并把传记风格渗透到"纪"与"世家"的撰述中。司马迁的史书以人物为主线、以人系事，诸多历史事件经由人物主线而贯通起来，使人在史书中有了全新的展现。

首先，司马迁笔下的人是完整的人。他笔下的传主，除非资料缺乏，一般都会记录其出身背景、成长经历、生平事迹、个人归宿、家族后嗣及社会评价。人们从史书中看到的不仅仅是发生过的事件，最主要的是人的活动，事件成了特定人物生命活动中的一个环节，历史主体与史书主线相吻合，历史的进程脉络也非常清晰。

其次，人是有思想、有灵魂、有风骨的人。历史人物不仅言行相异，而且在精神心理的层面各有丘壑。善于抓住人物的内在神气，正是司马迁思想与艺术的所长。在中国历史行进的轨迹上，司马迁成功地再现了精神形态鲜明的无数人物，尤其刚毅暴虐的秦始皇、揭竿而起的陈胜、匹夫逞勇的项羽、运筹帷幄的张良、以智立身的陈平等，还有阴狠凶残的吕雉、大仁治政的刘恒、重塑汉政的刘彻、曲学阿世的公孙弘、彰显儒学的倪宽等。历史人物负载着历史的信息，其作为影响了历史的走向。司马迁用传神之笔叙述了他们的心性和事迹，把历史过程与历史精神一并展现了出来。

最后，人是一定社会关系中的人。司马迁把人物放在其特定的社会关系中来把握，故能抓住人物的本质特征，揭示出人物在复杂世界的特殊机运。勾践卧薪尝胆没几年就兔死狗烹，困厄半生的主父偃晚年得志后刻意横行，这都合于他们社会关系的变幻逻辑。马克思认为，人的本质是一切社会关系的总和。司马迁对历史人物的分析认识正暗合于这一理念，他通过对人物社会本质与曲折命运的叠加描述，在一定程度上揭示了历史运行的本质。

三、人人都来自昨天

由于时间的一维持续性和不可逆性，"人人都来自昨天"成了一个永恒的真理。司马迁以自己的智慧学识对此进行了深沉诠释。

其一，人的行为选择都与他先前的经历有关。历史事件的发生与走向，是所有当事人合力的作用，但每一个个体做出的行为选择都有昨天的原因。楚人伍子胥投吴而灭楚，苏秦弃连横而倡合纵，都有先前个体经历的缘由。孔子少年玩耍时就摆俎豆、设礼仪，李斯少年时观鼠舍而悟人生，出身卑微的大将军卫青一生都谦和待人、柔媚顺上。"蛇化为龙，不变其纹"，司马迁特别看重人物昨天的人生烙印，故能摄取人物一生的特殊斑斓。

其二，人的行为必然包含某种世代的承传。在司马迁笔下，这种承传一般来自家族或学派，表现为行事的立场与思维方式。如春秋楚国历代君主的好战习性皆由其地缘决定，是族群心性使然；田氏与姜氏在齐国的对立以及各自处政的方式多来自家族的承传；西汉名将李广为未能封侯而抱恨终天，他的虎子豹孙大都重蹈了略为同样的命运；周勃与儿子周亚夫军功不小，各受君主看重，而人生结局几乎同样悲惨。司马迁用隐约细微的笔墨描述了其中家族心性承传的原因。

其三，人类先前形成的文化精神会深刻影响人们的行为。司马迁归结了中国社会六种思想学派的主要精神，对它们的源流和影响做了多处叙述，并在许多人物与专史的撰述中发掘了其思想精神的传承。汉初陆贾杂儒道而著《新语》、引导出无为政治，为气任侠的季布属墨家精神的践行者，汉武帝举贤良文学之士，儒林人物公孙弘、董仲舒等名显当世，司马相如、东方朔都是学富五车的才士，晁错、张汤等治国重臣都具刑名学的思想渊源等——司马迁在史书中全面展现了社会生活与个人行为中承传着的文化精神。习近平总书记说过："历史是现实的根源，任何一个国家的今天都来自昨天。"① 司马迁的著作生动地显示了人人来自昨天、国家来自昨天的社会历史全景。

历史是把人往昔的活动反照给人自身。司马迁继承了史家优秀的思想风骨与父辈的精神遗产，用生命谱写了一曲史家智慧之绝唱，以此保留了中华民族早期的记忆，展现了我们民族独特的精神标识，为民族的安身立命及当代复兴提供了泉涌无尽的珍贵资源。

---

① 习近平在布鲁日欧洲学院的演讲［N］，人民日报，2014-04-02（1）.

五行思想中的和谐内蕴 *

　　和谐思想是中国传统文化的重要内核，历久承传的五行学说就深刻地内蕴着丰富的和谐理念，其中系统平衡的原则更是和谐理念的精华所在，至今对人们辩证地认识事物和社会都有无尽的启发。

一、五行学说是中国历久承传的一种哲学形态

　　五行，即五种常见的物质元素：水、火、木、金、土。这五种元素自古就是人们日常生活不能离开的物质。中国先民们围绕人的生存问题思考物质世界及其本原，基于对五行及其相互关系的朴素理解，在夏、商时期形成了最早的五行思想。这一思想由殷商遗臣箕子对周初贵族做了完整叙述并被记载承传，西周末的史伯做了一定发挥。战国末年的邹衍提出了"五行生胜"的观点，即认为"木→火→土→金→水→木……"具有顺次相生成的关系，而"木→土→水→火→金→木……"具有顺次相生或相克的关系。西汉董仲舒根据《黄帝内经》中关于五行的排列次序，提出"比相生而间相胜"的思想，五行关系于是可以表现为如下图式：

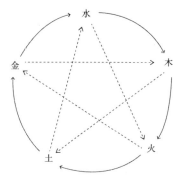

（实线表示相生关系，虚线表示相胜关系）

---

　　* 此文发表于《羊城晚报》2007 年 7 月 9 日《求是》版，发表时未含五行关系图。

二、五行思想体现着先民关于世界的和谐理念

五行思想不仅具备完美的和谐形式，而且包含着丰富的和谐内容。

从构成上看，五行思想表现出了鲜明的整体意识。先民们计数中的"五"寓有某种完满之意，先秦典籍中就有"五味""五色""五音""五服""五伦""五常"等提法，"五岳""五谷""五湖""五毒""五香""五经"及"五星"的提法沿用至今，"五行"中的"五"是对上述许多完满观念的概括表达。五行中的每一种物质元素都不是单独存在的，而是处在与其他元素的密切联系中；五种物质同时并存，组成了一个完整的体系，五行中不能单纯强调某一物质，也不能缺少任何一种物质，所谓"物一不讲"，正说明了五行思想内在的整体要求。传统文化要求人们强化集体主义思想精神，正是着眼于整体的角度思考社会。

从功能上看，五种物质元素具有性状不同的个性特征。在五行学说中，每一物质元素各自的功能十分明确，不能互相代替。古人认为，"水曰润下，火曰炎上，木曰曲直，金曰从革，土爰稼穑"。它们分别具有咸、苦、酸、辛、甘的味道，有黑、红、青、白、黄的颜色，且代表着不同的季节、方位以及德性。这些具有丰富个性的元素只有互相配合和掺杂，才具有生成万物的本原意义。所谓"天生五材（五种物质原料），民并用之，废一不可"。由于五种物质元素各有自己的特质，在杂成万物中不能抛弃任何一个。因此，促成了中华先民很早就对事物个性的看重，形成了重"和"（不同物质相配合）卑"同"（同一物质相增益）的思维倾向，他们立足于现实功用的立场，认为"和实生物，同则不继"。这种"重和"的思想认识揭示了事物间个性与差别的珍贵性。事物的个性是该事物的价值之所在，世界是多样性的物质集合体，事物间正是基于不同的特质才得以相互依赖又相互弥补，构成它们共同发展的基础。

从地位上看，五种物质要素相互并列和平等，它们没有高低贵贱之分。在五行系统中，每一物既生成他物，又被他物生成，它给下位物质输出能量，又从上位物质中吸收营养；而每一物既克制他物，又被他物克制；它在一种关系上占据主动和上风，又在相反的关系上转化为被动和下风。物无定胜，亦无定败。大家都不过是系统整体网链上的一个环节，是事物无限流变中的一定过程而已，只能在相互依赖中生存，在相互支持中发展。没有谁能舍弃他物而单独存在，也不能想象舍弃某物而能继续稳定的系统。因而，世界上没有绝对强大的事物，也没有绝对弱小的事物；没有绝对尊贵之物，也没有绝对低贱之物。正如庄子所言："以道观之，物无贵贱。"那种站在某一具体立场上自视高贵而

轻贱他物的态度，仅仅反映着一种短浅的眼光和狭隘的心理。

三、五行关系体现着动态的平衡

从五行的相互关系上看，五种物质元素在存在和发展中体现着动态的平衡原则。在五行系统中，一方面，无论哪一物都不宜过分强盛或过分衰弱：如果一物过分强盛，那它必然既对所克之物造成直接抑制，又使所生之物因能量供应过多而片面发展；如果一物过分衰弱，那它必然会既因能量输出过少而制约生成之物的生存，又会使所克之物无所制约而畸形壮大，这都会对整个系统和它本身造成伤害。另一方面，无论哪一物都不会过分强盛或过分衰弱：过分强盛的物质必定在生成他物和克制他物中自身消耗过多，又得不到生成之物充分的能量供给，必然会促使自己走向衰弱；过分衰弱的物质则因在生成他物与克制他物中能量消耗减弱，而生己之物的能量支持仍源源不断，又渐次走向强盛。五行之间就这样在动态中保持着平衡，追求平衡成了五行学说中一条重要的思想原则。

五行学说关于事物发展的平衡原则深深地积淀于民族的传统观念中，对人们的文化心理有着深远影响。比如儒家主张以"不偏不倚"的中庸方法处世，要求人们自觉维护社会生活中各种要素间的平衡，并且以"礼"的形式规定了各阶层人的名分等级和行为规范，试图为社会各阶层间的平衡与和谐提供统一化的参考标准和评价尺度。道家深深理解万物平衡发展的客观必然性，因而公开主张人们"知雄守雌"，不与人争，希望在与外界和谐相处的关系中保存自我。中国人一直视"扶弱抑强"为美德，而鄙视落井下石和趋炎附势，因为追求诸多力量的平衡是民族文化心理中的坚固原则。

五行思想在数千年的流传中已经得到了中医科学的有力印证：将五行与人体各类器官相比附，进行辩证认识和对待，可以实现机体间的平衡，增强各器官的功能，祛病强体，保持健康。将五行思想运用于企业管理中，可以更深刻地体会各职能部门之间的客观关系，给管理活动以重大指导；也可以更清晰地理解本企业与关联企业的本质关系，明白自己的功能与定位。同样的道理，将五行学说的思想内蕴应用到社会生活中，可以使人们对一定社会范围内各种要素的构成、功能、地位及其相互关系形成辩证而科学的认识，对实现社会生活的和谐自会有无尽的启示。

中医学是传统和谐思维催生的生命科学[*]

传统和谐思维曾经深透地浸润于民族的血脉中，影响着人们的思维和生活。以祛病强身为目标的中医学，就是在基础性实证科学远未出现的情况下，由和谐思维所催生的诊治人体疾病的生命科学，这一科学显现着传统和谐思维的许多特征。

一、模式化与系统化的思维方式

春秋战国时代趋于成熟的阴阳学说和五行学说是传统和谐思维典型的理论反映，成书于战国及秦汉之际的中医学理论圣典《黄帝内经》就明确地吸收了其中的理论成果，在学科构建上体现着模式化、系统化的思维方式。

中医学在对人体组织结构的理解上运用了阴阳划分原则和五行对应原则，把人看成一个体现着无数阴阳对立统一的有机整体，按照上下、表里、外内、背腹等相对部位，以及气血、津液等不同成分划分阳与阴。同时又把人的器官以"五脏"为核心，联系内外多组器官，分别与五行一一对应配位，而五脏本身又分阴分阳。这样，就以阴阳为纲，以五行分类，形成了对人体组织结构的整体把握。以阴阳五行学说提供的模式化系统比拟人体生理结构，由此奠定了学科基础。

中医学不仅把人本身及其相关机能看成系统，而且把人生存于其间的天地及其万物看成系统，认为这些系统中的要素既与五方、五时、五色、五味相对应，又有阴阳属性，而这些不同系统之间以及内部要素之间存在着以阴阳五行关系为基础的规律性作用。具体说来，天地间的五运六气、干支变化，都会通过人的十二经络与人体发生感应，外界的许多自然物可以对人体机能产生某些针对性影响，由此引申出中医学的诊疗手段。

---

[*] 此文发表于《羊城晚报》2008年8月24日《求是》版，发表时题目改为《传统和谐思维的应用性创新》。

中医学用阴阳五行模式的异常之变说明人体的病理，认为"阴盛则阳病，阳盛则阴病"。《黄帝内经》在五行生克关系的基础上，又总结归纳出了"相乘（过分相克）""相侮（反向相克）""乘侮""胜复"等多种复杂异常的变化，认为人体内部五行失衡，阴阳一方偏盛或偏衰，都会导致对身体平衡的破坏，造成"邪气"侵入，发生疾病。在临床诊断与治疗上，中医学针对人体系统的规律性病变也有许多模式化的方法。

二、重功能轻实体的致思方向

阴阳学说中的阴阳并非指某种实体，二者代表事物的属性；五行学说也以反映复杂事物间的生克制约关系为根本意旨，五种物质实体的质料和构成曾是被忽略了的方面。传统和谐思维看重事物在某种关系中的特定功能，而忽略对物质实体探究的思维特征，也在中医学上有突出表现。

比如，中医上"五脏"所指的心、肝、脾、肺、肾并不等于解剖学上的心脏、肝脏、脾脏、肺脏和肾脏，它们不是脏器实体，而是指归纳了多种器官与体位的特定功能系统，不是血肉的五脏，而是功能的五脏；十二经络也是一个着眼于感应功能而缺乏确定实存支持的网络系统。中医学从相互关系的意义上理解人体各部位应有的功能，从功能的衰变上诊断病变，设法用相应的手段恢复其正常功能，但对该功能赖以存在的实体始终疏于深究。

中医学认为自然界的植物、矿物和动物在阴阳五行的对应分类下其性相通，具有相克相补的功能，据此选择出数千种自然物，但并不探究其构造和成分，而是按寒、热、温、凉的属性和辛、甘、酸、苦、咸之味进行功能效用上的归类使用，这种"四气""五味"的概括，全是着眼于药物的使用功效，与人们的触觉与味觉并不直接相关。中医治疗在方剂配制上讲究"君、臣、使、佐"的角色定位，同样是突出该药物在药剂中的功能。针灸治疗法也是利用人体经络对作用力和信息（生物电）的传递功能而使用的治疗手段。

看重功能的致思方向贯穿于中医学立论和用药治疗的全过程。近日世卫组织官员称赞中医比西医在某种程度上性价比更高，就是因为前者注重功能恢复的方式比后者针对实体治疗的方式有时毒副作用少，且更为便捷。

三、以模型代替实证的学科特点

古老的中医学诞生在基础科学尚未确立的情况下，它的创建寻求到两个坚实的支点：第一，健康的人，其各机体的功能表现为平衡的和谐系统；第二，阴阳五行的和谐模型能够普遍地模拟一切和谐的事物。基于以上两点认定，它就很有根据地对人体各机能做出划分，把健康的人体功能状况与阴阳五行正常模型相对应，而把人体中理论模型的被打破视为人体的病变，由此采取恢复特定功能、实现机体和谐的治疗方法。

医学作为带有综合性的复杂生命科学，它的创建应以解剖学、生理学、分子生物学等多项基础科学的确立为前提，近代西方医学的创立大体遵循了这一过程；中医学绕开了实证科学的缺失，它以高度成熟的和谐思维模型代替缺位的基础科学，实现了本来不可能的学科创建，这在人类科学史上应是少有的特例。中医学科的上述两个支点虽有凭空臆想之嫌，但并非毫无根据地杜撰，因而该学科尽管有其先天性不足，却能构建自成一派的学术风格，成就非凡的医疗实效。

中医学在大量实践的基础上对理论模型合理推衍，也形成了许多模型化的诊断技术和治疗手段。如八纲辩证中，以"表里"表病位深浅，"寒热"表疾病性质，"虚实"表邪气程度，"阴阳"表疾病类别，则人体疾病大体可以归结为表寒实证等二十二种基本类型；中医还根据五行生克乘侮的不同情形，创制了培土胜金、滋水涵木、扶土抑水、佐金平木、壮水制火等旨在恢复人体系统和谐与平衡的模型化治疗原则，治疗的方剂也有许多模型化的配置。以固有的模型代替实证与检测是学科的先天特征。

然而，根据望、闻、问、切的感性信息把某种症状归为哪一类型，对某种疾病使用何种方剂配置，对其中某些药物如何加减，都要靠诊治者的悟性判断，这是中医学为人诟病的诊治方案无定之所在，同时又提供给诊治者发挥个人智能的巨大空间。模型化的学科特征既制约又支持着诊治过程的灵活性。

完全可以说，是传统和谐思维的思维方式、致思倾向及其固化模型催生出了中医学的血肉和骨骼，由此也把自己的优长与不足烙印于该学科。临床医学上对机体功能的恢复和对实体的治疗永远可以互相补充，这正形成了中西医结合的永恒的生命力。

《老子》丰富了和谐文化的内容[*]

和谐追求是中国传统政治哲学的重要意旨，诸子百家的理论学说对此都有精辟的见解和主张。成书于战国乱世的《老子》一书意在从根本上消除社会的冲突纷乱，对和谐思想更是做出了极突出的贡献。

一、拓展了和谐思想的论域

《尚书》《国语》《左传》等典籍中的"和谐"都含音韵完美、政事通达之意，儒家、墨家和法家的学说均以社会生活为论述的聚焦点，其中的和谐思想重在构建人与人、人与社会间的理想化关系，但其意蕴没有超出社会关系的论域。《老子》的和谐思想也对社会关系做了理想化的设定，但它并未局限于此，而是在论域上做了进一步扩展。

一是把和谐思想扩展到了人与自然的关系上。人与自然关系的和谐是社会和谐的一个重要方面，《老子》在此体现出了更深远的眼光，提出"万物负阴而抱阳，冲气以为和"，认为自然万物都是内含平衡原则、追求和谐的，进而提出"人法地，地法天，天法道，道法自然"的和谐追求观。在《老子》看来，是天地自然在为人立法，人们的一切行为只有效法和遵从自然法则，才会"没身不殆"，避免危险。"道法自然"的思想告诉人们，人类的和谐追求不仅不能忘记与自然的关系，而且应以自然界的和谐为样式，人与自然的关系在这里被明确地纳入了和谐的论域。

二是把和谐思想延伸进人的内心世界。人的内在感情、情绪及心气的平和历来易被人们忽视，但这些因素却是实现社会和谐的重要前提与保证。《老子》敏锐地观察到了这一点，并对其做了经典的阐述，提出了"知足之足，常足矣"的论断。在《老子》看来，生活中的许多祸患都是由内心的非分之念引起的，所谓"祸莫大于不知足"，而只要人们保持内心的知足平和之念，就必有生活中

---

* 此文发表于《羊城晚报》2007 年 7 月 22 日《求是》版。

的和谐之乐。人的心理平和由此也被纳入了和谐的论域。

在人与人关系的和谐之外,《老子》加上了人与自然关系的和谐、人内心诸因素的和谐,进而构成了社会和谐的三个完整层次,使传统和谐思想的论域更为完善。

二、提出了实现和谐的基本方式

《老子》希望人们过上衣食足美、安居乐业的和谐理想生活,为此提出了实现这种生活的一些方式与手段,其特点是看重人心的改造,着力于人的价值取向的校正,这主要表现在以下几方面。

第一,削减物质欲望,使人以知足常乐的心态面对周遭世界。《老子》把内心平和的思想一引入和谐领域,就直接将其作为和谐追求的手段,认为“知足不辱,知止不殆,可以长久”。明确提出,“圣人去甚、去奢、去泰”,主张“恬淡为上”,要求人们从根本上放弃浮华奢侈的生活欲望。这种行为方式是“道法自然”的基本要求,反过来成了避免社会争夺、保证和谐的必要手段。

第二,以柔弱处下的态度对待各种社会关系。《老子》反复对人们讲“柔胜刚,弱胜强”的道理,认为“天下之至柔,驰骋天下之至坚”。他希望人们始终以恭谦卑下的心态看待自己,放弃与他人的争胜。在《老子》看来,“守柔曰强”“以其不争,故天下莫能与之争”。柔而不争的方式将使一个人在社会关系中收到最大的和谐之利。

第三,以宽厚仁善的心态对待他人。《老子》主张:“善者,吾善之;不善者,吾亦善之,德善矣!”即使对那些与自己不友好的人,也应该用善意来对待,这就是一个人的德性之美。所谓“大丈夫处其厚,不处其薄”“含德之厚,比于赤子”,就是要求人们用醇厚无诈的赤子之心对待他人,以达到和谐相处的良好关系。

《老子》对上述和谐追求的手段做了经典概括:“吾有三宝,持而保之。一曰慈,二曰俭,三曰不敢为天下先。”在《老子》看来,一个人只要持有了淳厚慈爱、俭朴知足、柔弱不争的上述三件法宝,无论在多么错综复杂的社会环境中,都能保证自己生活的和谐舒美。《老子》还提出“上善若水”的思想,水柔弱处下,利于万物,不与物争,这正是人们在和谐追求中应该效法的自然德性。

三、设想了消除社会不和谐的措施

社会和谐是一种理想化的追求,而不和谐的现象在现实中比比皆是,《老子》为消除这些不和谐设想了一些基本的措施。

第一，国家应在经济上减少对民众的索取。《老子》认为："民之饥，以其上食税之多，是以饥。"对民众经济上索取过多是社会危机形成的重要原因。《老子》批评了社会分配领域富者愈富、贫者愈贫的现实，要求政府效法的自然天道，采取"损有余而补不足"的方式，以消除社会的不和谐。

第二，主张政府放宽对社会的统制，实行无为而治。《老子》善意地提醒政府管理者，"我无为，而民自化；我好静，而民自正；我无事，而民自富"，进而提出"以无事取（治）天下"的主张。《老子》赞赏政府对民众的正当事务支持而不占有、促成而不主宰的管理方式，主张"生而不有，为而不恃，长而不宰"。提出政府管理效果好坏的衡量标准正在于民众的某种感受："太上，不知有之；其次，亲而誉之；其次，畏之；其次，侮之。"即认为最好的政府管理是民众不知道它的存在，受到亲近和赞誉的管理尚在其次，其他的管理就更糟糕了。在《老子》看来，社会生活中的许多争夺欺诈都是由政府的多欲妄为而引发的，取消了管理上的妄为，就消除了不和谐现象产生的原因。

第三，主张政府管理者应去掉以自我为尊之心，以百姓的心愿为心愿，即所谓的"圣人无常心，以百姓之心为心"。《老子》提醒人们，江海之所以能汇集百川，是因为它居于下方，又提出"宽容才能公平，公平才能为王"。在《老子》看来，政府的管理若能像海纳百川一样集合各种社会力量，能始终把百姓的利益放在上位，并能以宽广包容和公平公正的态度对待不同利益群体，那政府就必能获得民众的支持，上下关系就自会和谐。

当代和谐社会建设离不开和谐文化的支持。《老子》关于实现社会和谐的方式不乏消极保守成分，其整个和谐思想的深刻性也与片面性相伴随，但无论如何，它丰富了和谐文化的内容，为后世的和谐追求提供了独特的视角，对当代和谐社会建设亦不失为珍贵的启示。

阴阳学说中的和谐理念 *

阴阳原指自然界中日光的向背，引申为气候的寒暖。这一反映自然现象的概念被周代思想家加以抽象和利用，经后世不断发展，最终形成了一种古老的哲学形态。阴阳学说是极具中国思维特征的哲学，其中体现着一些鲜明的和谐理念。

一、物分阴阳，相反相成

阴阳学说认为，世界万物在根本基质上都分为阴阳两个方面，同时，任何事物作为具有特定属性的存在物，都具有与它相对的对立物，双方分别具有阴阳一方的属性。一般来说，阳与阴分别代表天地、动静、刚柔、暑寒、昼夜、明暗、上下、进退、往来、吉凶、生死、强弱等相反属性中的不同方面，甚至动物的雄雌牡牝、五脏与六腑，人类社会的男女、夫妻、君臣也都具有阳与阴的属性。所谓"万物负阴而抱阳""一阴一阳之谓道"，是说阴阳的划分与对立在客观世界具有极大的普遍性。阴阳学说把一幅充满差异和矛盾的大千世界展现在了人们面前。

然而，充满差异并正相对立的阴阳两端并不是水火不容，而是相互依存的。一是从万物本原上看，阴阳是原初太极的两重属性。万物都源于太极的运动，太极动而生阳，静而生阴，一动一静，互为其根。中国思想家将这种关系用一个简易的太极图来表示，阴阳两端就像两条相拥抱的黑白两色鱼，它们是太极两种属性的显现，又共同组成一个完整的浑圆；离开了任何一方，相对应的另一方也就失去了存在的意义，不能成为太极。二是从事物的构成上看，万物都分为性状相反的阴阳两个方面，如季有春秋、日有昼夜、地有南北、位有上下、人有男女、性有刚柔、物有动静、事有凶吉等，阴阳两端的任何一方都以对立方为存在的根据，双方相互依赖、不能分离。所谓"有无相生，难易相成，长

---

* 此文发表于《羊城晚报》2007 年 8 月 12 日《求是》版。

短相形，高下相倾，音声相和，前后相随”及“祸兮福之所倚，福兮祸之所伏”，说明任何事物都是通过对立的一端来证实自己、成就自己的。

承认事物的差异和对立，认为不同的事物应该相互配合而存在，这是和谐思想的重要内容，阴阳学说对这一思想进行了最为形象、最为直观的发挥。

二、阴阳交合，和实生物

阴阳学说认为，事物的阴阳两端相互交融和结合会生出新的事物，阴阳交合是新事物产生的必要条件。

自然界有寒暑之别，然而，寒往则暑来，暑往则寒来，寒暑相互推移而形成新的年份。同理，日往则月来，月往则日来，太阳和月亮相互推移而有了新的一天。《吕氏春秋》认为，阴阳对立是宇宙的常道，天地运转，日月运行，四时更替，都是阴阳变化的结果，都是遵循阴阳往复的基本轨迹，阴阳之化在自然界具有普遍性。《黄帝内经》说：“阴阳四时者，万物之终始也，死生之本也。”《易传》更是明确提出：“刚柔相推，变在其中焉。”天地阴阳的参合被看作自然万物生成的根本原因。

人类社会也是阴阳交合的结果。《易传》解释说：“有男女，然后有夫妇；有夫妇，然后有父子；有父子，然后有君臣；有君臣，然后有上下；有上下，然后礼仪有所错。”具有阴阳属性的男女两端相交合，最终衍生出了人类社会的某种国家制度（君臣上下）乃至全部文明礼仪，这正是以阴阳学说为依据的朴素直观的社会生成论。

阴阳学说非常看重事物的对立，认为正是对立双方的交合，才对事物的生成具有决定性的意义。《易经》上有一睽卦，睽是对立、相背之意。《象传》上讲：“天地睽而其事同也，男女睽而其志通也，万物睽而其事类也。”认为睽在万物生成中具有非常大的作用。周代思想家关于“和实生物”的和谐理念，在阴阳学说中被淋漓尽致地发挥了出来。

三、阴阳有序，盛极必衰

阴阳学说吸收了关于事物平衡的和谐理念，又进一步提出了阴阳有序的变化发展观，认为阴阳之间的交合和作用具有一定的规律，所谓“天地之气，不失其序”，这给和谐思想增添了新的内容。

《易经》，是一套古人力图系统地分析阴阳各种变化现象、试图揭示阴阳变化微妙规律的思想体系。要把客观世界千变万化的现象纳入六十四卦的变化框架中去体认，本就是一种可贵的努力，尽管有失之模式化、神秘化和夹杂猜测的局限，但其中对生活现象的许多归纳和事理分析都不失某种直观朴素的合理性，其对阴阳变化规律的精湛认识和整个体系的完整严密至今仍有令人惊叹之处。西汉董仲舒提出了阳尊阴卑的观念，违背了辩证法的尊卑转化原理，却使阴阳学说在两端相分中获得了"重点论"的原则，也不失为一种带有缺陷性的理论发挥。

中医学是运用阴阳学说认识人体生理功能，指导人们祛病强体的大学问。《黄帝内经·素问》说："阴在内，阳之守也；阳在外，阴之使也。"把阴视为生理上的物质内容，而将阳视为内在的物质运动的表现，两者相依相辅，构成完整的生命。其中人体内的每一具体单位既与五行相比附，也同时具有阴阳的不同属性。中医强调"阴平阳秘（闭）"，认为人体阴阳平衡才是健康，视阴阳失调为疾病的表现，而治病的方法正是"谨察阴阳所在而调之，以平为期"。通过调整阴阳，补偏救弊，达到阴阳平衡的目标即可。

阴阳平衡是对立双方在一定变化幅度内的共存状态，如果变化消长超出了该幅度，就会物极必反，发生阳极生阴，或阴极生阳的转折。中国沿江地带素有"冬至一阳生，来复（转折）之时，必有东南风"的现象，就是因为在冬至阴气最盛之日，阴极生阳，当阳气初成时，就伴有东南风大作，这是阴阳转化规律在自然界的表现。《三国演义》中描写诸葛亮为赤壁之战巧借东风，时间选定在十一月二十甲子冬至日，正是利用了气候的阴阳变化规律，可见文学演义中也有着科学依据。中医上讲究"冬病夏治"，也是利用伏日阳极生阴的原理，在阴气初成之时，对冬天的疾病提早治疗。阴阳两端盛极而衰、走向反面的原理是对自然现象的概括，也是阴阳双方追求平衡的一种自我调节机制。

阴阳学说是具有中国思维特征的矛盾学说，这一学说不仅主张对立面的统一，并且强调对立面在统一体中的平衡和有序，它比西方的矛盾学说具有更丰富、更切合实际的内涵，不失为我们今天进行和谐社会建设的丰厚文化资源。

《易经》：辩证思维的奠基之作[*]

形成于殷末周初的《易经》是中国传统文化最杰出的经典著作，被誉为"群经之首，大道之源"。《易经》运用自己独特的方式对事物的运行规律加以论证和描述，表现出了一些固定的思维模式。这些思维模式对春秋战国时期诸子百家的理论建构形成了不同程度的导向作用，由此对中华民族的思维特征产生了重要影响。

一、系统的思维模式

系统是由若干不同要素按一定结构组成的有机整体。《易经》的理论基础是八卦，八卦是用代表着相反属性的两种符号，按三三为组的结构而形成的八个基本图形，它们各有名称，并象征八种自然现象。八卦中的每一卦都是一个独立系统，它们又合成了世界万物的生成系统。《易经》的作者把八卦按上下方位相互叠加推衍，得到了六十四卦的更高层次的系统，并用这一卦画系统来比附说明世界万事万物的复杂变化。不管这一比附是怎样地缺乏科学依据，其体系建构表现出了强烈的系统性思维模式。

《易经》的系统思维对人们后来的思维方式产生了直接影响，如殷人的文化遗产五行思想在春秋战国时就得到了系统性的理论安排，五行由西周初的散状形态演化成了具备生克制衡关系的严密系统。同时，在人们的观念中，一个家庭、家族就是一个系统，由许多家庭组合成的国家、天下则是一个逐次扩大的系统，包括天、地、人在内的整个宇宙也是一个系统。人们也把人及人的内脏、器官视作一个系统。系统的思维模式在兵法著作、医学著作中有着充分的体现，"天人合一"的系统观几乎成了社会的共识。

系统性思维要求把组成系统的各要素作为整体来看待，因而中国思想史上历来有重整体轻个体的坚强原则。《老子》说："天得一以清，地得一以宁。"

---

　　*　此文发表于《羊城晚报》2007 年 8 月 26 日《求是》版。

儒家认为"《春秋》大（注重）一统"，法家主张"尊于一"，宋明时强调理、气一元论。虽然各派理论的出发点不同，但都毫无例外地表现了对整体观的崇尚。中国人在生活细节上常有"牵一发而动全身"的顾忌，有"舍车保帅"的"一盘棋"思想，也有"天下兴亡，匹夫有责"的个体责任感，时时体现着对整体的照顾与忧虑，这都源于系统观、整体观对民族思维的影响。

二、和合的思维模式

八卦是由两个代表相反内涵的符号交杂而成的，两种不同要素间复杂的依存、交感和转化是《易经》推衍的根本。《易经》中的"爻"有交错、联系之意，《说文》中直接把"爻"解释为"交"。变易是《易》的灵魂。在《易经》中，万物的变易表现在各卦象的推衍过渡中，各卦象的区别在于内部要素的不同交杂。因而，两端要素的交合状况就成了万物变化和卦象成立的关键，这就形成了不同要素相和合的思维模式。

和合思维模式同样影响了后来各学派的理论建构。儒家公开提出"和为贵"，倡导"忠恕"理念和"己欲达而达人"的方式，主张在社会生活中用支持合作者的和合手段来成就自己的功名与品格。《老子》认为"知和曰常"，主张通过"不争""无为""柔弱""知足"等途径达到与对立面和乐相处的目的。法家韩非也曾主张通过君主的权力运作实现"上下和调"的政治目标。思想家们的理论观念尽管有别，但"贵和"思想却是他们遵循的共同原则。中国人历来认为"水至清则无鱼""兼听则明"，肯定异质要素与不同意见的积极作用，这正是和合思维的本质反映。

和合思维模式在观察事物时看重的是事物间的关系，它引导人们在联系、变化的意义上理解事物，而疏于对事物个别特质进行穷根究底的探讨。比如，思想家们对五行的相互关系虽然已做出了精致细密的理解，但对其中的个体特质却缺乏应有的探究。和合思维模式窒息了形而上学思维方式的必要伸展，促使辩证法的思想在中国大放异彩，但由于传统辩证法不是建立在对具体事物精确性的认识和对形而上学认识方法的"扬弃"之上的，因而始终没有摆脱直观猜测性，一直停留在朴素辩证法的水平。中国传统辩证法的早熟制约了自身的发育和成长。

三、人本主义思维模式

《易经》中体现的和谐是以人为本的天、地、人三者的和谐，它在探讨宇宙万物的和谐关系中开创了人本主义先河。

《易经》卦画系统的创立，以及它的形式与内容都体现着对人类自身的关注与理解。构成八卦的两个符号其实就是对男女生殖器官的描摹，两者的交错表现着人类的生殖崇拜以及某种生生不息的生命意志。六十四卦的卦辞绝大多数直接说明着人类社会的生产、生活和政治活动，归结为对人事凶吉的强烈关注。《易经》作者的着眼点和思考重心显然是社会、人生，其理论的致思过程在于：以人类关系来理解和思索天地关系，又从天地规律的高度来表述和说明人类社会。虽然论及天地万物等复杂现象，但其理论构思的本位始终是人本身。

形成于战国末期的《易传》对《易经》中的人本意识给予了直截了当的描述，它用阴、阳来命名构成八卦的两个符号，认为"乾，阳物也；坤，阴物也"，并把八卦分别描述为父母及三男三女，宇宙由此被理解成了一个人伦化的大家族。《象传》对六十四卦的解释全部都体现着人生的立场，如释乾、坤两卦曰："天行健，君子以自强不息"，"地势坤，君子以厚德载物"。经过西周和春秋战国的时代洗礼，《易经》的人本主义思维模式更加强化，《易传》的作者对其进一步发挥。

《易经》的人本意识也极大地影响了诸子百家的理论方向，后来百家争鸣的焦点总是在人性观、社会观、历史观、伦理观、价值观等社会人生的方面；中国思想家自认的使命是"为天地立心，为生民立命，为往圣继绝学，为万世开太平"。人本主义思维模式对人们的引导显而易见。

人本主义原则使中国传统的主流文化一直关注着人类社会"此岸"的存在状态，宗教神学始终未能取得主导地位；但系统、和合的思维模式却使中国的人本主义只看重社会整体及内部的相互关系，而缺乏对人个体生存需要的关注。

和谐思维在中国传统文化中具有极深的根基，它发轫于古老的《易经》，形成了种种相对固化的思维模式，深透地浸润到诸子百家的理论建构和人们的心里。今天我们建设和谐社会，理应对传统和谐思想有清醒的认识并能积极地扬弃。

《易传》的理论创新精神[*]

传统和谐思维自《易经》开启并确立后，经过西周及春秋战国近千年的洗礼，到战国末期已融汇各家，形成了更具时代特征的内涵。儒家后学充分吸收了这些思想观念，以解释经文的形式完成了《易传》，引申和阐发了不少重要思想，从而赋予传统和谐思维以新的特质。

一、将和谐明确认定为一个动态的过程

《易传》系统地考察了《易经》所反映的事物发展的全过程，看到每卦中的六爻排列都有一个到头的穷尽阶段，但卦象的变化却打破了这一穷尽，开拓出了新的变化生机，因而鲜明地提出："穷则变，变则通，通则久。"认为事物到了困局就要变化，变化才能通顺，通顺就可以长久。按照和谐论的认识，一种状态下的和谐有穷尽的时候，而事物的变化会打破这种状态，又有新的和谐需要去追求。因此，真正的和谐只能在事物的流变中去把握。无限变化的思想是经文本有的内容，但只有《易传》才明确地揭示了由变通而长久的思想，从而将和谐的追求明确认定为一个动态的过程。

《易传》对《易经》中两端相合、生成新物的和谐观念做了深刻体认，称其方法为"观变于阴阳而立卦"，给卦象构成的两个符号以确定的命名，并概括出"一阴一阳之谓道""刚柔相推而生变化"的思想。把事物变化的根源和动力明确地归结为事物内部对立要素之间的交合与作用，实际上把"和实生物"的论断具体化、规律化，又为和谐的动态流变找到了充足的理论说明。

天地交感生出万物，万物变化精彩纷呈。《易传》在深透剖析事物变化过程的基础上，指出了变化的两种常态，即渐积的状态与显变的状态，要求人们应该从渐微的变化中预料到彰显的状态。同时它还发挥"无往不复"的爻辞，认为变化的"常轨"就是"反复其道"，往复无穷，从而揭示了事物运动过程的

---

[*] 此文发表于《羊城晚报》2008 年 12 月 21 日《求是》版。

曲折性、回复性和无限性，使和谐的动态流变论更为严谨和完善。

二、看重和谐建设中人的作用

《易传》带着强烈的主观目的性把人掺杂于《易经》安排的天地交合之中，认为天道、人道、地道是构成《易》的"三材"，进而认为易卦的六爻正是"三材"各兼两位而形成的，人成了与天地相合、推动事物变化不可或缺的要素，由此实现了"天人合一"的理论升华，经文内含的人本主义倾向在这里得到了明确的彰显。

非但如此，《易传》还赋予了人在事物变化中的强烈责任感，在解释开首的乾卦之象时即提出："天行健，君子以自强不息。"认为天道刚健，推动万物变化，人正应该以天为法，不断努力。在对"革卦"的解释中曾鲜明地提出："天地革而四时成，汤武革命，顺乎天而应乎人。"对商汤和周武王以"革命"手段取代前朝给予了高度评价，认为这种顺天应人的变革正是实现社会和谐的必要行为。它还提出"君子将有为也，将有行也"，实是肯定人在事物变化中的积极有为，强调人在实现社会和谐中的应有责任。

《易传》把人在变化中的能动性引申到理性认识层面，强调人对事物变化规律的认识和对变化时机的把握，提出"君子见几而作，不俟终日"。几，是事物变化的苗头。《易传》要求人们善于认识和把握事物变化前先显的微小征兆，在事情还没有整体彰显的时候就抓住时机，采取行动，趋吉避凶。与此相应，它还提出了"待时而动""与时偕行"的行动准则，这都张扬了社会生活中昂扬向上、自强不息的进取精神。

《易传》还对许多卦象做了倾向性的引申，认为它们都有启发人类积极作为的意蕴。如说到包牺氏之后神农氏兴起，斫木为耜，揉木为耒，教给人们耕地锄草，这是受到"益"卦的启发；神农氏之后，黄帝、尧、舜相继兴起，他们改造生产工具、改善民众生活，使社会大治，是受到乾、坤、涣、随等多种卦象的启示。《易传》认为，《易经》是作者带着强烈的忧患意识创作而成的，人们应该像古代圣贤那样体察到其对社会人生的关怀，从中体悟做事的方法，以成就天下大业。

三、坚持和谐追求中的道德之纲

《易传》坚持"崇德而广业"的原则，坚定地认为只有崇尚德行才能广大君子的事业。它强调人的社会责任，从经文的思想资料中多方面提挈出道德之纲。

首先是把乾坤八卦视为父母与六个子女，使卦象系统具有了浓厚的人伦属性，并且赞扬了乾卦刚健广生的品性和坤卦柔顺致养、"厚德载物"的品性，提出"法象莫大乎天地"，认为欲成大业的君子正应该以此为法，努力成就自己的德行，以与天地之德相合。

其次是从德行方面着眼认识和解释许多卦象。如认为履卦讲行为修养，是道德的基础；谦卦讲礼节谦让，是道德的枢纽；复卦讲复归善道，是道德的根本；恒卦讲坚持操行，有利道德的稳固；损卦讲惩忿窒欲，有利道德的修养；益卦讲改过向善，有利道德的充实；井卦讲施舍救济，有利道德的传播；等等。

在此是借助对经文有关思想的阐发，不断对人们进行谆谆道德指引。如曾提出"利者，义之和也""君子以见善则迁，有过则改""君子上交不谄，下交不渎（轻侮）"等道德原则。在解释三爻多凶、五爻多功的道理时，提出了柔中为贵的思想等。

事实上，《易传》是沿着传统人本主义思路，从人生观、伦理观的角度看待世界万物变化的，它把天地事物的变化与人的能动作用、人的道德修养看成是相互联系的事情。"善不积不足以成名，恶不积不足以灭身"，既是讲事物发展中渐积与显变的两种常规，又是讲道德修养与人生功业成败的联系。"君子安而不忘危，存而不忘亡，治而不忘乱"，既是讲事物两端转化的规律，又是讲人把握变化之枢的能动性，也是强调君子"知微知彰，知柔知刚"及安身保国的道德品性。在《易传》的理论视野中，天、地、人构成"三材"系统，人参与天地之变，合于天地之德，同时又以德促变，以德成业。《易传》就是这样以注经的形式，构成了自己形散而神聚的严整体系。

《易传》有选择地吸收了百家争鸣的理论成果，对《易经》做了倾向性引申和发挥，完成了《周易》的思想构建，同时也把新的特质注入了传统和谐思想，以此影响了民族的性格。

庄子和谐三题及其当代启示[*]

当代和谐文化的构建应该离不开对庄子和谐思想的借鉴，因为无论是论证的深邃还是体系的博大，庄子无疑是先秦时代最有智慧的思想家之一，他继承了传统文化中对和谐的追求，但以深刻反省的精神，对和谐及其达到的路径提出了超越已往的宽广理解，对人们具有无尽启发。

一、物无贵贱

等级制社会使人们生成了等级贵贱的观念，儒法两家分别崇尚道德力量和行政力量而偏执一端，但在维护等级贵贱的社会秩序方面却并无二致。对几乎为世人普遍认可的贵贱等级观念公开说不的，是道家思想体系的最后完成者庄子。庄子讲了一个河伯遇见海神的故事：秋雨大至，百川注河，黄河之神河伯看见自己水面广大，欣然自喜地顺流而东，到了海边，当他看见茫茫无边的大海时，顿时望洋兴叹，感到了自己的渺小，于是向识见广大的海神请教了许多问题，其中在问到以什么来确定贵贱时，海神告诉河伯说："以道观之，物无贵贱；以物观之，自贵而相贱。"海神是在河伯跳出了先前识见的狭隘局限、感到了自身鄙陋的情况下讲给他这一至深道理的。

在庄子看来，世界万物本没有差别，差别在于人的主观方面，是人只知道从物观物，而不懂从道观物所造成的。细小的草茎与粗大的屋柱、丑女与西施、宽厚与狡诈等不同质的事物，若从道的角度看，原都是一回事。同时，不同事物相区别的时期是短暂的，在它们未成之前和毁败之后，都通而为一，没有什么差别，就像人为气之所聚，聚而为生，散则为死，生与死也本无差别一样。可惜人们就如井底之蛙不明大海和夏天的虫子不晓冬冰一样，因受到生命之短和狭隘环境的限制，只能以物观物，而不能以道观物。

以道观物的道理需要人们突破局限、扩展胸怀，跳出物观，摆脱物念，从

---

* 此文发表于《羊城晚报》2008 年 9 月 21 日《求是》版。

事物的本质上和无限流变的过程去把握。若能达到"道"的高度，就会发现人世间的一切争夺纠纷，就像在蜗牛的两只触角上争斗那样可笑。

物无贵贱的思想颠覆了儒法名流对社会等级制度的设定与维护，提供了实现社会和谐以及达成人与自然根本和谐的新思路，开拓了人们认识世界的广阔视角。

二、物性为尊

既然世界上的万物没有贵贱之分，庄子就自然地提出了物性为尊的思想，主张看重和尊重任何一个普通之物的物性。

庄子反对人们在行事中把自己的愿望强加给他物，为此讲了如下故事：有只海鸟落在鲁国郊外，鲁侯把它迎送进太庙，给它敬美酒、奏韶乐，献上祭祀用的上等饭食，而海鸟却慌乱四顾，忧惧悲戚，不敢吃一片肉，也不敢饮一杯酒，三天就死了。庄子认为，这是鲁侯用养自己的方法养鸟，而不是用养鸟的方法养鸟，是不尊重他物的物性所致。

庄子也提倡社会上的人要尊重自己的个性，不为外物所累。庄子一生清贫，有时不得不借贷生活。有一天他在濮水钓鱼，楚王派了两个大夫来见，表示愿以楚国的政务相付。庄子手持钓竿没有回头，对两位大夫说："听说楚国有只神龟，已死去三千年了。楚王用绣巾宝箱珍藏于庙堂上。这只龟是愿意死去留下骨头成为宝物呢，还是愿意在泥水中摆尾呢？"两位大夫说："当然是愿意活着在泥水里摆尾！"庄子立刻回答："那你们走吧，我也愿在泥水里摆尾。"海龟的本性是游于水中，如果离开水去当庙堂的珍宝，虽然会被人们估价极高，但对自身却是一条死路。庄子是一位崇尚自由的人，在他看来，担任大国执政虽能锦衣玉食、享有尊贵，却失去了精神的独立和自由，违背了自己的个性，就像那只进了庙堂的神龟一样，对自身有害而无利，因而毫不犹豫地谢绝了楚王的聘用。

庄子关于尊重物性的观点是物无贵贱思想的自然延伸。既然世界万物没有贵贱之分，那它们的物性就没有优劣之别，均应受到充分的尊重。根据这一思想，在社会生活中，人们就决不能自认高明地把自己的意志强加于他物，也不可为外物所屈或为物欲所累，轻易舍弃自己的本性。

三、无为是福

既然人类既要尊重万物之性，也要坚守自己本真天性，庄子就顺势否定了人类的一切妄为，也否定了智慧追求的必要，认为以无为保持人的自然天性，才是正当的行为。为此他讲了若干寓言故事。

一则是"伯乐治马"。马，蹄可以踏霜雪，毛可以御风寒，吃草饮水，抬足奔跑，这是马的天性，即使有壮丽的殿堂，对马也是没用的。而伯乐出现后却说："我擅长调理马。"于是用烙铁打印记，用剪刀剔杂毛，用铲子削马掌，给马戴上笼头，用缰绳拴起来，关进固定的马棚，于是马就死掉了十之二三；后来的鞭打、驱驰、调驯，使马死得更多。在庄子看来，伯乐治马尚且是违背物性，其他的所为就更是有害无益。

另一则是"抱瓮灌圃"。汉水之南的一位老者要灌溉菜园，他凿隧道通于井下，抱瓮汲水，往返不止。孔子的弟子子贡看见了，给他介绍了一种机械取水的方法。老者愤然作色说："有机械者必有机事，有机事者必有机心，你的机械之法我不是不知，是羞而不为。"老者以机械使用为可耻，原来是认为机械和机心、机巧是联系在一起的，人为欲望所驱使，以机心弄机械，必在生活中弄机巧，最后会造成社会不安和人生的苦恼。老子言："智慧出，有大伪。"这一故事正是告诉人们欲望追求会导致社会恐怖的可怕后果。

还有一则是"混沌凿窍"。南海之帝为倏，北海之帝为忽，中央之帝为混沌。有一次倏和忽一同到混沌那里聚会，受到了很好的招待。临别时他们想报答混沌，商量说："人都有七窍以享受，混沌却没有，我们给他凿一下吧。"于是他们一天凿一窍，七天后七窍凿成，而混沌却死了。这一幽默故事向人们揭示了主观妄为的可悲结局，认为保持天性、顺应自然的混沌才最好。

庄子的许多观念和命题对当代和谐社会建设具有催人彻悟的启示：物无贵贱的思想支持人们用公平公正的眼光看待一切社会成员，看待人类与自然万物的相依关系；物性为尊的思想启发人们在社会生活和国际关系中，在人类对自然界和动植物的处置中，对对方都应有一种虔诚和尊重的态度；无为是福的思想，指出了人们的所作所为对自然物可能具有的伤害，预告了文明进步可能导致的消极后果，提醒人类要制止一切贪欲妄为的行为。

《三国》中的批评"智慧"*

读《三国》，最要紧的是读懂其中做人处事的智慧。比如，《三国演义》中有三种高明的批评方式。

第一种，以赞扬甲的方式批评乙和丙。曹操赤壁战败后，在逃跑的路上几次仰面大笑，和众将议论周瑜本该如此如此用兵，颇见自信乐观。华容道脱难之后他被曹仁接入南郡安歇，曹仁为之置酒解闷，当时众谋士全都在座，曹操忽然仰天大恸。众谋士问道："丞相于虎窟中逃难之时，全无惧怯，今到城中，人已得食，马已得料，必须整顿军马复仇，何反痛哭？"曹操回答说："吾哭郭奉孝耳！若奉孝在，决不使吾有此大失也！"遂捶胸大哭道："哀哉奉孝！痛哉奉孝！惜哉奉孝！"众位谋士闻之默然无言，深感自惭。郭奉孝即郭嘉，是曹操身边早丧的一位出色谋士。曹操在赤壁大战中连中周瑜、庞统之计，损兵几十万，这是他一生中最惨重的失败，众位谋士在战役中竟无人提出一项高明的见解予以防止，痛定思痛，他有无限的恼怒，但指责谁呢？众谋士都各尽本分，无可指责。他惆怅无出，遂仰天大恸，以缅怀郭嘉的方式严厉地批评了众谋士事实上的失职行为。

曹操采用这种批评方式时，选择众谋士全都在座的场合，然后以反常的悲哀情绪吸引众谋士主动发问，最后以凄凉的语调表示：他对这次失败不怨天、不怨地，只怨身边再也没有像郭嘉那样的谋士。曹操谁也没有批评，但他批评了每一位谋士。他在末了对郭嘉的呼唤，是对众谋士最尖刻的刺激。

曹操的这种批评方式最适宜于使用在需要批评"无可指责"的失职行为时，也适用于需要批评较多的人时。

第二种，沉默的批评方式。张飞被刘备安排守徐州时误罚部将曹豹，被其联络吕布袭取了徐州，张飞领几十骑跑到盱眙前线来见刘备，告诉其丢失徐州之事，众人都很吃惊。关羽忙问刘备的家属在哪里，张飞回答："皆陷于城中

---

　* 此文发表于《西安晚报》2010年6月20日第10版《文化纵横》。

矣。"刘备沉默无言。后来，关羽埋怨了张飞几句，张飞即欲掣剑自刎，刘备忙夺剑掷地表示说："贤弟一时之误，何至遽欲捐生耶！"在这里，刘备听说张飞丢了徐州，又失却家属，即沉默无言，这种沉默表示了极大的容忍与包涵，而以容忍与包涵为内核的沉默，又为张飞带来了良心的自我谴责，这种沉默式批评的尖刻程度甚至超过了张飞的心理承受能力，直到刘备说出"贤弟一时之误"的话时，气氛才缓和了下来。这种沉默的批评方式是创造一种气氛，依靠心理压力使对方进行自我谴责，从而达到批评的目的。这种批评适宜于对那些交情深、自觉性高的人使用。

第三种，示恩的批评方式。刘备为益州牧后，封法正为蜀郡太守。法正字孝直，是益州早先联络刘备入川的人物，才气高，为刘备夺取益州立下了大功，他当上蜀郡太守后，对过去人际交往中的一餐之德、睚眦之怨，都一一予以回应。有人向孔明告状说："孝直太横，宜稍斥之。"孔明对人讲："昔主公困守荆州，北畏曹操，东惮孙权，乃孝直为之辅翼，遂幡然翔翔，不可复制。今奈何禁止孝直，使不得少行其意耶？"因而不予追究。法正听到孔明的话后，立即约束和改正了自己的行为。在这里，孔明听到法正的过失后，首先大摆法正的功劳，然后在不否认其过失的前提下流露出对他的特殊宽容态度，这就等于从侧面提醒法正：第一，他是大有功劳而被人们尊重的人员；第二，只是由于领导人对他的特殊爱戴才不追究他的过失。当知道了这些情况后，法正自然感到受恩匪浅，为了维护自己受尊重的地位，并为报答领导人的恩德，于是收敛了自己的行为。这种示恩的批评方式一般仅适用于建有大功的人员、对事情反应敏感的人员和自觉性高的人员，适于对小错的批评。

长安宫中的一次儒法辩论

西汉执政者在王朝建立初期推行黄老"无为而治"的政治理念，随着国力的恢复和中央权威的逐步加强，执政者面临着政治理念的重新选择。汉景帝刘启执政后期，长安宫中发生过一次儒法之辩，这是儒法两家争取思想统治地位的一次正面交锋，对后来西汉统治者做出意识形态的调整起到了重要的推动作用。

《史记·儒林列传》和《汉书·儒林传》都记载，刘启曾在朝中设博士官，征召了许多饱学之士备问政事和讲学授业。赵绾、王臧、辕固生、胡毋生、黄生等人均在其中，董仲舒也作为博士在此设帷讲学。这些博士官有不同的学术思想，秉持多家学说。有一次，儒士辕固生与法家的黄生两人就商汤伐夏桀和周武灭殷纣的历史问题在刘启面前辩论。黄生说："汤武并非承受天命，而是弑逆君上。"辕固生说："不对！桀纣暴虐荒淫，天下人心都归于汤武，汤武顺应天下民心而诛桀纣；桀纣治下之民不为暴君所用而归顺汤武，汤武不得已而登位，这难道不是承受天命吗？"黄生说："帽子虽破旧，一定要戴在头上；鞋子虽新，一定要穿在脚上，这是由上下名分所决定的。桀纣虽然失道，但总归是君上；汤武虽然圣明，但总归是臣下。君上有过失，臣下不能以正直的言语去纠正过失以尊崇天子，反而利用君上的过错去诛杀他，取代其位而自己南面称尊，这不是弑逆又是什么？"辕固生回答说："如果照你的说法，那高祖皇帝取代秦朝而登上天子之位，是不正当的了！"黄生正要反驳，刘启急忙打断说："食肉不食马肝，不算不知味；谈论学问不说汤武受命，不为愚蠢。"遂结束了这场辩论。

辕固生深通《诗》《书》，是儒家学人，黄生则持法家之论，他们的论辩反映了儒法两家对立的社会政治观，是这种社会政治观的对立在某一历史问题上的表现和冲突。儒家认为天命无常，有德者居之。统治者如果不能顺应民心，就会被天命抛弃，而那些能顺应民心的人则会承受天命，将统治者取而代之。商汤对于夏桀、周武对于殷纣都是这种情况，所谓"汤武革命，顺乎天而应乎人"。（《易传·象传下·革》）辩论中的辕固生正是遵照和发挥了这一观点。法家则强调社会各层的等级秩序，认为君主与臣属的上下关系是不可移易的。先秦法家的集大成者韩非就曾引用过这样的话："冠虽穿弊，必戴于头；履虽五采，必践之于地。"（《韩非子·外储说左下》）他认为是殷纣对西周的诛讨未行，才导致了身亡国灭。辩论中的黄生必是精通韩非之作，他几乎以韩非的原文原例提出和论证所谓汤武凌替行为的不正当性。面对黄生关于汤武僭次越等、弑君为非的辩难，辕固生直截了当地点破了这一命题论辩的现实意义并想以此压服对手：儒家的天命无常观是给新生王朝的创立提供理论依据的，法家的等次不变观将会使汉王朝的代秦而立失去合法性。辕固生把双方论辩的理论问题政治化，表明儒家思想与现实政治的结合，大概是想借用政治的权威来压倒黄生的法家理论。

然而，法家理论不仅不脱离现实政治，而且尤其看重当前的政治问题。如果按照黄生的论辩逻辑：刘氏汉家是当今天下的君主，占据至尊之位，无论何种情况下，他人都不得僭越凌替。辩论中黄生要反驳辕固生，接下来他必定要反问辕固生："按你的说法，如果当朝君主有了过失，其他某位臣属就应该取而代之吗？"刘启还真是一位心性聪明、反应敏捷的人，他在辕固生发问之后，未等黄生开口，即打断了辩论，他不愿让黄生把法家理论直接为当朝政治辩护的关系以那么直白的方式表露出来，使当政者和理论者双方均丧失应有的尊严；他也不愿使人们看清汉朝夺政立国的合法性与不得僭越凌替的神圣性两者之间的理论逻辑冲突。他在不便说破缘由、直接喝止的情况下，转而以一种隐晦的说法终结了这场论辩。

马肝相传是有毒之物，食之能致人死亡。刘启认为，吃肉的人不吃马肝，并非不知马肝之味，反而是深知马肝之性；同样地，谈学问不说汤武受命，非但不是愚蠢，反而是极有见地的聪明人。从刘启的表态中可以看到，他是不大赞成汤武受命之说的。在汉家天下，任何人都应安守既成的社会等级秩序，在任何情况下都不得有非分之想。他希望由此保持刘氏本家在天下永久的君上地位。刘启这时如果把自己的想法直白无晦地表达出来，会显出法家学术思想奉承眼前政治的过分生硬性，过于违拗人心。他借食马肝一事作喻，启发那些辩论不休的博士学人，真正知味的人不食马肝，真正聪明的人不提汤武受命。

法家的理论赤裸裸地以君主为本位，本来就是服务于现世政治、宜做不宜说、不可张扬的学问，刘启终止辩论的表态和他对自我观点的暗喻表明了他对法家思想的赞同和崇尚。儒家学说原本以人伦道德为本位，是尊崇道德君主的学说，在"汤武革命"的特殊问题上与法家学说正好针锋相对。倾心法家思想的刘启并未否定儒家学说，他要利用该学说论证汉家政治的合法性，并彰显当朝执政者的道德形象。两者在某一处会发生矛盾冲突，那就只好回避这一问题。据说自刘启在辩论中表态之后，当朝的学者们没有人再公开论说汤武是受命还是弑君的问题，刘启的表态几乎已一锤定音。

数年之后，汉武帝刘彻登基，他在意识形态上公开举起儒家的大旗：罢黜百家，独尊儒术。但国家的政治构架、统治理念和治政方式，都遵循着君主本位的法家思想。刘彻真正采取的是儒法结合、内法外儒的政治方针，实际是把法家的"宜做不宜说"与儒家的"宜说不宜做"结合起来了，并为后来历代统治者所效法。可以说，正是长安宫中的这场儒法之辩启发汉朝执政者做出了上述兼采儒法、阴法阳儒的政治设定。

法家思想的局限 *

　　中华传统文化在当代的复兴和依法治国的全面实施中，把先秦法家推到了惹人注目的地位，人们努力从法家思想中寻找中华文化的法治基因和诸多法的精神，试图充实法治社会建设的思想资源，于是法家昭彰法令、稳定法规、奖赏分明、罚不避贵、为法树威、守法护法等理念受到了应有的推崇，法家责任分解、选能用人、巡察监督、绩效考核等行政管理手段得到了张扬，甚至法家看重实利、厚今薄古、创制改革、不恤人言等主张也被赋予了新的积极性理解，法家思想似有走向显学之势。然而，无论法家在当代会有多么大的幸运，我们也不应该忽视，法家思想的要害是君主本位。

　　任何政治思想都有特定的立场，有立足于该立场的观察视角、论证方法及价值标准。一种理论系统对各种社会关系的说明、对某些政治行为的倡导，以及对理想政治状态的设定，都生发于自身的立场或特定的本位。中国古代以"本"为事物的根源与根基，"本位"是指一种事物赖以形成的发始根脉，这里指一种思想系统赖以发生的特定立场和萌发原点。事实上，任何一种系统化的思想理论都有自身的生长点和立足点，有其论证说理的根本目的和特定的服务对象。比如，柏拉图的政治思想是为古希腊奴隶主贵族政治服务的理论，马克思主义是为无产阶级和劳动人民谋求幸福的学说，不同理论系统各有自己的立场和本位。可以说，产生于中国先秦时代的各种政治思想都有其特定的本位，如孔子创立的儒家学说是以社稷为本位的思想系统，墨家学说是以天下为本位的思想系统，道家学说是倾向于以人为本位的思想系统，等等。与此不同的是，法家构筑了以君主为本位的思想系统。慎到、申不害、商鞅等前期法家代表人物已经表现了对君主和权势的极大推崇，韩非集法家思想之大成，他从更为精深的理论层面构建了彻底的君主本位观。认识法家思想的根本特征和思想精髓，我们需对韩非的思想理念进行剖视。

　　* 此文发表于《光明日报》2016 年 4 月 25 日第 16 版《国学》栏。

韩非对政治活动和一切社会活动的最终目的有过明确的表达。韩非曾提出遵循事物规律办事就能成功的名言,即所谓的"缘道理以从事者,无不能成"。而他所谓的"成功",则是"大能成天子之势尊"。他是把成就天子的权势和尊严当作人们社会活动的最高目标来定位的。韩非说:"贵贱不相逾,愚智提衡而立,治之至也。"其认定维持以君主为最高权威的社会等级秩序,就是社会治理的最高境界。他一再要求君主应当依法施政,是认为"法不信,则君行危矣"。在他看来,法治实施的目的是制裁臣民的"不轨",维护君主的权势地位。韩非曾告诉君主:贵、尊、威、势是君主专有的四样美好属物。他要君主运用一切政治手段来维护这"四美",主张君主要充分利用权势之位,把国家的政治控制权牢牢地掌握在自己手中,以便保持自己的尊贵地位,避免为人所制。其施法和循理活动的目的性极其明确。

韩非对君主与臣属的关系也有特别的理解。韩非是在人性自利的前提下看待君臣关系的,认为君臣双方都是按照各自利益的算计来结合的,那各自就有不同的心思与追求。他说:"人臣之情,非必能爱其君也,为重利之故也。"据此提出:"人主者,以刑德制臣者也。"宣称君主就是依靠刑赏权来控制臣属的人,主张君主在实现自身根本利益的过程中,应该用杀戮之刑和庆赏之德来控制臣属,使群臣畏惧刑罚的威势,追求行赏的利益,进而保持对臣属的绝对支配。韩非还认为,君主对于臣属是一种豢养、蓄养关系,他引论比喻说:"君者,壤地也;臣者,草木也。必壤地美,然后草木硕大。"君主就像土地生养草木一样蓄养了群臣,所以群臣的所有劳作硕果自然是君主土地肥美的功劳。据此,他公开主张君臣间权力与责任的分割、分置,主张臣任其劳,君收其功。韩非进一步引用了殷商之臣费仲的一句名言:"冠虽穿弊,必戴于头,履虽五采,必践之于地。"帽子和鞋子的上下位置永远不能颠倒,以此说明君臣间的上下关系以及社会的贵贱等级秩序应永恒不易。按照法家韩非的理念,"汤武革命"是以臣反君的叛乱,即便恶如桀纣也应千年为尊。韩非又用"道不同于万物"来比喻"君不同于群臣",以此论证君主对于群臣的根本性、统摄性和法则性,在政治生活中主张建立起君主对于群臣的绝对支配关系。

韩非还确立了政治生活中不同于各家学派的价值标准。在社会政治生活中确立怎样的价值标准,决定着政治活动的追求目标,影响着对各种政治理念的判定,也关乎着政治制度的设计和社会治理措施的确定。在众多学派和政治势力竞相媚世、争取人心唯恐不及的社会背景下,韩非以无所畏惧的勇气,毫不掩饰地宣示了以君主需要为基准的一系列价值标准。他说:"国者,君之车也;势者,君之马也。"又说:"邦者,人君之辎重也。"这从根本上将邦国视为载君行驶、供君享用的私人器物，国家机器被看作君主伸张个人意志的工具。在韩非看来，君主取用于国，就像取用于自己的物资库一样，而国家的车辆驶向哪里，则全由君主的意志决定。在百家争鸣、儒墨为显的时代，这种理论应该是振聋发聩的，也是足以令专制君主喜而受用的。针对儒家重义轻利、谏言忠君、仁者爱人等许多道德伦理观念，韩非提出了不同的价值判断："夫轻爵禄，易去亡，以择其主，臣不谓廉。诈说逆法，倍主强谏，臣不谓忠。行惠施利，收下为名，臣不谓仁。离俗隐居，而以诈非上，臣不谓义。"站在君主本位的立场上看待国家政治生活，那辞爵择主、逞性强谏、施惠于民、避世弃君，自然成了法所不允的罪过，不能给予道德上的褒扬。韩非在特定的立场上重估国家政治生活中的价值体系，提出了迥异的价值准则与伦理标准，他的理论从君主本位出发，一以贯之，无所掩饰，是冷峻而彻底的。

法家君主本位的思想观念和价值系统，不仅促成了社会政治生活中君主独裁、文化专制的必有结果——这已被历史所证实，而且在法治建设上和政治生活中也会产生难以克服的弊端。

近代英国政治思想家约翰·洛克说过："在一切场合，只要政府存在，立法权是最高的权力，因为谁能够对另一个人制定法律，就必须是在他之上。"立法是法治建设中的首要环节，任何公正的立法都应该以民众为主体，反映公众的意志。法家似乎是推崇法治的，但在法家的理念中，立法主体从来不是民众，而是君主个人或个别政治寡头。商鞅曾说过："人主为法于上。"这里的"为"，有制定、颁布之意，由此透露出了君主为立法主体的观念。韩非也正面提到过立法的主体，如说"君之立法"，又提到"圣王之立法"，但他更多是把君主立法视为无所置疑的事情。在法家韩非的理念中，法无非是君主进行政治统治的工具，即所谓的"帝王之具也"。制法、立法是君主的事情，是君主个人为全社会立法，实质上并不反映民众的意志，这样的法与当代法治截然不同，自然罕有公平正义。

法家的立法排除了民众的参与，不能完全得到民众的认可，这样的法律在推行中面临极大的困难，那就必然要借助于权势，威严的权势于是成了法律的依靠和保证。韩非明确提出："威势之可以禁暴，而德厚之不足以止乱也。"即认为法律禁令并不是通过仁德教化来实施的，只能依靠君主的权力威势来推行。威势为君主所专有，那社会生活中的立法主体和执法主体就必然统一于权势君主。这样，法律完全成了权势的附属和工具，就只能屈从于权势。事实上，中国历史上许多昏聩残暴的君主始终没有受到过法的追究制裁，表明了法在最高权势面前的软弱无力；而历史上的许多变法者，不管变法内容如何，多在君权更替之后遭受噩运，也正表明了权势对法律拥有的决定权和终止权。

法家极力推崇法治的一个目的，是想把社会治理纳入规范化、法制化的轨道，避免人治的随意性。韩非曾说："释规而任巧，释法而任智，惑乱之道也。"然而，由于法对势的依赖，以及势对法的最终决定，这样的法治终究还是滑入了难合初衷的人治轨道。西汉时的杜周曾任廷尉，专司守法职任，他在回答人们对执法随意性的非难时说："前主所是著为律，后主所是疏为令，当时为是，何古之法乎？"在法家的视域中，法律本质上都是当朝执政者制定出来实现一定政治目的的工具，当然是执政者可以据时修改变更的东西。遵循法家的法治理念，尽管社会治理会显示出一定程度的法治色彩，亿万臣民们在一定层面上也似乎可以一轨于法，但根本上都只是权势君主人治的另一表现形式而已。

韩非还主张君主应该"服术行法"，把术与法作为维护政治地位的两种手段。他为专制君主提供的"术"治手法，具有补充法治、维护权势的动机。实际上，术治的实施是利用了法律体系中程序法的缺失，以毫无规则的方式考核和处置臣属，而对考核的分析引申及处置办法又全在于实施者的"自度"和心臆。面对这种随意而行的法外之术，群臣为了使自己免于术治的陷阱，必然会更多地顾及君主个人的性格心性和喜怒好恶，而放松对法律的顾忌。在君臣双方的戒备中，成文法丧失了应有的信用，法治在术治的实施中被严重削弱，持法之术成了败法之因。而且，韩非要以隐秘之术保证君主的一统权势不可侵犯，维护权势的稳定性，但实施那些诡秘狡诈、毫无诚信的卑鄙伎俩，则表明了政治权势人物道德的缺失，会加深君臣上下间的互不信任和互相倾轧，既使法治徒有虚名，又削弱了势的存在根基，维势之术也变成了失势之因。

可以看到，以君主为本位的法治思想，无论怎样设计，总是难以契合法的精神；无论怎样维持，都难以保证持久的稳定。君主本位的思想理念与法治内在的公正性要求格格不入，后者源于社会运行的铁则，不可移易，双方的不能相容只能以君主本位之法治思想的破产为终结。中国历史上秦至二世而亡，表面上是亡于秦国统治者迷恋成瘾的严酷法术，实质上是亡于君主本位的法治理念与社会运行规律间的冰火冲突。

儒墨法观念差异的根源[*]

先秦时代热衷于政治问题的儒墨法三大学派各有自己的政治思想，因为三家对理想政治的设定不同、论证各异，因而在思想体系的重要逻辑节点上，当然也就有相互区别的思想观念。张崇明、崔立军先生的《儒家政治学说的逻辑定位》（见《光明日报》2017年3月11日第11版）一文对三家学说的诸多方面，如在鬼神观、道德观、天命观、生活观、圣人观、人才观上各自所持有的不同观念做了周详而清晰的梳理，这对人们认识三家政治学说的基本特征都有重要的启迪。然而，各家所坚持的诸多方面观念是否有内在联系，这些观念的同异与差别何以产生，其间的思想逻辑是什么，这应是紧接其后的一个更须弄清的问题。张文所列三家种种思想观念，应该不是孤立的，它们作为某种思想体系一定逻辑节点上的认识，应该存在互相支持、互相依赖的关系；它们作为一种思想学说中的构成要素，也必定共同拥有所赖以生成的根据，然而说到底，它们都产生于三家不同的理论本位。

理论本位，是指一种学说的立足点、生长点，或归根点，它是指该理论产生与形成的社会基础，即该理论从根本上代表谁的利益和理念，是替什么人说话，为什么人服务的。人类进入文明社会以来，生产方式的运动催生出了相互联系着的不同社会阶层，不同阶层间一直存在物质利益、社会地位及政治追求上的差别，思想家们设定的理想社会，必然代表着特定阶层的思想诉求，反映着一定阶层的利益，他们的整个学说，是以思想体系的形式向全社会说明自己理想设定的合理性。无论其思想体系的枝叶多么繁茂芜杂，与其他思想体系的观念有怎样的同异和交织，其根系的生长点总是独特唯一的，所有思想理念的枝叶都生发于它的根系及其所在的地基土壤。春秋战国大变革大动荡的时代，

---

* 此文发表于《光明日报》2017年4月22日第11版《国学》栏。文章见报后，当年教育界有关考试机构以此改编出了高考模拟题中的"《儒墨法三家观念差异的根源》阅读练习及答案"，供学生连续多年备考试用。

各阶层都在应对社会的变化，并在应对中勾画理想，憧憬自己的未来。儒墨法三家在大致相同的时代，从不同的社会地基中破土而出，均成长为体系宏大、影响深远的理论学说，但其各自的理论本位是不同的。具体说来，脱胎于殷周家族血缘社会的儒家政治学说，关注血缘传承，看重礼仪祖制，守护家族利益，理论上可归结为以社稷为本位，反映着当时仍居统治地位的世袭贵族阶层的思想理念。稍迟诞生的墨家学说，反映着当时弥漫社会的众多小生产者的利益诉求，理论上以下层民众为本位。法家学说代表着正在成长中的权势阶层的利益追求，韩非进一步打造出了为权势君主个人服务的政治思想体系，理论上以权势君主为本位。就儒墨法三家而言，其根系的生长点和其理论本位绝对是决定其各种思想观念的根源。

从思想本位出发考察儒墨法三家各自的理论观点，其脉络联系和形成缘由就十分清楚了。比如，儒家因为要守护当时主流社会贵族阶层世代承传的家族利益，所以需要倡导以血亲关系为根据的差等有别的仁爱观，需要尊崇祖宗制定、世代承袭的礼仪制度；也需要提倡祖宗崇拜、先圣崇拜；在社会治理上坚持德主刑辅，用人上主张亲亲尊尊；儒家认可有条件的天命观，对鬼神的存在未置可否，也无非是要表明家族传承的天意神圣，并使人们对先祖的灵魂保持某种敬畏。其所有观念无不反映着儒家从社稷本位出发，在时代变革中有所损益的家族传承理念。

墨家以下层民众为本位，因为小生产者没有雄厚的物质财富可供享用，也没有世袭的利益需要守护，更多关注的是现实社会的生存与交往，因而反对奢靡，提倡节用节葬，意在保障人们最基本的生存生活；在社会交往活动中，小生产者只能在对他人利益的维护中才能避免伤害，最终保护自身的利益，所以要破除等级，无差别地兼爱，利人利他；频繁战争的最终受害者都是普通民众，只有反对战争才能维护下层民众的利益，所以要倡导"非攻"；墨家宣扬鬼神的存在，认为天的意志不可违逆，是要用某种方式保证人们对兼爱原则的信奉和实行；社会治理上主张崇尚教化，尚贤使能，反映着下层民众对家族出身的漠视，表达着他们对素质提升的关注和对个人能力的看重；墨家把大禹打扮成摩顶放踵、苦行救世的圣人，要人们崇奉效法，正表达了对兼爱精神的打造和推崇。

法家韩非构建了以权势君主个人为本位的"法、势、术"相结合的政治学说。韩非推崇的法，与现代法治不同，完全是君主个人意志的体现，是为君主独裁统治服务的工具。在韩非看来，人的本性都是利己的，君主要利用人们的利己之心，以物质利益为诱饵，以隐秘的权术为手段，监督臣属和天下人遵照其所颁布的法规行事。他反对先圣崇拜、不信鬼神，推崇权势与暴力，就是为了保证权势君主个人意志的伸张。

儒墨法三家的理论本位不同，对理想社会的设定不同，决定了三家在思想体系的诸多逻辑节点上具有不同的理念，在道德观、天命观、圣人观、生活观、人才观和鬼神观等诸多问题上具有不同的见解，也决定了它们对爱、德、贤、圣等概念赋予了不同的意蕴和内涵。但无论如何，不同的思想理念及其内蕴要素都是为各自的理论体系、政治追求服务的，都与各自的生长根系有着紧密的联系。可以说，思想根系是它们种种不同观念产生的渊源和形成的缘由，也是三家学说相互划分的根本依据。墨出于孔，尽管双方在圣人观、天命观等方面有相近的理念，但因思想立足点相异，因而构成了不同的学派；荀子在人性观方面与孔孟理念相违，但因为坚守与孔孟相同的理论本位，所以仍不失儒家的本色；韩非虽然师承了荀子的许多思想，但因他构建了为君主个人服务的政治思想，其理论本位移易，因而变成了色彩明确的法家。理论本位对整个学说的决定意义可见一斑。

中庸之道的确是儒家执守的一种重要方法，但这也是儒家学说摆脱不了的理论特征。儒家以社稷为本位，提出的政治主张要顾及家族的血缘传承与礼仪文明的接续，同时又要应对变化着的社会现实，其思想理念必然瞻前顾后：既要守定祖训礼制，又要期冀后嗣强盛；既要避免"狂"，又要防止"狷"；既要保证"质"，又要兼顾"文"；等等。因为这种双维度的价值选择，所以中庸就成了最恰当的方法，这种方法是理论本位及其价值理念的必然选择。相比而言，墨家少有传统的包袱，其检验是非的"三表法"把"百姓人民之利"作为最后的落脚点，顾及的是天下民众的利益。与儒墨不同的是，法家政治方案只关注现世君主，在一个点上着力，因而其主张和方案是激进的，行为是偏激的。其间孰优孰劣，则要由历史的客观进程来评价。

任何社会意识在历史的传承过程中都有自身的相对独立性，儒墨法三家学说生发于中国先秦时代的不同社会根基之上，随着社会演变中新旧生产方式的依次更替，各家学说赖以产生的社会根基无疑会有强盛、走弱乃至消失的不同变化，这直接影响到三家思想的传播广度和掌握人心的程度，同时也刺激它们通过自我调整以适应社会的需要。数千年来，三家学说在社会变迁中经历了不同的演变过程，发生了形式各异的自我调整，同时也立足在异于原初状态的社会根基上，社会意识的演进规律在这里得到了充分展示。然而，"蛇变为龙，不改其纹"。无论如何，儒家思想由于发育早，根基深厚，稳定性稍强，一直是传统社会秩序及其思想理念的守护力量。

02

人物纵论篇

毛泽东为何向高级干部推荐阅读《郭嘉传》[*]

毛泽东在 1959 年至少四次向党内高级干部和身边人员推荐阅读《三国志·魏书·郭嘉传》。据董志新所著《毛泽东读〈三国演义〉》一书介绍，1959 年 3 月 2 日在郑州的政治局扩大会议上，毛泽东讲了郭嘉的诸多事情，要求领导干部要避免郭嘉反对的那种"多端寡要，好谋无决"；稍后，4 月在上海党的八届七中全会上，毛泽东介绍《郭嘉传》，让大家看，要求领导干部要多谋善断；5 月 28 日，毛泽东同英文秘书林克谈到历史问题时，又提到郭嘉的足智多谋和曹操对他的器重；在当年的庐山会议上，7 月 11 日晚，毛泽东找周小舟、李锐、周惠谈话，说到曹操赤壁之战后痛思郭嘉的事情，几天后找李锐等人再次说到郭嘉。在国事烦冗、枢机万端的领袖岗位上，在一个特定的历史时期，毛泽东一再推荐《郭嘉传》，其中蕴含着他对党的高级干部的勉励、期待和责备种种复杂的思想感情。

郭嘉，字奉孝，三国时曹操的重要谋士，在曹操制敌建业的过程中他做出了一系列关键性的谋划：其一，在袁绍北击公孙瓒时，他建议东击吕布，以免袁吕夹击。在征战吕布三战取胜、士卒疲倦时，他谏阻曹操引军退还，提议急攻勿失，终于擒获吕布。其二，曹操在官渡与袁绍相持时，听说江东孙策欲北袭许都，一时惊惧无措。郭嘉分析说："孙策新得江东，所诛杀的都是能得人死力的豪杰，孙策本人又轻而无备，他不久会死于刺客之手。"孙策果然不久为人所刺杀。其三，刘备来投奔曹操时，郭嘉主张接纳刘备，以收招贤纳俊之名。后又建议曹操不要放刘备领兵离去。惜乎曹操未从此谋。其四，曹操欲征讨领兵反叛的刘备，又担心袁绍从后方攻击，郭嘉说："绍性迟，来必不速。"建议乘刘备众心未附时急击，刘备果被击败。其五，袁绍死后，众人建议曹操乘胜攻击袁绍儿子袁谭、袁尚所领的军队，郭嘉认为，袁绍集团内部不和，"急之则相持，缓之而后争心生"，建议南征刘表以待其变。曹操大军南行未远，袁谭即被袁尚打败，前来乞降，曹操一举荡平冀州。其六，袁尚投奔北方乌桓，曹操欲

---

* 此文发表于《光明日报》2013 年 1 月 30 日第 11 版《理论·党史》栏。

大军追袭，又怕荆州的刘表与刘备袭击许都。郭嘉分析说："刘表是一个坐而论道之人，他也不信任刘备，即使我们虚国远征也不用担心。"曹操于是远征乌桓，直至辽东公孙康将袁尚斩首。郭嘉在远征乌桓的路途因病而逝，享年 38 岁。

曹操评价郭嘉："每有大议，临敌制变，臣策未决，嘉辄成之。平定天下，谋功为高。"认为郭嘉是"良臣""奇佐"。毛泽东不断向高级干部们介绍郭嘉，是希望领导干部能像郭嘉那样面向实际生活，识辨事物机理，谋而后决，多谋善断，勉励他们做中国特色社会主义建设的"良臣""奇佐"。这是很明显的一个用意。

其次，从《郭嘉传》中可以看出，曹操和郭嘉君臣两人共事十一年，一直是互相欣赏、互相勉励，始终能做到心的交流。郭嘉最早曾慕名北投袁绍，共事一段后认定袁绍"多端寡要，好谋无决"，难成大事，遂即离去。后来受荀彧引荐见到曹操，议论天下之事，谈话后欣喜地说："真吾主也。"曹操也高兴地说："使孤成大业者，必此人也。"当时曹操担任汉司空，遂安排郭嘉为司空军祭酒，使其成为近身谋士。

曹操想征讨袁绍，自感力量不够，郭嘉从双方主帅的道、义、治、度、谋、德、仁、明、文、武十个方面进行分析，提出了"绍有十败，公有十胜"的结论；他援引楚汉争战、刘邦反弱为胜的例子，激励曹操的争战信心。袁曹争战的结局证明了他对曹操的相知之深。曹操认为"天下人相知者少"，"唯奉孝为能知孤意"，常把郭嘉作为能托嘱后事之人。他们君臣两人经常"行同骑乘，坐共幄席"，坦诚交流，无所忌讳，在长期的互相欣赏中彼此间已建立起了高度信任。毛泽东让人们阅读《郭嘉传》，正是希望高级干部像郭嘉那样，能与自己彼此激励，知无不言，建立起互相信任的知心关系。

《郭嘉传》中载，曹操南征败于赤壁，回军后感叹："郭奉孝在，不使孤至此。"又曾哭叹："哀哉奉孝！痛哉奉孝！惜哉奉孝！"《三国演义》对这些史料作了更好的渲染，在第五十回描写，曹操回军后在众谋士就座的场合仰天大恸，捶胸痛哭，念叨郭嘉，而"众谋士皆默然自惭"。曹操在战场失败后缅怀郭嘉，实际上是对众位部下事前未谏、盲从失职的批评。

毛泽东在庐山会议期间对李锐等人说："国乱思良将，家贫思良妻。曹操在赤壁大战，吃了败仗，于是想念郭嘉。"这清楚地表明，想念良佐郭嘉是曹操遭遇失败后的一种情感表达。毛泽东向人们推荐阅读《郭嘉传》与之前的工作失误也有直接关系，也是希望大家能够像郭嘉那样针砭时弊、敢于提出不同意见，同时告诫大家，如果每个人都能做郭嘉，那工作中的失误就能够避免。在这样一个特殊的时期，有些话语或许难以言说，只好让大家阅读《郭嘉传》以自己体悟。从这个意义上来看，多次重提《郭嘉传》是毛泽东采用的一种特殊的教育方式，蕴含了他对广大干部勉励、期待和责备等复杂的思想感情。

识才聚才得天下[*]

汉朝开国皇帝刘邦在公元前 202 年战胜项羽、夺得天下后，数月间抑制不住自己的激动心情。《史记·高祖本纪》记述着人们已经熟知的一件事情：刘邦有一天在洛阳南宫与群臣置酒同饮，席间他提出一问："各位列侯、将军，大家不要隐瞒，实言相告，我为什么能得到天下，项羽为什么会失掉天下？"王陵等将军的回应刘邦并不满意，于是自己做了解答，认为张良、萧何、韩信这三位杰出人才能为自己所用，才是汉军胜楚的关键。

无独有偶，《资治通鉴·唐纪十四》记载着极为相似的一件事情：贞观二十一年，晚年的唐太宗李世民自认为天下大治，也曾志得意满，他在长安翠微殿向身边侍臣设问："我的才能不及古人但治国成就却超过他们，你们坦率地说说是什么原因？"群臣不免有些吹捧的言论，李世民予以否认，他自己回答说："我的成功有五个原因：自古帝王多嫉妒才能超过自己的人，我看到别人的长处，就像自己拥有这些长处一样。人的品行和才能，不能同时兼有，我对人不看短处，只选取他的长处使用。当君主的人提拔贤才时就想将其揽入怀中，摒弃不贤者就想将其推进沟壑，我见到贤者就敬重，遇见不贤者就怜悯，贤者和不贤者都各得其所。君主多厌恶正直之人，暗中诛罚公开杀戮，没有一个朝代免于此事，我自从即位以来，正直之人在朝中比肩而立，我没有贬黜一个。自古帝王都重华夏轻夷狄，我对华夷一样地爱护，所以周边夷狄对我就像依赖父母一样。这五条才是我获得成功的原因。"

开创了汉朝天下的刘邦和开创了贞观之治的李世民，他们的活动年代、历史功业和处事个性并不相同，但在事业成功后向下属提出的问题、回答的方式，以及由此表达的理念都有许多相同之处：他们对自己开创的功业引为自豪，但并不认为自己才能出众，或者认为手下人在许多方面是超过自己的。然而，依凭并不出众的才能，如何获得足以自豪的成功呢？这样的提问实是设置了一个

---

* 此文发表于《光明日报》2016 年 12 月 13 日第 16 版《人才》栏。

万千世人都深有感触而不易回答的问题，其中隐藏着一个集团如何成事的谜底。古今中外的集团领导无不期盼事业的成功，但无不结局难料、成败有差，人们对其中的缘由自然会百思求解。从这一意义上来说，两位帝王的上述问题堪称对事业如何成功的千年之问。

任何事情的发生都有其原因。两位帝王谈成功、找因果：刘邦把他成功的原因归结到善用人才这个点上；李世民把他的成功归结为五条，前四条分别表达了其视才若己的爱才观、看人所长的识才观、理性处人的待才观、扶持正直的护才观，第五条讲的是对民族关系的认定，实际上也表达着对华夷及其人才的平等观。贞观之治是我国历史上少有的兴盛之世，掌政人李世民也把自己的成功归结为善待人才。两位帝王设迷提问，又以自己身为成功君主的切身体会揭开谜底，表明了人才对事业成功的决定意义。

古人云："打江山容易，坐江山难。"打天下的刘邦与治天下的李世民不谋而合地都结合用人谈成功，他们的解答表明，无论什么时代，无论什么目标，无论谁做领袖，要想取得事业的成功，选才用人都是关乎成败的关键。他们都曾否定了臣属们的其他回答，是告诉人们，事业的成功不能在人才之外寻找原因。

凡是人处在特定的岗位，拥有特定的职责，人生的成功就需要一定的能力，但不是随便几项能力，而是完成岗位职责所必须具备的特定能力。能拔山扛鼎的项羽并没能战胜刘邦夺得天下，历史上多少艺高才敏的君王也很少能创造出贞观之治的业绩，就是因为事业的成功要求身处领导职位的人物必须具有识才驭才的能力。两位帝王的千年之问与经典回答表明，一个集团的领导可以多才多能，而知人善任则是不可或缺的核心能力，这一能力的大小决定着领导人是否称职，也直接影响着事业的格局与能否成功。

“斩华雄”折射的人才观*

　　《三国演义》是中国传统文化的积淀物，其中的情节与人物活动无不是中国传统文化的反映和折射。该书中"温酒斩华雄"的故事脍炙人口，其中体现的多种人才观也极其发人深省。

　　十八路诸侯讨伐董卓时，大家结为同盟，协力而战。平原县令刘备被公孙瓒带到了诸侯席间，关羽张飞跟随其后。在对待刘关张三人的态度上，体现出了几种不同的人才观。第一种以盟主袁绍为代表。公孙瓒将刘备破黄巾军的功劳及其出身向诸侯介绍了一遍，袁绍说："既是汉室宗派，取坐来！"待刘备坐下后，他又说："吾非敬汝名爵，吾敬汝是帝室之胄耳。"看来，袁绍对于人，既不看其功劳，又不看其地位，而是看其出身，他看待人是重出身而忽视功劳的。第二种以袁术为代表。当董卓军中骁将华雄前来挑战，四将接连出战失利后，关羽在阶下主动请战。袁术得知关羽仅是一马弓手，遂呵斥道："汝欺吾众诸侯无大将耶？量一弓手，安敢乱言！与我打出！"而当关羽出马斩了华雄，张飞呼喊要乘势入关活捉董卓时，袁术大怒道："俺大臣尚自谦让，量一县令手下小卒，安敢在此耀武扬威！都与赶出帐去！"可见，袁术看待人特别注重人的地位。第三种以曹操为代表。当袁术要将关羽赶出帐时，曹操急忙制止道："公路（袁术字公路）息怒，此人既出大言，必有勇略；试教出马，如其不胜，责之未迟。"当袁绍担心让弓手出战会被华雄取笑时，曹操分辩说："此人仪表不俗，华雄安知他是弓手？"针对战后袁术一再要把关、张赶出帐去的要求，曹操反驳说："得功者赏，何计贵贱乎？"席后还让人暗中送去牛酒抚慰三人。看来，曹操是看重人的才能的。第四种态度是看重外貌，这在曹操的言语中已经略有反映，也是他对付袁术无理提议的借口，可见以貌取人尚不是个别现象。

　　看来，重出身、重地位、重才能、重外貌是人们在人才观上的不同倾向，这在"斩华雄"一事上已经集中地反映了出来。挺身求战的关羽是不是人才，

　　* 此文发表于《光明日报》2015 年 5 月 12 日第 16 版《人才》栏。

事件的结局已经得出了铁一样的结论，不同人才观的正误优劣也被铁的事实所验证。"斩华雄"事件把不同的人才观展现出来，并以历史事实为判定，提供给后人丰富的鉴赏意义：事件否定了识人上重出身、重地位、重外貌的荒唐理念，肯定了选贤用才的人才观；历史的大结局也表明了不同人才观对秉持者事业兴衰的决定性影响。

　　反观各种人才观在同一事情上的表现，会发现一个有趣的现象：一个领导人自身在哪一方面占有优势，他就必然看重人的哪一方面。拥有"四世三公"家族背景的袁氏兄弟出身高贵、地位显赫，他们倾向于重出身、重地位，并以这种观念看待世人；曹操的出身与地位比不上二袁，但他在十八诸侯中不乏才能上的自信，故而看重才能。这也反映出，人们总是不自觉地以自身为尺度去衡量世人，因为只有这样，才维护了自身的优势，保证了自我中心地位。与此相联系的是，人自身缺少什么，在看待世人时就往往会忽视什么，甚至看不到什么。袁氏兄弟缺少的是才能，因而不会以才论人，自然难于看清他人的才能。在后来诸侯联盟解体，各方混战时，袁术领败兵路过徐州，被刘备截击失利，仍骂刘备说："织席编屦小辈，安敢轻我！"袁术至死都看不出刘关张为时代英才，其才量可想而知。

　　袁术、袁绍、曹操以及刘备各有自己的事业和结局，"斩华雄"故事的充分启示我们：一个人无论出身、地位和外貌如何，要想事业成功、人生出彩，就一定要发展自身的才能优势；而领导人只有首先使自己成为人才，才可能摒弃那些庸俗的人才观，才会更敏锐地发现人才，放手地使用人才。火车跑得快，要靠车头带。打铁必须自身硬。正是在这些意义上，习近平总书记强调"一把手的综合素质要非常高"，这是基于对社会生活的科学把握和从丰富的历史经验中得出的真知灼见。

"飞将军"李广缘何未能封侯[*]

　　"飞将军"李广是西汉名将，他艺博猛虎，身经百战，威震敌胆。但这样一位功高而稀世的人才，终生却未酬封侯之愿。后世人认为"李广难封"是因其"运数"不佳，而仔细阅读史书，却能隐约看到李广的人生结局源于他的心性缺陷，可以悟出"人才需有胸怀"的道理。

　　公元前119年，汉朝对匈奴经十年征讨已取优势，准备派大军做最后决战。老将李广多次请求参战，汉武帝刘彻起初不同意，后来答应他随大将军卫青出征，却私下告诫卫青说，李广运数不佳，不要让其担任主攻。大军出塞后侦探到单于的所在，李广请求承担正面进攻任务，卫青因刘彻的告诫，坚持派李广随东路军迂回包抄敌人，而自率精兵正面突袭。这次交战汉军大胜，而东路军迷路误期，致单于溃逃。军中长史召李广幕府人员前去听候审问，李广愤懑难忍，竟拔刀自刎。

　　李广征战一生，年逾六十尚未封侯，他把这次征战看作最后的立功机会。出征前他去见望气者王朔，询问自己未得侯爵，是否因生相不佳，王朔问他是否做过至今非常悔恨的事情。李广说："我当年做陇西太守时，羌人反叛，我诱降了八百多人，后来用骗术把他们全部杀死，至今悔恨。"王朔告诉他："这就是将军不得封侯的原因。"王朔没有回答李广的生相问题，转而从李广一生的行事风格中寻找缘由，由此表明了望气之人观察生相的一个重要方法，那就是从一个人的社会活动中考察他的行事特点，由此解释他的命运。

　　诱杀羌人与李广未得受封并无直接联系，但它反映了李广行事的恶狠和心性龌龊阴暗的一面。《汉书·李广传》还记载了另外一件事：李广在公元前122年曾因过受罚，赎为平民，在京郊蓝田山中隐居。他有次与乡间友人饮酒，晚上回时路过霸陵亭，那晚霸陵尉喝醉了酒，对路过驿亭的李广呵斥阻止。随从解释说："这是前任李将军。"县尉说："现任将军也不能夜间通行，何况前任将

　　* 此文发表于《光明日报》2016年6月7日第16版《人才史话》栏，这里有所增补。

军。"迫使李广在霸陵亭下住宿一夜。不久，匈奴战事吃紧，刘彻擢用李广为右北平太守，李广请求让霸陵尉与他同去，朝廷同意了。

李广上任前要求霸陵尉相随，人们认为他一定会重用这位坚守规矩、不讲情面的人，但霸陵尉到达军中，李广即将其斩杀。李广凭借刚刚到手的权力，公报私仇，一时满足了报复之心，却使用了欺诈方式，同时也把答应他请求、调任霸陵尉的上司置于不义和尴尬的境地。李广杀了霸陵尉后向刘彻上书谢罪，刘彻批字作复，写道："我所期待于你的是向匈奴报仇除害，你若免冠徒跣，叩头请罪，那不是我的期望！"刘彻在批复中完全回避了斩杀霸陵尉之事，表达了宽厚的谅解和热切的期待。这是刘彻的聪明之处。适逢朝廷用将之际，刘彻并没有追究李广擅杀之责，甚至给了他宽慰和激励，但刘彻心底决不会没有丝毫怨怒；如果国家高层由此认定李广是一位心胸狭窄、睚眦狠报的人，那日后对他的任用和封爵就不会没有顾忌。刘彻在关键战事上暗中限制对李广的重用，无论出于什么原因，总表明了他密切关注着李广的为人和作战情况。征战一生的李广未得封侯，他的尴尬和急切心理刘彻不会不知，天下在握的刘彻也并非没有破例赏封某人为侯爵的先例，但更大的可能是，刘彻对李广不愿开这个口，他宁愿让李广在前线去拼杀，凭自己的斩首之功去封侯。战场立功常有许多不定因素，而刘彻对卫青的告诫也表明，他不愿把最好的立功机会交给李广。可见，李广的命运不顺，是因他的某种心性弊失及其社会行为积淀而成的。

社会是由复杂因素有机联系着的整体，一个人针对社会的善恶心性及其行为，都会隐伏曲折地引起指向他自身的相关反馈，正是这些反馈营造了人的"命运"，因而人生的顺逆应该是他自身心性的远程"影子"。李广的运数表明，人才的成长需要良好的环境，同时也需要他自己厚德容物的宽广胸怀。

一位看相者自述的奥秘[*]

《新序·杂事》记叙说，楚国有一个善于相人的人，他因对人断语正确，从无差失而闻名于国中。楚庄王见了他，询问他相人的奥秘，那人回答说："我并非能相人，只是能观察人的交友。一个平民百姓，如果他结交的都是遵守孝悌、忠厚谨慎的人，那这人必定家财日增，一生平安，这就是所谓吉祥的人。一个做官为臣的人，如果他结交的都是诚信之人，好行善事，那这人就会不断长进，官运亨通，这就是所谓吉祥之士。一个君主，如果身边多为忠诚之士，并敢于直率地劝谏君主，那必然国家安稳、君主尊荣、天下富裕，这就是所谓吉祥的君主。我就这样从人的交往中看人之相。"应当说，上述楚人的"相人"之方有极大的合理性。

人们按照自己的认识和观点看待外界事物，对于与自己看法大致相同的人，会逐步产生一种内心的认同感，这种认同感如果能不断得到强化，那相互间就会增加往来，甚至结为知己，形成一种比较稳定的交往关系。所谓"物以类聚，人以群分"是有内在原因的客观事实。事实上，在复杂的社会环境中，那些自发的交往群体的形成，在相当程度上源于其相同要素的凝聚，它们要本能地通过凝聚形成力量，既抗拒来自不同要素的压力，又实现自己的归属。因而，同一群体的人总有其相同或相似的特征，只要愿意仔细考察、认真分析，总能发现其有别于其他群体的共性特征。反过来，某一群体的共性特征必然为该群体中的个体所拥有，发现了其共性特征，就等于掌握了对其中任何个性做出断定的基本依据。楚国的这位相人者也许对他的考察对象并不知根知底，但他首先确定该人的交往范围，接着分析这一范围内许多人物的共性特征，凭此就知道了考察对象的基本情况。

相人者不仅要断定一个人的基本情况，还必须指出一个人的大致命运。事实上，任何社会都有其相对稳定的礼仪规范系统，都有与之相应的奖惩标准和

---

  * 此文发表于《领导科学》2007 年第 5 期。

升贬机制，掌握了一个人的品德、性格和特长爱好等基本情况，把他放置于社会特定的奖惩机制中去考察，分析社会对他的个性发展能给予多大的允许度，看他在社会中会得到多大的奖惩量，就多少能窥见他人生的必然命运。如果相者能在此基础上再辅以人生偶然性的诡秘式提醒，那就真可以称作一次人生命运的预测了。这样看来，那位楚国的相人者是很有经验的，他把受相对象分为普通百姓、国家官员和朝中君主三类，结合各类人不同的人生目标和客观条件，紧扣受相者本人关注的问题，常常能做出令人叹服的预测。

凭交友而断定一个人，严格来说并不是本来意义上的相人，也许这位楚人要借"相人"之名蛊惑人心，吸引顾主，有他自己另外的目的，但不管怎样，他的"相人"不是凭主观臆断，是有客观上的合理依据的。他"相人"的奥秘启示人们：一个人的结交对象往往就是该人的影子，其中反映着该人的某些特征，从一个人的众多交往对象上，能观察到该人不少的个性特征。考察一个人，应该把他的交往对象作为一个重要的参考，以从中发现直接考察所不能发现的特征。同时，一个人和他的一群结交对象常常能够互相印证，在形象上可以互为镜子，人们常常不能准确认识自我形象，但只要能真正了解自己结交对象的群体特征，就能对自我形象的基本方面有所了解，这也许是人们追求自知之明的一个有用方法。

知人不深　识人不准 *

公元前 260 年，秦赵两国军队在长平决战，赵国四十万兵将战败降秦，旋被秦军一夜坑杀。长平之战是赵国由盛转衰的拐点，其直接原因在于新任大将赵括纸上谈兵，不会用兵，更深层次的原因则是赵国决策层缺乏考察人才的经验，不重视近距离了解人才。

《史记·廉颇蔺相如列传》中记载，赵括自年少时就学习兵法，家传兵书一览而尽，谈论兵事头头是道，自认为天下无人可敌。但赵括不知兵要，绝不是一名统兵之才，对于这点赵国有两个人看得比较准确，一个是他的父亲，另一个是他的母亲，他们都是能近距离了解赵括的人。

赵括的父亲赵奢曾在九年前的阏与之战中以弱胜强，大破秦军，一度成为与廉颇、蔺相如并列的人物。他与儿子赵括谈论兵法，不能驳倒赵括，但并不认为赵括能够统兵为将。他对家人说："战争是要死人的事情，而赵括却把作战看得太轻易。国家不用赵括为将就好，如果将来让他统兵，必定招致失败和毁灭。"知子之深，莫如其父。赵奢根据自己为将的经验和对赵括的近距离观察，知道儿子远非将才，希望他不要操掌兵权，以免丧败之辱。

秦赵两军在长平相持待战时，赵奢已经离世，年轻的赵孝成王赵丹轻信了秦国间谍散布的谣言，以为秦军最怕赵括统军布阵，遂命赵括替代廉颇为长平大军的总指挥。赵括受命为将后，归家辞别母亲，准备去长平赴任，其母上书赵丹说："赵括并非将才，不能让他统兵！"赵丹见书后叩问缘故，其母回答说："赵括的父亲赵奢为将时，所得到的赏赐，全部分给军吏；受命之日，就住宿于军中，不问及家事，与士卒同甘苦。现在赵括刚做了将军，就东向而朝，接受部下拜见，军吏不敢仰视；大王赏赐的金帛，全部拿回家中收藏，打听到合适的田地、房屋就置买下来，为将难道能这样吗？愿大王不要委派他。"察子之详，莫如其母。这位母亲将儿子为将后的行为与其父的行为进行比较，从儿子

---

* 此文发表于《光明日报》2015 年 7 月 7 日第 16 版《人才史话》栏。

处理与士卒的关系上及对待赏赐的态度上，看到了他为将的缺陷，出于对国家、家族和儿子的多重关爱，她反对任用赵括。这位母亲对自己的判断非常自信。她见赵丹坚持任用赵括，遂提议道："大王一定要任用他，如果发生不如意的事情，请让一家人免受连坐。"赵丹答应了。长平战败，赵括家人因此没有受到株连。

孝成王赵丹不相信近距离的人才观察，误用赵括，导致长平惨败，这对用人一事有着深刻教训。历史事件告诉人们：重大关口上的选才用人，既不能轻信被任用者的夸夸其谈，也不能依凭不切实际的赞誉，要重视近距离的了解。与一个人长期相处的人物，包括同事、邻居、亲属等，他们在日常接触中能够真切感受到该人真实的志趣、情怀和才干，是最清楚实际情况的知底人，要重视这些身边人的看法。春秋时的管仲与朋友经商时多分钱财，战场上几次逃跑，人们大都认为其无德无能，但友人鲍叔牙从不怀疑他的品格与能力，坚持将其举荐给齐桓公；齐桓公相信鲍叔牙近距离的观察，任用管仲为相国，进而成就了齐国的霸业。这从另一侧面表明了对人近距离了解的重要性。

当代社会生活具有更加丰富的内容，对各级各类人才的考察已形成了必要的规则和程序，而历史的经验与教训仍是人才考察工作的重要借鉴。习近平总书记在谈到选才用人时指出："知人不深、识人不准，往往会出现用人不当、用人失误。"① 这一结论包含着对许多历史教训的高度概括。为了准确地知人识人，他要求组织部门对人才要"多渠道、多层次、多侧面深入了解"，并特别强调"要近距离接触干部"，提出"要多到基层干部群众中、多在乡语口碑中了解干部"。这一思路和方法具有充分的科学根据与深厚的历史依托。现实与历史都表明，人的见识见解、品质情怀、境界格局、能力水平等，只有近距离地观察才更真实，有了近距离的了解才更准确。

---

① 习近平.习近平谈治国理政：第1卷［M］.北京：人民出版社，2014：418.

考察人才须"听言观行"*

如何识辨优秀人才，思想家孔子提出了"听言观行"的方法。他说："始吾于人也，听其言而信其行；今吾于人也，听其言而观其行。"人的外在活动具有言论和行动两个维度，两个维度的展现都由人的思想决定，但两者并非完全一致。孔子是在现实中受挫后总出了这个识人方法。他根据"有德者必有言，有言者不必有德"的认识，以及"巧言令色，鲜矣仁"的判断，认为应当把观测人的视角放在其行为上，主张通过行为了解人的思想德性，同时认为言论只能作为其人是否诚信守诺的参照。可以说，听言观行的思想为人才考察确定了基本的方向。

那么，如何考察人的行为？怎样通过行为考察来把握人的思想德性呢？孔子为此提出了三个要点："视其所以，观其所由，察其所安。"即弄清考察对象做事的动机，了解其做事的途径，观察其内心的目标追求。孔子认为，通过这三层由浅入深地连续性拷问，人的真实面貌就无法隐藏了。在经验型、直观型的思维框架内，孔子力求提供一种对人才进行通彻考察的技术手段。

孔子听言观行的方法极大地启发了人们的思路，百余年后的思想家荀子根据战国时代的社会特征，提出了考察人才的四个要点：看他是否坚守和敬畏礼仪规则；看他在多变的环境中是否有应变能力；看他在安逸的生活状态中是否荒淫放荡；看他接触到声色、权力、险难时是否还能保持应有的操守。荀子认为，通过这四种特定环境中的考察，一个人是不是可用之才就一目了然了。

事实上，人的本质是各种社会关系的总和，一个人所具有的本质属性只能在社会生活及各种关系中才会充分展现。把人放在诸多典型的环境中，使他的心性充分展现，从中观察他在特殊环境中处事为人的方式，进而分析他能否战胜人性的弱点，掌握他的品德情操，是圣人先贤们提供给我们的观察人、认识人的正确思路和可靠方法。

---

* 此文发表于《光明日报》2015 年 9 月 4 日第 16 版《人才史话》栏。

对上述思路和方法进行全面引申发挥的当属《吕氏春秋》。该书把知人之法概括为"八观六验"，即八种观察法和六种考验法。八种观察法包括：通达时观察他礼遇哪些人，显贵时观察他荐举哪些人，富有时观察他供养哪些人，听言后观察他有什么行动，闲暇时观察他有什么爱好，平常时观察他说些什么，贫穷时观察他拒受什么，卑贱时观察他不做什么。六种考验法包括：用高兴验证他坚守什么，用快活测验他有何癖好，用愤怒考验他的自控能力，用恐惧考验他有无独特气质，用哀伤测验他的人品，用艰苦考验他的意志。"八观"是一种自然观察法，"六验"则是设置环境下的测验法。该书的作者认为，运用"八观六验"的方法进行考察，人的真性情及其优劣美丑就会显露无遗。

当代社会生活已经发生了极大的变化，人才考察的复杂性也同时增大，但古代先贤提出的听言观行的思路及其方法仍不失为重要的参考。习近平总书记早年在《从政杂谈》中论及识别人才的方法时指出："《吕氏春秋·论人》中把知人之法概括为'八观六验'。'八观'中有'听其言而观其行'，这一点，非常重要。现在有些人喜欢夸夸其谈，而行动上老打折扣，用形式主义的一套来应付你。用了这种人就要误事。'六验'中有'苦之以验其志'等，这对我们都很有借鉴意义。"①

中国特色社会主义建设事业需要大量的人才，同时需要贴近时代内涵的人才考察方式。习近平总书记于2013年6月在全国组织工作会议上提出考察干部要坚持"四观四看"，即"观察干部对重大问题的思考，看其见识、见解；观察干部对群众的感情，看其品质情怀；观察干部对待名利的态度，看其境界格局；观察干部处理复杂问题的过程和结果，看其能力水平"。② 这套观察要点及其分析指向借鉴了古代先贤听言观行的思想，又赋予了新的时代内容，为立志成才者指出了努力的方向，为考察人才设置了科学的方法。

---

① 习近平. 摆脱贫困［M］. 福州：福建人民出版社，1992：41.
② 习近平. 习近平谈治国理政：第1卷［M］. 北京：外文出版社，2014：418-419.

德为才之帅

中国历史上的选贤用人历来讲求德才兼备的标准，但德与才是两个方面的不同素养，现实中如何考量这两方面的关系，人们对此有着更深的思考。

孔子考察了历史上几位圣君治理政事的情景，感叹人才难得。在对人才的判定上，他更看重德行方面。他说："骥不称其力，称其德也。"认为良马最被人称道的不是它的力气，而是它温驯的品德。这里借对骥马的判定表述了对人才的判定理念。他又说："射不主皮，为力不同科，古之道也。"古来比射的规矩是，射箭不一定要穿破靶子，因为人的力气大小不同。这里借比射一事表明，一个人力量和能力的大小不是能否胜出的决定因素，由此进一步突出了德行的重要性。孔子一贯推崇"事父母，能竭其力；事君，能致其身"的人物，看重在正当事业上能尽心竭力、奉献人身的精神。在他看来，一个人能力有大小，但只要有敬奉其事的品德与精神，就是一位可资选用的人。

孔子看重德行的人才理念得到了战国思想家荀子的认同，荀子深刻总结了各诸侯国的用人经验，一方面主张"论德使能而官施之者，圣王之道也"，认为使用人的标准是德行和才能两个方面，同时又强调"故弓调而后求劲焉，马服而后求良焉，士信悫而后求知能焉。士不信悫，而有多知能，譬之其豺狼也，不可以身尔也"。荀子主张用人要先求其德，然后求其才，认为有才而无德的人，犹如豺狼一样，根本就不能放在身边。在他看来，德在选人上占有一票否决的权重地位。

北宋思想家司马光曾深察德才关系问题，做出了更为透彻的论证与说明。立足于才与德的相异性和可分性，他将才德两者各自的有无情形，概括为四种不同组合，把才德俱有的称为"圣人"，把才德俱无的称为"愚人"，把有德无才的称为"君子"，把有才无德的称为"小人"。比较四种组合，他的结论是："凡取人之术，苟不得圣人、君子而与之，与其得小人，不若得愚人。"就是说，有德有才的人和有德无才的人都可任用；而对于无德之人，宁可用无才的愚人，也不要用有才的小人。司马光主张无德之人有了才能，反而更不能任用，这似乎有些偏颇，但他就此给了人们一个充足的理由。他说，无德无才的愚人虽然想要作恶，但才力不济，就像小狗要咬人，人们能轻易制服；有才无德的小人，凭借才智作恶，就像恶虎添了翅膀，不好制服，为害必多。

司马光还从心理偏好上分析了人们在对待德才两者的态度上容易出现的偏失，他说，德行被人敬重，才能被人喜爱，人们对喜爱的容易亲近，对敬重的容易疏远，所以考察用人时多会被才能蒙蔽而忘记德行。司马光总结历史教训说："自古昔以来，国之乱臣，家之败子，才有余而德不足，以至于颠覆者多矣。"他以此提醒人们"才者德之资也，德者才之帅也"。认定德对才具有引领统帅作用，要求选贤用人上一定要看重德行，这与孔子、荀子的思想是相通的。

现在，中国特色社会主义建设进入了全新的阶段，宏大事业需要多层次、多种类人才。习近平总书记 2013 年 6 月在全国组织工作会议上讲道："治国之要，首在用人。"他提出了"好干部的标准"，用"政治上靠得住、工作上有本事、作风上过得硬、人民群众信得过"等要求丰富了德才兼备的时代内涵，其中"德"的方面占有更大比重，同时明确反对"带病提拔"、弃德论才。他主政地方工作时就曾多次指出："才为德之基，德为才之帅。现在选干部，容易忽视的往往是德。因此，在把握德与才的关系时，特别要注重德，把德放在首位。"① 这种思想理念既是当代中国社会选贤用人的必然要求，也含有对中国传统人才思想的深刻借鉴。它提醒人们，要想成为中国特色社会主义建设的有用人才，当然要提升才干、掌握技能，但绝不能忽视德行操守这一首要的方面。

---

① 习近平 . 之江新语［M］. 杭州：浙江人民出版社，2007：10.

陶朱公的思维方法

　　春秋末期的范蠡在辅佐越王勾践灭吴后弃官离去，浮海至齐，他变更姓名，自谓鸱夷子皮，一度位至卿相。不久他又辞相居陶（今山东定陶区西北），在此经商，发了大财，天下称陶朱公，司马迁称"范蠡三迁，皆有荣名"。《新序·杂事》记叙了陶朱公的一件启发人断案的事情。

　　魏国遇到了一件难以断定的案子，群臣中有一半人认为其人有罪，有一半人认为其人无罪，魏王本人也难以决断。魏王对人说："陶朱公能以平民身份而致富，一定身怀奇智。"于是派人将陶朱公请来，告诉他众人难以决断的实情，请教他应如何处理此案。陶朱公回答说："我是一个平民百姓，不知道断案的事情。我家有两只白璧，颜色相同，大小相同，光泽也相同，但一只售价千金，一只售价五百金。"魏王问道："颜色、大小和光泽相同，为什么售价却不同呢？"陶朱公说："从侧翼看它们，其中一个更厚，所以售价千金。"魏王醒悟道："对啦！定罪难以决断的应赦免，奖赏难以决断的应给予。"魏国民众自此很满意。

　　魏王碰到难以决断的案子，不得已向陶朱公请教，陶朱公并没有直接告诉魏王应如何断案，而是用自己在商业领域中碰到的白玉定价的例子，表明决断疑难案子应该考虑遵从的两个方法：一是从侧翼观察，二是以厚为贵。魏王据此迅速做出了决断。

　　人们对一件事情难以决断，或者对两种方案难以做出选择时，一定面临着思想认识上的某种困惑，对其中的利弊优劣难以做出清楚的分析。从侧翼观察，实际上是要求人们抛弃惯常的观察视角，立足于一个新的角度看待事情，以期发现惯常视角下不能看清的利弊，区分出不同决断的优劣。

　　一般来说，人们对一件事情的决断，总是根据自己的利益标准、道德标准以及价值标准来做出的。从"侧翼"观察事情，使人们能获得一种判断事情的新的参考系统。人们在新的参考系统中观察事情，自然能得到关于与前迥异的认识，这种认识并不推翻以前的认识，只是使人们的相关认识更加丰富和全面，从而使人们做出某种决断的根据更为充分，于是便会消除决断时曾经有过的困惑。

无论是正面观物还是侧翼视物，实际上都存在一个价值取向问题，换言之，人们对事情优劣的裁定总是遵循着一定的标准。为了启发魏王对疑案的决断，陶朱公在比喻中向他暗示了以厚为贵的价值审判观，这是对传统文化中的一种价值观的生动表达。古人认为："君子以厚德载物。"（《周易·坤》）进而提出"唯厚德者能受多福"（《国语·晋语六》），提倡和鼓励人们以宽厚的人生态度处世。当魏王不仅从是非的视角上，而且从处世的角度上重新审察疑案，并且接受了以厚为贵的价值观时，他的思想果然豁然开朗，对疑案立刻做出了决断，并由此悟出了治国的新思路，收到了令民众满意的治国效果。

战国时的魏国不是一个法治的国度，没有法律依据的断案只能直接凭借断案人的主观决断来进行。不管断案人的主观动机多么纯洁和公允，总是免不了定案理由欠充分的缺憾，因而断案中出现疑惑是常有之事。陶朱公的提醒使魏王在证据未变的情况下就对一个疑案当事人做出了无罪释放的判决，表明了其判案的主观随意性，这种提醒和做法自然和现代社会的法治精神是不相容的。然而陶朱公向魏王提醒的两条决疑方法却是非法制国度中判决疑案的一条重要思路，对人们观物和处世也不失为有益的借鉴。

《新序》在讲到魏文侯按陶朱公的提醒去决疑治国，收到了理想的效果后，发议论说："由此观之，墙薄则亟坏，缯薄则亟裂，器薄则亟毁，酒薄则亟酸。夫薄而可以旷日持久者，殆未有也。"由此观之，《新序》的作者特别赞赏陶朱公以厚为贵的思想。其实，陶朱公侧翼视物的方法论同样宝贵。陶朱公在这里给了人们认识事物和处理问题的两种新思路，属于思维方法上的拓展与启示。他本人"三迁成名"的人生经历，从某种意义上说，直接印证了这些思想和方法的成功。

人才的能力构成及其两个因素*

春秋时楚国有一位著名的神箭手养由基，能一箭射穿七层铁甲，《左传·成公十六年》对其高超的箭艺略有所记，《东周列国志》也描述了养由基与叛将斗越椒赌射取胜的用艺之智。斗越椒是楚国的令尹，也是有名的箭手，反叛后曾以两支神箭射退平叛大军，震惊了楚军将士。不久，楚王的平叛部队和斗越椒的叛军隔河相对，楚军小将养由基提出与斗越椒较射赌胜，两人约定各向对方射三箭，且不许受射者移动脚步。斗越椒要求先射，两人如约展开了能力的较量，这一较量展现了人的能力构成及其两个因素间的关系。

斗越椒射出第一箭，养由基用弓梢一拨，箭落水中；第二箭射来，养由基将身子一蹲，箭从头顶飞过。斗越椒要求不许躲闪，遂后射来第三箭，养由基两脚站定，并不躲闪，箭到之时，张开大口，将箭头咬住。轮到养由基射箭时，他提出只用一箭。养由基取箭在手，拉动弓弦，斗越椒听得弦响，将身子往左一闪，哪知养由基只是虚拉弓弦，并未放箭；养由基二次虚扣弓弦，只见斗越椒往右去闪，乘其闪身之时，养由基发出箭矢，正中斗越椒之首，完胜对手。

养由基的赌射分为防御和进攻两个阶段。在防御阶段，养由基连续采取了拨箭、下蹲和咬镞的方式，使对手的三次进攻连告失败。他的三种方式互不重复，但都遵守了约定的前提，双脚未动，他在特设的条件内选择应对方式，表现了超人的战术防御能力。在第二阶段进攻时，他以假象迷惑对手，佯示攻击，虚弦惊敌，观其防守动静，在对手处于二次避箭的静态时，实发一箭，射杀了对手。

养由基较射取胜自然是依凭着自己的射箭技术，但并非纯粹依靠技术，他的成功实际上是一种技能智用，即用智识来谋划指导技术的运用。在整个过程中，他展现了高人一筹的战术能力，也透露了人能力构成的两个因素。

20世纪初，英国学者斯皮尔曼提出了"能力二因素说"，认为能力由两种

＊　此文选载于《人事天地》2007 年第 9 期《天下·英才》栏。

因素构成，一个是一般因素，称为 G 因素；另一个是特殊因素，称为 S 因素。G 因素是每一种活动都需要的基本因素，是人人都有的，但每个人的 G 因素的量值不同，所谓"聪明"或"愚笨"就是由 G 因素量的大小决定的。特殊因素 S 则因人而异，且即使是同一个人，也有不同种类的 S 因素，它们与各种特殊能力相对应，每一种具体的 S 因素只参与一个特定的能力活动。斯皮尔曼认为，人们完成任何一种活动，都需要由一般能力因素 G 和某种特殊能力因素 S 共同承担。《辞海》在给"能力"下定义时，也认为能力包括进行各种活动都必须具备的一般能力和完成某种专门活动所必备的特殊能力。有学者提出了"能力素质"的概念，认为能力素质就像一座冰山，水面以上是"知识技能"等可测量因素，水面以下是"价值观、人格特质"等不可测量因素。在能力素质的综合体中，不同的知识技能（S）与智识、思想、价值选择等人格素养（G）共同作用，决定着个体的行为活动。在养由基与斗越椒的能力较量中，养由基既有过硬的射箭技术（S），又有高超的智识谋划（G），他以智识谋划指导箭艺的运用，终究高人一筹；斗越椒不乏出众的射箭技术，但他的箭艺运用缺乏思想智识的配合，表现出了较射能力的明显不足，是能力结构的缺陷导致了斗越椒的命丧黄泉。

养由基巧防神攻、赌射取胜的事实表明，人才的能力构成有作为技术的特殊因素（S）和作为智识的一般因素（G）两个方面，两种因素同时具备、互相配合，才能有出众的能力和行动的理想效果。习近平总书记早年说过："没有良好的道德品质和思想修养，即使有丰富的知识、高深的学问，也难成大器。"[①]强调的也是能力的一般因素（G）对特殊因素（S）的保障与支撑。这些事实和论断都说明，技能和知识是人才能力构成中两个互相支持、不可或缺的因素。

---

① 习近平. 之江新语 [M]. 杭州：浙江人民出版社，2007：64.

不忘初心，终得始终的张骞

张骞是古代丝绸之路的开拓人，他曾受汉武帝刘彻的指派，两次出使西域，在地理探险、国家外交和文化拓荒方面做出了前无古人的业绩，是中华民族发展史上勇于开拓的典范。张骞的开拓事业及其巨大成功是人生"不忘初心、方得始终"的历史见证。

不忘初心，才能牢记使命。公元前138年，西汉政府为了对付北方匈奴，想联络西部的月氏实行战略合作，为此招募远涉西域的使者。郎官张骞应募并被选中。他带领朝廷配备的百余随从出陇西郡西行，不料出境后被匈奴人抓获，单于扣留了这批使者，并给张骞娶了当地女人为妻。十年后匈奴的看管渐渐放宽，张骞乘机带部属向西奔逃，几十天后到达大宛，又说服大宛人做向导和翻译，经康居到达大月氏。活动逗留一年多，张骞见月氏人无所决断，遂沿山脚小路东行回国，不想又被匈奴人抓获扣留。过了一年，他乘匈奴君王换位、政局变乱之机，带着匈奴妻子一起逃离，路上靠随去的堂邑父射取飞禽走兽来充饥，公元前126年回到长安复命。张骞的使命是联络月氏，中途被敌国两次扣留十多年，已经娶妻生子，安家成舍，但他不忘初心，牢记着自己的使命之重。他温柔无所恋，险难无所阻，不达目的不罢休，在实现使命的路途上，百折不回，初心不改，是确定的使命意识引导他成就了旷世伟业。

不忘初心，才明白人生的回归点。张骞长得强壮有力，为人诚实，匈奴王军臣单于很喜爱他，扣留后还为他娶妻成家，希望他为匈奴效力，而张骞始终没有丢弃朝廷交予的符节，生命中有着鲜亮的出发点和不曾移易的回归点，他热爱自己的祖国，忠诚于国家的事业，宁可舍弃小家，也要报效祖国。艰难岁月磨不掉心中一直闪烁着的亮点，正是内心那盏不灭的明灯使他确立了人生的归属，促使他驿站不息，路途不迷，不停歇地走着一条尽管曲折却方向明确的道路。

不忘初心，才会有确定的人生大目标。张骞在公元前126年历险返国后曾两次参加对匈奴的征战。公元前123年，他随大将军卫青出击匈奴，因功封博望侯；公元前 121 年，他随骠骑将军李广绕道包抄匈奴，因迟到误战按法当斩，赎为平民。但功名利禄在张骞心中无足轻重，他对献身国家的事业无怨无悔。公元前 119 年，匈奴在战场上已接连失利，西部祁连山几成空荒地带，张骞受命带三百人重赴西域，这次直接到达乌孙国，开展外交联络，实现了乌孙等国与汉朝的直接交往，西域由此打通。公元前 115 年，乌孙王派翻译和向导送他回长安。张骞于一年后去世。张骞一生两次出使西域，当时路径不通、敌情不晓、前景不明，但他宁可舍弃朝中官职，应募奉使，毅然踏上向西的探险之途。征战受罚后，已是生命晚期，他初心未改，豪情不灭，再度挑战险难，实现对西域更圆满的开拓，点染了生命最后的光彩。

不忘初心，才能意念确定，积累和厚植功业。张骞的使命是与西域月氏联盟，为此他对沿途所在国及周边国家的方位、规模、民俗、物产及迥异特征非常敏感，处处留心，回国后即向刘彻汇报了西域诸多国家的基本状况。他曾在逗留大月氏的一年间去过大夏，向朝廷汇报说："大夏有邛崃山出产的竹杖和蜀地细布，当地商人说是从东南几千里的身毒（印度）买来的。"汉朝君臣根据这些信息大致断定了身毒的方位和距离，于是重新启动了开拓西南夷的事业。张骞明白自己的使命，故对相关信息具有高度的敏感性和正确的判断力，时日积累，经久为功，这厚植了他的业绩。

西汉以前的中原王朝，与玉门关和阳关以西地区几无交往，人们对西部地区十分陌生。司马迁称张骞的探险外交为"凿空（孔）"，认为是他开辟了通往西域的孔道，有在幽暗中凿孔启光之功。张骞一生不忘初心，最终成就了旷世伟功。

人才需要听得见的掌声

东汉末期的曹操是功业卓著的人才，这是毫无疑问的，但据《三国志》等史书记载，曹操少时飞鹰走狗，任性不羁，游荡无度，不务家产正业，没有多少人看好他。然而，曹操机警敏锐，随机应变，时而有些不凡之论。他在祖父曹腾、父亲曹嵩的中上层社会圈中交际，不时能听到一些社会名流赞赏的掌声。

曹操十多岁时去见位列三公的太尉桥玄。桥玄对他说："天下必将大乱，非杰出才俊不能治理，能安定天下的大概就是你了。"两人至此结为忘年之交。桥玄大曹操四十多岁，常常给曹操评价和指导。他晚年曾对曹操说："你好好努力吧！我已经老了，想把妻儿老小托付给你。"还开玩笑说，"我死之后，你坐车路过我的坟墓，不拿出十升酒一只鸡来祭奠我，走过三步你肚子痛，可不要怨我"。桥玄对这位青年人十分欣赏。他对曹操的看重和鼓励是发自内心的。

按照桥玄的指点，曹操还拜访了评论当世人物的权威人士许劭。两人交往后，曹操再三询问许劭对他的认定。许劭回答："你是太平之世的治国能臣，变乱之世的奸诈英雄。"许劭的评价没有包含道德判断，却充分肯定了曹操不容置疑的平治才能。曹操是非常高兴的。

东汉时的党人代表着与宦官集团相对立的政治势力。据《后汉书》载，著名党人何颙当年见到曹操，当面感叹说："汉朝就要灭亡了，安定天下的必是此人。"党人首领李膺的儿子李瓒官至东平郡的相国，他与曹操早年相交，临终时对儿子李宣说："时势将要变乱，天下英雄无人超过曹操。张邈与我相好，袁绍是你妻室的亲戚，但你不要依附他们，你一定要归附曹氏。"其子听从了李瓒的话，最终免于祸患。名士王儁与曹操相交，两人曾经一同去参加袁绍、袁术兄弟嫡母之葬，其间王儁就私下盛赞曹操的治世之才。这些评价和赞誉给了曹操以充分的自信，促使其审慎地选择方向、定位人生。

曹操二十岁时，通过举孝廉的途径，被任命为郎官，担任洛阳北部尉，负责首都北门的治安管理，正式走上仕途，开始了他平治天下的不凡事业。这位出身官宦家族、少年时游荡无度的纨绔浪子能够成长为当世的风云人物，固然有自身的天分和努力的原因，但能走上与宦官集团相对立、守护正义、推动民族统一的道路，并最终成就一代伟业，与来自党人和社会名流的肯定、鼓励是分不开的。他是在相知者的掌声中成长起来的人才。

几十年后，曹操行军路过桥玄的家乡睢阳，他驻军其乡里，专门去桥玄墓前举行了高规格的祭奠。曹操亲写祭文，赞颂桥玄的德行功业，并且写道："我在年幼时，质性顽冥，得到您的赏识鼓励，获得了名声和信心。士为知己者死，您的恩德永生难忘。"后来曹操平定了荆州，又对已逝于此的王儁重新改葬，表为先贤。他始终没有忘记早年向他发出掌声的人，因为这些关键时期的掌声对他早年的成长极为珍贵。

唐代诗人杜荀鹤出身寒微，富有才华而无人相识，以致半生潦倒。他写《小松》表达了人才成长中的渴盼："自小刺头深草里，而今渐觉出蓬蒿。时人不识凌云木，直待凌云始道高。"刚出土的小松被埋没在草丛里，但它刺头坚硬、活力十足，终有出脱于蓬蒿的一天，人们应该在小松成长的早期加以识辨，从小给予扶持，不要等到松树长成凌云之木，才给些空无意义的称道。他深知人才成长需要听得见的掌声，主张人们应该对成长中的人才给予及时的扶助和鼓励。

人才汇聚成就秦国伟业[*]

春秋初期，秦国尚是一个偏居列国西陲的小邦，土地狭小，人口不多，处文化洼地，国势微弱。经过十几代的发展积累，到战国中后期，秦国已形成了"振长策而御宇内"和威震列国的态势。在联通不畅、社会进程缓慢的古代社会，秦国能由弱变强、迅速崛起，其中最根本的原因是秦国一意振兴，逐代建成了一座压倒列国、雄视天下的人才高地。

在天下竞胜的时代，各国都根据自己的理念来获取能量以发展自身，而秦国却坚持把人才作为最珍贵的资源。春秋前期的秦穆公早有吸纳中原人才的愿望，他曾派人至楚国以五张羊皮赎来虞国亡臣百里奚，又派使者至齐国厚币聘来蹇叔父子，还以离间计收服了充当西戎使臣的由余等，对他们均授予大夫、上大夫之职，委以国政。其时，整个秦国形成了一股求贤荐贤的风尚。历史上的相马能手伯乐就是得秦穆公信用的人才。据《列子·说符》所记，伯乐晚年又推荐九方皋为穆公相马，荐贤的时尚从人波及马，足见这种风气之浓烈。举国求贤荐贤的文化氛围，为秦国打造了构筑人才高地的坚固根基。

战国前期的秦孝公发扬了秦国的尊贤之风，他即位后向天下颁布求贤令，宣告："宾客群臣有能出奇计强秦者，吾且尊官，与之分土。"明确以官职和土地吸引人才。不久，卫国人公孙鞅（商鞅）自晋国投奔而来，秦国得到了天下一流的人才。商鞅在秦国推行改革、刷新政治，把秦国迅速推入强国之列；孝公之后的惠文王尊用了鬼谷先生门下的纵横家张仪，魏人张仪在列国倡导连横事秦，巩固和提升了秦国在天下的首强地位；其后的昭襄王尊用了魏人范雎，范雎"远交近攻"的战略设定有效推进了秦国的兼并进程；再后的庄襄王尊用了卫人吕不韦，吕不韦以他圆润的行事方式和稳健的处政手段，使秦国成功消化了既有的兼并成果；后来的秦王嬴政任用魏国军事家尉缭、楚人李斯等，完成了天下一统的大业。由此观之，秦国的人才高地汇聚着列国最杰出的人才，

* 此文发表于《光明日报》2015 年 11 月 10 日第 16 版《人才史话》栏。

天下龙虎在适宜他们的政坛高地上生云啸风，集成了变幻风云的能量，促成了秦国的统一伟业。

秦国之所以能建成人才高地，在于他们对外来人才的看重。当时秦国外出他国的使者都有在出使国求贤引才的使命意识，《史记·范雎蔡泽列传》中记述，昭襄王派谒者王稽出使魏国，王稽就向魏国侍者询问："魏国有愿去秦国干事的人才吗？"而"侍者"郑安平其实早就准备把范雎推荐给秦国使臣。使臣和侍者皆属人才猎头，他们都在为秦国搜寻和引进邦外人才。秦孝公的招贤令中把外来的"宾客"置于"群臣"之前，足见其对外来人才的看重。由于文化根基使然，秦国本地善出白起、王翦那样能征善战的大将，而外来人才一般具备优秀的文化素质和高超的政治谋略，这就弥补了本土人才的结构性缺陷，合成了秦国强大的人才优势。

秦国的人才汇聚还得益于商鞅变法后的制度设定。变法改革破除了世卿世禄的特权等级制，搭建了以功定爵的平台，把所有人物放置在同样的起点上，让他们专心在耕战的方向上大显身手。这是一种良好的制度在吸引人才、激励人才和管束人才，让人才在秦国振兴的目标下汇集力量、凝聚能量。

秦国偏居西部，但其汇聚的是天下贤士，追求的是高端人才，打造的是"国际化"的人才高地。李斯曾归结这种人才理念说："泰山不让土壤，故能成其大；河海不择细流，故能就其深。"秦国的大业高如泰山，阔如河海，但它是建立在众庶的泥土之上，汇聚了四方人才的细流，才显出了自身的高大雄浑。"山不厌高，海不厌深"，后世思贤慕才的名句正表明秦国人才理念在中国历史上的深远影响。

国家要振兴，人才要兴旺。秦国伟业的成功昭示人们：打造人才高地，吸纳天下人才，就能裹挟宇内能量，凝聚磅礴力量，国家的振兴就指日可待。

西门豹两度治邺*

  西门豹是战国时魏文侯时的邺（今河北临漳西南）令，据《韩非子·外储说左下》记叙，西门豹为邺令时一心为民，清廉正直，丝毫不谋私利，却十分怠慢君主身边的人，这些人因此勾结起来中伤他。一年后他向君主汇报治理邺政的情况，君主没收了他的官印，把他罢免了。西门豹请求说："我过去不知道治理邺政的办法，现在知道了，我希望能再次治理邺县，如不能称君之意，情愿受到腰斩的惩罚。"魏文侯不忍拒绝，就同意他再去治邺。西门豹这次加重向百姓搜刮钱财，并尽力讨好君主身边的人。过了一年，他又向君主汇报情况，魏文侯亲自迎接他，向他致礼问候。西门豹回答说："上一年我为君主本人治理邺县，君主却夺走了我的官印；这一年我为君主身边的人治理邺县，君主却向我致礼。我不能治理邺县了。"于是，他就将官印还给了魏文侯。魏文侯不肯接受，说："我过去不了解您，现在了解了，希望您为我勉力治邺。"西门豹最终没有接受。

  西门豹担任邺令时表现出了敢于为民做主的清正风格，但在社会政治风气已见衰败的国度，必然会滋生一批朝中贪官，这些贪官寄生于国家政治腐败的赘瘤之上，他们和民众的利益处于对立状态。西门豹正是在这种对立状态中做出了两次选择。

  西门豹第一年为邺令时，毫不犹豫地选择了与民为善的方针，他破除陋习，廉洁治政，希望达到政治的清明和康健，但这一选择却无意间使他走向了朝中贪官难以容忍的境地。由于贪官们所处的特殊地位，西门豹受到他们蓄意的暗箭中伤，一年后竟被君主罢免，良好的治政意愿遂成泡影。

  西门豹不甘心被罢免的命运，他利用请求来的第二次治邺机会，故意选择了讨好贪官的方针，一年中他搜刮民财，贿赂权贵。他自然明白这是一种损害民众利益、腐化国家政治的丑恶行为，但届满时却出乎意外地得到了君主的赞

---

 * 此文发表于《杂文报》2008 年 6 月 27 日第 4 版《读书札记》栏。

赏。他比较了两次治邺的方针及其结果，感到腐败政治下做官的困难，向君主表明心迹后，坚决地辞去了邺令之职。

西门豹本想清正为官，在邺令之位上也曾为优化社会政治风气做出过应有的努力，然而，朝中贪官作为国家政治机体的寄生物，本质上不允许机体自身有任何健康的努力。西门豹作为国家中下层的地方官，无力清除国政腐败的赘瘤，自然会被朝中贪官中伤排挤，落得一个痛苦的结局。而当他第二次选择讨好贪官的治邺方针时，他则被腐败势力所吸纳，虽然稳固了自己的官位，却忍受不了自我良心的谴责，这种谴责也是一个痛苦的过程。

在一种腐败的政治机体中，一个本质上愿意清正廉洁的官员注定要蒙受某种痛苦。如果他对腐败的机体无能为力，那么他对腐败势力就有"或者对抗，或者妥协"的两个选择，这样，他不是蒙受被腐败势力所排挤的痛苦结局，就是蒙受良心谴责的痛苦过程。只有那些卑劣营私和自甘堕落的官员才无须承受这种痛苦，因为社会已代替他们承受了痛苦，他们在社会的痛苦之上寄生求乐。

西门豹辞绝官印，实际上含有对魏文侯不小的怨愤和敬告，他为魏文侯对自己处置两度不公而不平。当他全力为国的时候，这位君主罢免他，使他难以理解；当他全力营私的时候，这位君主赞赏他，更使他感到震惊。他深切感受到了在这位君主手下干事的困难，以辞职来表示自己内心的抗议。当然，历史上的魏文侯尚是一位很有作为的君主，我们不敢断定他在处理西门豹时是否确实有些糊涂，但这类君主在历史上不乏其人，西门豹两度治邺的经历因而具有历史的普遍性和典型性。

楚文王临终定后事[*]

楚文王是春秋前期的楚国国君，对楚国的发展曾起过重要作用。据《说苑·君道》《吕氏春秋·仲冬季·长见》以及《左传·僖公七年》记载：楚文王病重时，对大夫说："管饶这个人总是用礼义来规范我、约束我，与他相处总是感到不安，不看见他也不会想他，但从他那里我得到不少益处，一定要替我即时封他爵位。申侯伯这个人，凡是我有什么欲望，他都鼓励我去做；凡是我所喜欢的事，他都为我先安排好了。与他相处感到安逸，见不到他就想他，但我因此有了许多过失，一定要及时打发他离开。"大夫答应了，于是就授予管饶大夫爵位，给申侯伯送些财物让他离开。申侯伯准备去郑国，文王对他说："你一定要谨慎呢！你做人不讲仁义，又想得到别人的政权，去其他国家切不要带着这个毛病。"申侯伯并没有听文王的劝告，到了郑国，三年就参与了郑国之政，但过了五个月就被郑人杀掉了。

楚文王料想自己不久于人世，遂对两位臣子做了安排。管饶是一位礼义忠信之臣，楚文王安排封给他爵位，以作为对他的奖赏；申侯伯是一位善于逢迎君主的谄谀之臣，楚文王安排打发掉他，并给其中肯的告诫。后来的事实证明了文王对其告诫的正确性。

值得注意的是，楚文王曾与两位臣子长期共处，对他们的秉性特点必是早有所知，为什么对二人的不同安排要到临死时才做出呢？从情理上讲，这是有着重要原因的：管饶常以礼义去规范要求君王，少了点儿人情味，文王对他有点儿不太喜欢，如果任用了他，让他进入国家的高层政治圈，文王必然要与他朝夕相处，其个人活动必然会有极大的不便。申侯伯善于逢迎君王，若打发他走，文王就会失掉为自己创造乐逸生活的称心之臣。人之将死，其言也善。文王病危时向大夫坦诚地表白了自己与两臣相处的感受，多少表明了他对两人迟迟不做最终安排的原因乃是在于个人情感。然而，楚文王不失为一位明白君主，

---

* 此文发表于《领导科学》2007 年第 5 期。

他知道忠信之臣对国家的重要，也知道谄谀之臣对国家的危害，为国家计，他在自己将要离世时安排封爵于管饶而辞掉了申侯伯，因为这时他已与两人没有多少相处的时间了。

据《吕氏春秋》讲，楚文王在做这种身后安排时曾对人讲："管饶这种礼义之臣，不在我执政期间得到爵位，后世的圣人会怪罪我；申侯伯这个人，不在我执政时辞掉，后世的圣人也会怪罪我。"看来，楚文王心中有着十分明确的是非标准，为了交给后世继位者一个健康的政权班底，为了使自己的治国用人经受得住后世的是非审判，他下决心在自己撒手国政前对两人做出了最终的安排，是后世评判的压力促使他把迟迟推延的人事安排在离政之前迅速实施。人们同时也能看到，聪明有为的君长是能够顾及大体，敢于向后世负责，敢于接受后世审判的人物。

名臣孙叔敖的为官准则[*]

孙叔敖是楚庄王时的令尹，被后世视为列国名相。《列子·说符》记载，一位名叫狐丘丈人的隐士曾对孙叔敖说："人有三怨，子知之乎？"孙叔敖问他何谓"三怨"，这位隐士回答说："爵高者，人妒之；官大者，主恶之；禄厚者，怨逮之。"孙叔敖告诉他："吾爵益高，吾志益下；吾官益大，吾心益小；吾禄益厚，吾施益博。以是免于三怨，可乎？"

爵位、权力和俸禄是一个人做官的三种伴生物，并且一般与官职的高低成正比，一个人希望获得更高的官职，伴随这种官职而来的，是更高的爵位、更大的权力和更厚的俸禄，他个人的尊严、价值和享受也会得到更大的满足或更充分的实现。然而，事情也有另外一面：首先，越高的爵位名额愈少。一个人获得了更高的爵位，表明他占据了更多的人所觊觎的目标，堵塞了众人企图逐层晋升、获取尊荣的狭窄之路，必然招致众人的嫉妒。其次，一种政权机构能够施予社会的总权力具有一个客观的限度，其中的一个人拥有了更大的权力，必使主上的权力减少，而且更大的权力也构成了对主上地位的威胁，因而他很可能招致主上的憎恶。最后，丰厚的俸禄会拉大一个人与众人生活水平的差距，也极易促成他骄奢淫逸的生活习气，从而招致众人的怨恨。孙叔敖是当时楚王手下官职最高的人物，狐丘丈人告诉他高职位可能招致的嫉妒、憎恶和怨恨，这一诚恳的提醒包含着对社会生活的全面观察和深沉思考。

孙叔敖并没有否认这三怨的存在，他也不愿蒙受三怨，作为一代名相，他告诉了狐丘丈人自己居处高位而避免三怨的基本方法：其一，他的爵位越高，他的心气越是卑下。低爵位和无爵位是高爵位存在的基础，一个人占据了荣耀显贵的高爵位，其显贵本质上是以不曾显贵的广大民众为存在基础的，因而他决不能对居处下位的民众颐指气使、盛气凌人，而应当愈怀卑谦之心，常持尊崇之情，把生自于民众的荣耀最大限度地还给民众本身。孙叔敖正是保持了这

---

* 此文发表于《领导科学》2007 年第 7 期。

种卑下心态，才在受妒的地位上免除了一些嫉妒。其二，他的权力越大，他处事就越是谨慎小心。在一定的权力位置上，他明白自己的权力界限，把自己的行为谨慎地控制于该界限之内，对于涉界的事情决不擅权用事，留给上峰发挥意志的充分余地，彻底免除其受威胁之感。与此同时，他也明白自己权力的分量，慎重地按照一定的礼仪规范和各种现实要求去处事，力求处政的平稳和妥善。孙叔敖以这种谨慎小心的处事风格，在最高的权力位置上避免了主上的憎恶。其三，他的俸禄越厚，他对民众的施与就越广博。丰厚的俸禄在他手中不是自己安逸享乐的本钱，而是他周济贫寒、施惠于民的资本，借此他显示了自己做官为民和厚施博爱的无私的高尚情操，民众已失去了怨恨于他的基本理由。

孙叔敖以自己的为相三方打破了狐丘丈人关于高位三怨的世态断言，表现了一位名相高超的处事方式和虑事深远的智慧。

善于逆向思维的楚庄王*

楚庄王是颇有作为的楚国君主，执政期间极大地促进了南方楚国的发展。有两则典型事例表明，楚庄王善于运用逆向思维来观察认识政治军事活动中的某些表象。能透过现象抓住事情的本质，是他人生事业成功的重要原因。

一、陈国蓄多　断其易攻

陈国是一个毗邻楚国的小国。据《吕氏春秋·似顺篇》和《说苑·权谋》记述，楚庄王准备进攻陈国，派人前去察看陈国之情，使者回来汇报说："陈国不能攻打。"楚庄王问及原因，使者回答说："陈国城墙很高，河池很深，粮草积蓄很多。"楚庄王说："陈国可以攻打。陈国只是一个小国，但储备却很多。储备多就说明赋税很重，赋税重则百姓怨恨君主；城墙高，河池深，说明民力已经疲惫。"于是，楚庄王领兵攻陈，终于攻取了陈国。

楚国想攻打陈国，需要知道陈国的战争防御能力，但当了解到陈国城高、池深和储备多的实情后，楚国对陈国的防御能力产生了截然相反的两种估计：一种认为陈国的战争防御力极高，难以攻打；一种认为其防御力极弱，易于攻打。一般来说，前一种估计是符合事物逻辑的，但楚庄王坚持按后一种估计去行事，竟然获得了事实上的成功，事情的结果促使人们对此进行了深刻思考。

城高、池深、储备多是战争防御中重要的物质条件，对此谁也不能否认，但战争的防御还有一个十分重要的条件，那就是民心的和顺，这一条件在战争之前难以充分暴露，且缺乏可资衡量的客观指标，因而常被人们忽视，但就战争的本质而言，它比另一种条件更为重要。楚国之所以对陈国的战争防御能力做出了两种相反的估计，是因为作为侦探的使者仅仅看到了前一种物质条件，忽视了后一种条件，而楚庄王则更注重其民心的和顺状况，他从陈国城高池深和储备多的情况中判断出其百姓负担的苛重，预料到了民心的不顺，他的估计

＊　此文发表于《领导科学》2007 年第 6 期。

更能抓住战争的本质，因而能禁得起战争实践的检验。

一个国家可能不需要进攻，但任何国家都需要对战争的防御。楚庄王的分析从反面告诫人们，战争的防御需要物质条件，但战争防御的重点应在于促使民心和顺，且不可以伤害民心为代价而强求超过国力负荷的某种物质条件。人们应该常常注意事物反面因素的存在和作用。

二、臣不超己　退朝生忧

战国时的吴起一度在魏武侯手下为臣。据《吴子·图国》和《新序·杂事》记载，魏武侯与群臣谋划事情，群臣都赶不上他，武侯退朝后面有喜色，吴起于是对他讲了春秋霸主楚庄王的一件事情。

楚庄王曾经与群臣谋划事情，群臣都赶不上他，他退朝后面露忧色。大臣申公问他为何面有忧色，楚庄王回答说："我曾听说，每一个世代都有圣人，每一个国家都有贤才。能得到圣贤为师的人，才能为王；能得到圣贤为友的人，才能称霸。现在我本人才能不高，群臣反而没有能赶上我的，楚国恐怕危险啦！"

讲完这一事情，吴起接着对魏武侯说："在楚庄王感到担忧的地方，您却很喜悦，我私下感到恐惧。"魏武侯于是面露惭愧之色。

君主和臣下都是要"治国平天下"（《礼记·大学》）的人物，客观上总有一个才能的高下比较。除了特殊情况，一般来说，或者是君主的才能高些，或者是臣下的才能高些。在君主才能高于臣下才能的时候，魏武侯一类君主感到非常得意，而楚庄王一类君主却感到非常忧虑，这两种不同的心境反映着两类君主不同的认识观。

在魏武侯看来，当臣下赶不上自己的时候，正好衬托出了自己才智的高超，正好表明了君主之所以成为君主的理所当然性。这种情况不仅满足了他自矜自尊的心理需要，而且使他免除了对臣下恃才谋篡的担忧，因此他感到庆幸。但在楚庄王看来，当臣下赶不上自己的时候，正好表明了自己身边人才的缺乏，表明了国家人才的空虚，这种情况满足不了他称霸天下的客观需要，甚至还可能危及自己国家的生存，因而他感到焦虑不安。

魏武侯和楚庄王都是一国之君，把君主放在更广阔的社会关系中去考察，人们就会发现，君主这一社会角色的成功与否，关键是看他对国家的建设和发展是否起到了积极的推动作用。为此，高明的君主总是把自己的注意力毫不转移地投放在国家事业上，国家事业的长足发展才是他自我价值的最大实现。从这一角度来审查，魏武侯的认识观背离了君主的角色要求，他追求的仅是一种较低层次的心理需要；而楚庄王的认识观则具有明显的优越性。仅仅通过同一件事，就分出了两位君主才智的高下，而这种高下也已得到了历史的证实。

事实上，君主和臣下具有不同的社会角色，社会对他们双方有着不同的要求。君主应有的才能，主要不在于对具体事情的谋划，而在于调动和裁定群臣的谋划。一个君主，如果他拥有才能出众的臣下，并且善于驾驭臣下，他所追求的事业就有无限的生机，他的人生事业就具备了成功的条件和基础。

田单攻狄及其启示

据《战国策·齐六》《资治通鉴·周纪四》和《说苑·指武》记载，田单任齐相时准备攻狄，他为此去见名士鲁仲连。鲁仲连对他说："将军想攻狄，那是攻不下的。"田单生气地说："我曾经率领即墨小城中的败亡之卒，攻破强大的燕军而恢复了齐国，怎么能连狄城也攻不下呢？"于是，他未向鲁仲连打招呼就上车离去了。田单率大军攻狄，三月都未能攻下，伤亡众多。这时田单又去拜见鲁仲连，请教道："先生曾说我不能攻下狄城，究竟有什么原因呢？"鲁仲连回答说："将军那时在即墨，坐下就织蒉编筐，站起则持锹筑墙，鼓动士卒说：'已经没有退路啦！今日之事，不胜则亡！'那时候将军无贪生之心，士卒有必死的气概，听到鼓动，人人莫不挥泪奋臂欲战，因此能够打败燕国。现在将军有掖邑（今山东莱州市）租赋之奉，又有淄上游观之乐，腰间束着黄金，驰骋于淄、渑两河之间，有生存的快乐而没有必死的决心，因此不能取胜。"第二天，田单在狄城下鼓励士卒，他率先站在矢石所至的阵地上，亲自击鼓，狄城最终被攻下。

田单是战国时有名的军事战将，曾以即墨城中的弱兵，打败了强大的燕军，震撼了列国。然而，如此优秀的战将，在任相之后却数月攻不下小小的狄城，这种看似奇怪的现象，局外人鲁仲连却早有预察，并向他本人道出了其中的原因，事后的军事实践也证实了鲁仲连分析的正确性。这件事情的全过程给予了我们不少启发。

第一，军事争战，乃至于干任何事情，首先都需要一种争胜的决心，一种舍生忘死的气概。自然，即使有了这种决心和气概，事情也未必一定成功；但没有这个决心，事情必定不会成功。一定的决心和气概是事情成功的首要条件。

第二，人们通过艰难的奋斗去追求优裕的生活条件，然而，优裕的生活条件到手后，往往成了人们继续奋斗的包袱，生活条件越是优裕，奋斗的包袱可能越沉重。人们只有看轻这种条件，有敢于割舍和抛弃的勇气，才不会使自己陷于背着包袱去奋斗的困难境地。

第三，恶劣的环境和生活条件总是人们在本性上希望摆脱的，这一摆脱的行为过程恰好构成了人生的奋斗。因而，恶劣的生活条件往往就是人生奋斗的外部动力。对于有能力创造自我新生的有为之士而言，恶劣的环境终究能够摆脱。因而，恶劣的环境对他们必定是短暂的历程，进而对他们是极为珍贵的生命体验，恶劣环境给予他们的奋斗的刺激和人生的教诲会使他们受益终身。由于恶劣的环境一经摆脱后很难重来，因而一切有为之士应该倍加珍惜自己的苦难历程和苦难岁月。

智慧大师老子告诉人们："故抗兵相加，哀者胜矣！"（《老子·六十九章》）这一"哀兵必胜"的规律决定了田单攻燕和田单攻狄必有不同的结果。从更一般的意义上讲，它指出了人生奋斗和一切社会活动中主观勇气的重要，揭示了恶劣环境对人生奋斗的积极作用。

子罕的人生之宝[*]

子罕是春秋时宋国的执政，《左传·襄公十五年》记载，宋国有一个人得到了一块美玉，把它献给子罕，子罕不肯接受。献玉人说："我让玉工看过，玉工认为是宝物，所以才敢进献。"子罕回答说："我把不贪作为宝物，你把美玉作为宝物，如果把玉给我，我们两人都丧失了宝物，不如各人保有自己的宝物。"献玉人以玉璧为宝，希望将宝物敬献给子罕，而子罕却以"不贪"为人生之宝，显示的是一种与常人不同的价值观。

人们对事物价值的判断取决于两方面，一个是判断对象的客观属性，另一个是判断者的主体需要。一个人对具体事物之价值大小的断定，是看该事物以其自身的属性，在多大程度上满足了主体的需要。一种具体事物的客观属性一般是相对不变的，但不同的人有不同的主观需求。因而，同一种事物会在不同判断者的眼中具有不同的价值。

玉璧具有供人欣赏及能够出售等属性，一般人也都有欣赏美物和获取经济利益等主观需要，因为这两个原因，玉璧在一般人眼中是具有较高价值的宝物。然而子罕作为一国执政，他的主要兴趣在另外的方面，欣赏美物和获取经济利益等主观需要相对较弱。因而，玉璧在他心中并不具有多大价值，算不上一个宝物。这位执政也许最希望得到一个清廉的名声，而"不贪"作为一种行为，正好能满足他的这种需要。因而，"不贪"在他心中就有了极高的价值，被他视为人生宝物。

"不贪"并不是一个可视可摸的有形物件，因而子罕若不接受玉璧，看不出他保存了什么，他若接受了玉璧，也看不出他付出了什么，真是"不受白不受"。所以，他的行为为常人所不理解。其实，"不贪"所代表的是一个做官者应有的品格和作风，虽然不可视、不可摸，却是一种实实在在的存在，只有聪明睿智的人才能认识它、把握它、珍重它。

---

* 此文发表于《领导科学》2007 年第 8 期。

秦始皇是韩非的好学生

中国的专制主义中央集权制度自秦朝肇始而延续了数千年，即所谓的"百代都行秦政制"。社会上有些人将中国历史上专制体制的设定归咎于孔子及儒家学派，其实这是极大的误会。秦始皇是中国专制体制的始作俑者，而他建政的思想渊源绝不是来自孔子，而是直接源于法家的韩非。事实上，秦始皇是韩非的好学生。

韩非生于公元前280年，出身韩国贵族，曾师事荀子。他口吃不能道说而善于著述，对当世政治建设有极其独到的见解，写有《说难》《孤愤》等五十多篇论文，辑集而成《韩非子》。韩非的著述以君主为本位，构建了法、术、势相结合的政治哲学，提出了国家政治运作的现实方式，在战国末期的百家争鸣中独树一帜。韩非的著作传到秦国，秦王嬴政看到后感叹："嗟乎，寡人得见此人与之游，死不恨矣！"（《史记·老子韩非列传》）嬴政生于公元前259年，比韩非小21岁。公元前234年韩非出使秦国，嬴政见之非常高兴。虽然韩非在秦国受李斯诬陷而自杀，但嬴政一直对韩非的思想理论钦佩有加，统一天下后，建政时更是遵照而行。

一、建立郡县政体

目睹了周末政治态势的韩非对周朝封邦建国的分封制极不赞成，他认为理想的政治体制应该是"事在四方，要在中央"。还认为："王者，独行谓之'王'"，"明主之道，在申子之劝'独断'也"。这是一种天下权力归中央、中央权力归君主的高度集权化的政治设定。

秦王嬴政以暴力灭六国后，即着手建立全国性的政权系统。据《史记·秦始皇本纪》载，当时丞相王绾以首席大臣的身份提议迅速封立秦王子弟，以镇抚燕、齐、楚等偏远之地。廷尉李斯则持不同意见，李斯是韩非的同学，他援引周末天子权势衰弱之例，说明分封制对天子不利，认为给功臣子弟们赏予公家的赋税就可以了，主张全面采用郡县制。郡县制不同于分封制的关键，在于地方上的土地和人口不受分封诸侯的管辖，直接由中央政府统一管理，能够实现天下一切权力归于天子。嬴政肯定了李斯全盘郡县化的政治方案，遂在全国幅员辽阔的土地上设立三十六郡，郡下置县，各郡的守、尉、监等行政官员均由中央委派，直接向君主负责。秦朝的政治体制正是在韩非政治理论的指导下成型的。

二、追求权力一统

韩非设定了一元化的政治架构，他认为由此产生的权势是至高无上的，应该支配社会生活的所有领域。韩非在"君道同体"的意义上说："道无双，故曰'一'。是故明君贵独道之容。"他提醒执政者："威不贰错，制不共门。"主张君主应"执一以静"。

秦始皇的政权建设正是照此办理的，在秦国政治系统中，各级行政权与司法权是合二为一的。一个地区的行政长官同时也是所辖地区的最高法官，他只对上负责而不受横向权力制约。中央政府设有廷尉（九卿之一），对下是最高法官，也是诉讼案的最高裁决者；皇帝凌驾于九卿之上，是最高的执法者和司法裁决者，这一设定决定了君主可以无所限制地扩张自身权力。事实上，秦朝的海内一统，除了领土一统，还包括政治一统，即整个社会的一切机构，包括经济、教育、文化、宣传、法律、监督、史学、历法、宗教等机构都附着于政治机构之上，隶属于政治权力，成为政治的附庸。这实际上是从制度上保证了执政者的"权力通吃"。

韩非站在君主本位的立场上发现："诸侯之博大，天子之害也；群臣之太富，君主之败也。"为此主张对诸侯和大臣的权势进行限制。秦始皇对韩非这一思想心领神会，秦朝成立初"徙天下富豪于咸阳十二万户"，隔绝了六国贵族豪强与他们本土的联系，并将其置于中央政府的直接控制之下，对抗拒中央严苛经济政策的豪强严厉打击，这其实都是集中化了的最高权力在任势而为，是专制权力的自我伸张。

三、实行文化专制

韩非明确主张文化专制，他提出"明主之国，无书简之文，以法为教；无先王之语，以吏为师"，认为国家应该"息文学而明法度"，"燔诗书而明法令"。还要求统治者对社会上流行的儒、墨等"私学"应实行"去其身而息其端"的措施。

秦始皇忠实地践行了韩非的文化专制思想，焚书坑儒正是这一思想的直接实践，秦国用取消经典、铲除异端人物的方式，在全社会推行文化蒙昧主义，以确立自身的文化专制。在焚书事件中朝廷宣告："若欲有学法令，以吏为师。"这正是韩非思想的直接表达。借用政权的行政力量干预思想文化的正常发展，是专制权力恶性膨胀的结果，也是政治集权专制化的突出表现。

四、确立君主至尊

韩非推崇现世君主个人的权势，他告诉君主，"万物莫如身之至贵也，位之至尊也"，同时认为"用一之道，以名为首"。甚至明白地提示执政者，"立名号，所以为尊也"。

秦王嬴政对韩非的这些思想是全盘接受的。统一天下后，他自命不凡，以为自己"自上古以来未尝有，五帝所不及"。为强化君王权势，他给自己选定了一个绝顶尊贵的"皇帝"名号，取消了前朝的谥号制，又规定了一些皇帝的专用词，如所发教令称"制"，所下命令称"诏"，自称为"朕"，等等。他要以各种方式确立人世间无与伦比的尊贵。

五、认定家国属君

韩非说过"国者，君之车也"，"邦者，人君之辎重也"，明确地把天下国家视为权势君主个人的私属物。

秦始皇正是以私属物来看待他所占有的天下的。秦朝建立后，他大兴土木，修建阿房宫、筑造骊山墓，耗费无数财物，役使万千民众，对此毫无不安之意。在他看来，天下财物和百姓本来就是自己的私属物，完全是供自己享用的资源。秦时的中央机构设三公九卿，九卿中除廷尉主管司法狱案，治粟内史掌管租税和国家财政、典客负责接待少数民族之外，其余六卿为：奉常掌管朝廷宗庙礼仪，郎中令负责皇帝安全保卫和传达诏命，卫尉统领皇宫外的禁军，太仆掌管宫廷御马，宗正掌皇族事务，少府掌管宫廷财务与皇家手工业制造事务，其中围绕和服务于皇帝的官职数量达三分之二。宦官和宫女更是直接服务于皇帝的庞大人群。在秦始皇的眼中，朕即国家，家国属于个人私产，国家机构和天下生灵就是为皇帝个人服务的。

六、推崇君主立法

法是确立者根本意志的体现，实行法制的关键应该是法由谁来确立。韩非曾提到"君之立法""圣王之立法"，在他看来，天下家国既然是君主个人的私产，既然国君一体，那君主自然就是天下法式的制定者。

秦始皇对此并不忌讳，他在公元前219年的《泰山刻石》上宣称："皇帝临位，作制明法，臣下修饬。""大义箸明，陲于后嗣，顺承勿革。"在同年的《琅琊刻石》上再次宣称："皇帝作始，端平法度，万物之纪。"在次年的《芝罘刻石》上继续宣称："大圣作治，建定法度，显箸纲纪。"又说："普施明法，经纬天下，永为仪则。"这些文字表达了秦朝以法治国的根本思路，同时也表达了君主立法、为民规范的法治原则，秦朝十多年的治政之法，正是由最高执政者所颁布施行的，体现的是君主独裁统治的意志。

七、实施以君督臣

将天下权力集中在手的君主如何处理纷繁的事务呢？韩非的设想是，把一切事务分授给臣下，君主采取"循名而责实"的督责之术，以收"明君无为于上，群臣竦惧乎下""臣有其劳，君有其成功"的效果。韩非还循循善诱地为执政者讲述了一系列隐秘的权术手段。

秦始皇直接采纳了韩非以君督臣的治政方式，秦朝建立时，在御史大夫下设监御史"掌监郡"，代表皇帝监督地方郡县官吏，其后秦始皇本人多次离开咸阳外出巡游，就有考察各地政事之意。公元前213年，他将各地治狱不公平的官员贬去修长城或谪发南越之地，又常对奉命行事的方士们进行侦察、暗访，即所谓的"使人廉问"。萧何早年在沛县担任泗水卒史一职时，公务考核名列第一，深得秦监郡御史的赏识，可见这种督责由中央政府发起，一直落实到基层机构，成为秦朝的一个治政法式。

八、主张刑罚之政

韩非主张君主在施行赏罚之法时应该以罚为主，他提出："刑胜而民静，赏繁而奸生。"认为给轻罪者处以重罚，人们就不敢轻易犯禁，会收到"以刑去刑"之效。

秦始皇完全接受了韩非的这一思想，由此确立了秦朝的治政思路。秦初并天下时，嬴政根据五德终始说，认定秦得水德，而水为阴，阴主刑杀。据此秦朝崇尚刑罚，推行暴虐治民。秦二世胡亥继位后，在赵高的教唆下，更是严申法令，罗织罪名，大批杀害对自己继位心有不服的族内公子和朝中大臣。秦朝焚书坑儒、滥杀无辜，一直实行严苛之法，与其崇尚刑罚的治政思路密切相关。

九、严防子妻奸党

韩非曾经告诫君主："以妻之近与子之亲而犹不可信。"他认为："贵夫人，爱孺子，便僻好色，此人主之所惑也。"又说："太子之党成而欲君之死也。"他从君主个人本位立场出发，提醒君主要防备太子与妻子结党为害。

秦始皇对韩非的话深信不疑。据此，他在位许多年一直没有立王后，称帝后亦未立皇后，对宫中女性真正做到了韩非所嘱的"娱其色而不行其谒"。同时，嬴政生前也没有确立太子，因怒于长子扶苏为坑儒之事谏言，将其贬至上郡蒙恬军中为监军，严防朝中出现"太子之党成"的局面，只是可惜给身边诡谲狡诈的赵高留下了权术运作的空隙。

秦始皇嬴政乃中国历史上真正的千古一帝。他于公元前221年兼并六国后，在数百年海内争战的废墟上立国创制。他缔造了一统天下和一统文化的专制帝国，创立了"皇帝"的名号，为中国千年政制的始作俑者。同时，他劳役万民，焚书坑儒，严刑峻法，肆虐生灵，被后世视为缺失人性的暴君。事实上，秦始皇的政治行为在韩非的思想理论中都能够找到充分的根据，他的政治选择始终受到韩非政治理论的指导。

褒姒的命运*

周文王、周武王创建的周室政权，历经近三百年的政治风雨，到了周幽王宫涅执政时，气数殆尽，申国联络犬戎攻杀周幽王，幽王之了周平王被迫于公元前 770 年东迁，西周告亡。

西周灭亡，是周室与诸侯的矛盾、与外族的矛盾不断激化，腐败的王朝难以驾驭这些矛盾的必然结果。然而，周幽王亡国时正好迷恋宠妃褒姒，于是人们便把周政腐败的原因归咎于褒姒，得出了褒姒亡周的结论。作为周室"王畿"作的《诗经·小雅》中首先提出"赫赫宗周，褒姒灭之"。（《小雅·正月》）《左传·昭公元年》也采用了这一提法，表示了对该提法的肯定。《国语·晋语一》中，晋人史苏在议论晋献公立骊姬时，则进一步提出了夏因妹喜亡、殷因妲己亡、周因褒姒亡的"女色祸国论"，加上后来所谓"西施亡吴"的印证，于是"褒姒亡周"似乎成了一个不容置疑的千古话题。

褒姒究竟是如何灭亡西周的呢？据《国语·郑语》《国语·晋语一》《竹书纪年》《吕氏春秋·慎行论·疑似》和《史记·周本纪》载，褒姒是褒国的女子，褒国属大禹的后裔（《史记·夏本纪》言："禹为姒姓，其后分封，用国为姓。"），在今陕西省汉中市西北褒城一带。周幽王宫涅因故囚禁了褒国之侯褒珦（又称褒姁），褒珦决定以女色贿赂求释。褒姒因为长得天姿国色，非常漂亮，于是被褒珦选中，送于幽王，幽王见之大喜，纳为王妃，对其宠幸无比，不久褒姒生下儿子，名叫伯服。幽王的正妻为申后，是申国的女子，生子宜臼，已被立为太子，但幽王这时十分宠爱褒姒和伯服，于是就废掉了申后和太子，另立褒姒为后，伯服为太子，宜臼被逐，出奔申国。

褒姒自到王宫后从来不笑，幽王为博她一笑，使用了各种办法，都未奏效。当时华夏族与诸戎近居，战事频繁，王室采用烽火报警的办法，在紧急时能得到各路诸侯的救助。幽王决定取悦褒姒，遂在骊山上点燃烽火，各路诸侯望见

---

* 此文发表于《国学》2009 年第 1 期。

烽火，以为敌寇侵犯京师，急忙率兵来救，来后方知幽王点烽火为戏，于是卷旗而回。褒姒见状大笑，幽王觉得非常开心，因而又好几次点燃烽火，诸侯最终对烽火失去了信任。

申国的君主因为亲人申后被废、宜臼被逐，非常气恨，遂联络西夷犬戎进攻周都镐京，答应事成后以周室宝器相送，于是戎主率领一支强悍的军队攻入镐京。幽王点燃烽火向诸侯求救，却没有任何诸侯前来，幽王逃至骊山之下，被犬戎兵追杀，褒姒被掳。后来，众诸侯与申侯商定，立故太子宜臼为王，是为平王。平王见镐京劫难后一片破败，且惧于犬戎之祸，遂东迁洛邑，西周历史乃告结束。

人们以为褒姒在西周灭亡中应承担两个责任，一是她被立为王后，伤害了申后和申国，致使申国之君联络犬戎而攻周；二是她的不笑促成了幽王的烽火之戏，使诸侯丧失了对烽火的信任。然而，事实情况是，无论是被立为后，还是烽火之戏，都既不是褒姒本人的决定，也不是她的要求，而是幽王对褒姒的讨好。褒姒是一个丝毫不能掌握自己命运、完全受人摆布的女子，她入宫后从来没有在天下至尊的幽王面前争宠夺爱，反倒是幽王千方百计地在她面前献媚讨好。要求一个受人摆布的人物对献媚者的行为后果负责，从情理上是讲不通的。

褒姒确实入宫后不笑，但想必褒珦不会选一个天性不笑的冷面女人献给幽王，褒姒的不笑只能反映出她入宫之后的某种情绪变化。比褒姒稍后近百年的息夫人息妫被掳楚宫后，心存怨恨，因而在楚文王面前多年无言，所谓"脉脉无言几度春"；春秋后期楚平王用调包计娶走了原为太子建所聘的秦女嬴氏，据说嬴氏入宫后见平王年老，心中不悦，常常是"多愁叹，少欢笑"。这些年轻女子在宫廷受到君王的宠爱，但这种宠爱是她们所不需要却难以摆脱的，甚至给她们带来的是人生的痛苦。强加于人的宠爱只是对人的捉弄，年轻的女性们对违背自己意愿的强暴力量难以逃避和摆脱，这时，少言寡笑既是她们心中苦楚的自然反映，又成了她们抗争该强暴力量最为可能的方式。褒姒是一位来自山乡的女子，入宫之后面对一片陌生的世界和人物；面对自己难以看透和理解，并且身陷其中的人际倾轧；面对与自己青春远难匹配，并且愚顽不敏的夫君宫湦，她对王宫生活不可能不产生应有的反感和厌恶，这种情绪使她难有笑容。幽王虽以各种方式讨她欢心，但她始终未给幽王瞬间的笑脸。也许幽王为了向她夸耀自己对四方诸侯的统驭力量，向她显示自己在天下的尊贵地位，他命人点燃了烽火，玩弄诸侯于手掌之中，此事本身实在没有可笑之处，可笑的只是幽王在年轻女子面前的丑态表演。据说幽王是在宫中以千金之赏购得这一逗笑之方的，即"千金买一笑"，但千金之方其实只是一出并不滑稽反而使人心中涩酸的闹剧。面对夫君的这次献丑，褒姒笑了，但这笑中是否包含着内心的愉悦，谁又能说清呢？

可以说，褒姒的入宫不笑，是她内心苦楚的自然表露，世界上至今没有什么办法能让一个内心痛苦的人常露笑容，人们不该指责受玩弄者的不笑；而且，作为一个人，褒姒也应该有不笑的权利。如果要求一个被人玩弄的、心无愉快的人对玩弄者常赔笑脸，并且要求该人承担玩弄者献丑逗笑行为所导致的一切后果，这道理在天底下恐怕很难讲通。

为了使人们对褒姒灭周的"罪证"确信不疑，《国语·郑语》和《史记·周本纪》讲了如下一段事迹：夏朝衰败之时，有两条神龙停在夏帝的宫殿中说："我们是褒国的二位先君。"夏帝占卜该怎样处理这两条神龙，占卜结果是杀掉龙、赶跑龙和留住龙都不吉利，只有请神龙留下漦（音 chí，唾液），然后珍藏起来，才是吉利的。于是夏帝让人向龙设祭祷告，龙留下唾液不见了，人们把唾液用匣子装起来，密封珍藏。此匣在夏亡后传给殷朝，殷亡之后传给周朝，一直没有人敢打开它。周厉王执政末年（约公元前 841 年）打开观看，龙漦流出，难以除掉，厉王让宫女裸身吵嚷以惊之，龙漦变成黑色的鼋（或称"蚖"，即蜥蜴之类的生物），爬进厉王后宫，后宫一位六七岁的童妾碰上了它，成年时无夫怀孕，到周宣王执政时生下一个女孩，她因惧怕而把孩子丢弃了。周宣王曾听到街上童女唱歌谣道："檿弧（山桑木做的弓）箕服（箕木制成的箭袋），实亡周国。"宣王把该童谣当作预言国家吉凶的谶语来看待，恰好有一对夫妇来市上出售檿弧箕服，宣王让人将他们捉来诛杀，但他们逃掉了。半路上这对夫妇捡到了被后宫童妾所丢弃的孩子，心中爱怜，将其收养，一同逃奔到褒国躲藏，这位被收养的女子正是后来的褒姒。这一事迹是幽王的臣子史伯在褒姒被立为王后时，根据史书《训语》上的有关记载而阐发叙述的。史伯本是褒姒立后的反对者，他不敢公开反对幽王的决定，于是在背地里宣扬褒姒本属神妖之种，认为"天之生此久矣，其为毒也大矣"，认为褒姒作孽亡周乃是上天的定数。

事实上，在男性占据统治地位的社会，宫廷里的王妃，无论其个人品德如何，都不可能是社会政治运作的操纵人，她们充其量只是凭姿色供帝王摆布和玩弄的人，朝政的腐败和清明均不是她们所能决定的。褒姒亡周论的始作俑者们大概是意识到了这一点，感到现实中褒姒亡周的证据实在不足，于是炮制出褒姒为神妖之种的言论，以此作为褒姒亡周最强有力的论据。然而，只要我们舍弃一种"尽信书"的态度，以科学的眼光来考察，就会知道所谓神龙之漦仅是一种子虚乌有的说法，就会清楚所谓龙漦化鼋、无夫而孕是一种事实上必不存在的荒诞之言。仔细分析还会使我们明白，诬女人为神妖之种，是历史上许多女色祸国论者常用的论证手法。比如，殷纣王所宠爱的妲己本是有苏国之女，《国语·晋语一》载："殷辛（纣王名）伐有苏，有苏氏以妲己女（即嫁）焉。"妲己是在纣王的暴力强迫下被献出的，人们要把纣王后来的许多罪恶归咎于妲己，诬她为亡国之女，但这许多罪恶与当年有苏氏那个纯正善良的女子妲己实在不相吻合，令人难以置信，于是人们就编造了妲己在进京入宫途中被千年狐狸精吸走魂魄，狐狸精借体成形，以迷乱殷宫的传说（《封神演义》第四回），以此作为妲己亡殷的有力证据。女色祸国论的炮制者和宣扬者要以这种方法论证他们的观点，要使人们对特定女性的祸国之罪深信不疑。在社会的文明状态已显著进步了的现代社会，神怪迷信已被科学意识代替，上述方法就暴露出了论证的荒唐，人们自然不会相信被诬对象的"妖种"之名，会进一步看清宣扬者对特定女性无中生有的栽赃，实际上反而消除了被诬对象对国家灾祸所承担的个人责任，这大概是其炮制者和宣扬者所始料不及的。明白了这些方面，我们就会清楚地看到，史伯对褒姒诬加的"妖种"之名，其实正好表明了褒姒亡周的论据不足，表明了女色祸国论的荒诞无稽。

历史上的男性统治者一方面享受着治国的尊荣（有词曰"享国"），另一方面要尽可能多地享受女色带来的愉悦，而当他们因淫乐而失国时，就抛出"女色祸国论"，把亡国的责任全推给曾供他们玩弄愉悦的女性，真是"不亦乐乎"。这种现象是在男性占统治地位的社会中性别歧视的一种深刻反映。男人们想要占有的无不是漂亮的女人，这使漂亮的女人一来到男性统治的社会中就多了一些是非。一些希望占有漂亮女人但终归没有占有的男人，总喜欢把污水泼给那些漂亮的女人，如楚国巫臣诬夏姬为"灾女"，这是一种多么虚伪自私的文化心态！漂亮绝不是罪过，但历史上留下骂名的女人，总是漂亮的女人。究竟是漂亮的女人搅乱了男人统治的社会，还是统治社会的男人对没有占有的漂亮女人潜存无名的嫉恨，颇有耐人寻味之处。

其实，对于西周的倾覆，同代的人们也曾有过一些比较中肯的评论。春秋时的卫彪曾对人讲："自幽王而天夺之明，使迷乱弃德，而即慆淫，以亡其百姓，其坏之也久矣。"周灵王时太子晋甚至认为："自我先王厉、宣、幽、平而贪天祸，至于今未弭。"（《国语·周语下》）鲁人里革公开指出，"幽灭于戏（今陕西临潼区东北戏水沿岸）"，乃是"君纵私回（邪僻）而弃民事""以邪临民，陷而不振"的结果（《国语·鲁语上》）。周大夫王子朝曾在对诸侯发布的一篇告示中说，"至于幽王，天不吊（指不善待）周，王昏不若（指不顺），用愆厥位（丧失了王位）"（《左传·昭公二十六年》）。他们认为西周灭亡是幽王本人弃德纵邪的结果，甚至认为是自周厉王、周宣王时就酝酿积累而成的。他们均没有把西周之亡与褒姒扯在一起，反映了一种力求客观地评论历史事件的公允态度。

我们从史伯关于褒姒出生经历的神秘论述中，剔除掉非科学的因素，能够得到一些有关褒姒身世的确切信息：褒姒的生母是一位在王宫受过蹂躏的婢女，她不具备养育的条件而怀孕生子，不得已将女儿弃于郊野，可以想象其中含有多少辛酸。被弃郊野的褒姒小命不绝，被一对逃捕的贩弧夫妇收养，一家人在褒城山乡度过了十五六年的苦难生涯。这位褒姒一定继承了生母的容颜，长大后出落得如花似玉，在褒国之君褒珦需要以美色贿赂幽王时，她被选中送入镐京，被迫离开养父母，来到了充满淫乐和倾轧的王宫，充当了褒珦求释的贡献物。褒姒红颜入宫，被天下至尊占有，强加宠爱，在宫中度过了几年没有快乐和欢笑的生活，镐京沦陷时被犬戎所掳，下落不明，留下来的仅是后代人"妖种祸国"的骂名——这就是褒姒的命运。

才女意识的苏醒[*]

在中国传统文化中，美女和才女是不同的意象。"巧笑倩兮，美目盼兮"是美女的特征，指外观美丽；"窈窕淑女"则体现着行为举止方面的内在气质之优。《红楼梦》中的香菱无疑是美女，当她拜师学诗并颇有长进时，贾宝玉才笑着说："老天生人，再不虚赋情性的。我们成日叹说，可惜他这么个人竟俗了，谁知到底有今日。"香菱此时方成了脱俗致雅的才女，美女与才女的界限是清晰的。在央视举办的《中国诗词大会》上，以武亦姝为代表的几位女性斩关过隘，脱颖而出，万千观众随即奉上了赞誉和热捧，并感叹她们"满足了对古代才女的所有幻想"。这背后的逻辑无他，实在是民族才女意识在当代社会的苏醒。

数千年传统社会不曾为女性提供才华吐芳的出口，更以"女子无才便是德"的理念束缚女性，受追捧的女性要么是坚守节烈的贞妇，要么是沉鱼落雁、闭月羞花的美色，总之是以男性生活的价值需求来定位女性地位的，而男性在对女性的生命禁锢中也终难实现自身的心性伸张。所幸我们民族在历史长河的艰难行进中，仍然代有才女，各领风骚，如续写《汉书》的班昭，博学多艺的蔡琰，诗作名世的李清照，以及近代以来的簇花群芳。她们以卓尔不凡的才艺彰显了女性的灵秀之气，为后人站碑树标、惊鸿留影。古典小说《红楼梦》是为"金陵十二钗"作记立传，作者自云："当日所有之女子，一一细考校去，觉其行止见识皆出于我之上"；《镜花缘》中有一处描述了百位聪慧绝伦的才女，细致解读了北朝苏若兰的五彩《璇玑图》等。朦胧的才女意识当时已进入文化领地，浸透在精致的雕琢中。

女性的境遇往往与民族的发展密切关联。近代以来，我们民族的命运曲折多舛，优秀女性的定位也呈多变之态：女英雄、女战士、铁姑娘、女强人，都曾闪耀在特定的社会进程与历史阶段。甚至一度，美女，乃至白富美，似乎代

---

[*] 《南方》杂志 2017 年第 2、3 期合刊（总第 253 期）发表了本人应约撰写的《唤醒才女意识》，此文对其有所增改。

表着女性的不凡与出色，男性的享乐欲望在社会生活中抢占了支配地位，就把女性推至商品消费的卑俗境地，这当然是民族理念进步的回逆之流。然而，民族复兴大业的全面推进必然引出对自身文化的观照，作为社会发展重要生力军和进步成果当然享有者的女性同胞，既有自身才质提升的责任，事实上也担负着以自身志趣激励男性同胞、确立社会价值风向标、提高全民素质的使命。社会发展背后的历史定律，必定要使娱乐化的美女崇拜让位于发展时代的才女追逐，潜藏于民族心理深层的才女意识这时就会被迅速唤醒。与武亦姝等"诗女"的走红现象相伴随，名刹法门寺所在的扶风县新近整修了才女苏若兰的墓地，筹划彰显其织锦回文的旷古诗才，看似不相关联的事件正共同印证着我们民族已经苏醒了的才女意识。

才女被定义为有才华、有学问、有智慧的女子。参考香菱学诗的过程，看看武亦姝的临场表现，不难发现，才女是靠后天习得、自我塑造的。才女具有丰厚的知识储备及灵动的检索应用能力；有临事沉稳与内敛无痕的自信；她们不在乎花容月貌，不追求时髦靓妆，却有浸透在骨子里的优雅。她们心灵纯白、涵养宏富、气质韵美，是真正的白富美。才女意识的苏醒，表明当代社会对文化的内视，对人才的呼唤，对女性的冀望，以及对自我塑造力的崇敬。这一切既是民族文化复苏的产物，又将助推民族文化的复兴之势。

03

理论哲思篇

和谐与矛盾是人类认识事物的不同视角[*]

和谐社会建设已经成了全党全国人民的普遍共识。然而，和谐的实质是什么？它与矛盾有什么不同？弄清了这些问题，我们就能清楚地看到，和谐与矛盾是人类认识事物的两个不同视角。

一、和谐是深刻揭示联系与发展相互制约关系的哲学范畴

"和"与"谐"的提法古已有之。《尚书·舜典》记载舜受禅为帝后，在任命夔为乐官时，讲到这一职务对社会治理的意义："诗言志，歌永（咏）言，声依永，律和声。八音克谐，无相夺伦，神人以和。"《国语》与《左传》也都阐发并运用过"和"的概念。东汉仲长统在《法戒篇》中将"和谐"一词连用。古人所说的"和""谐"或"和谐"，有音韵完美、政事通达之意，其中具有丰富的哲学内涵：其一，指包含多种元素的组合，而不是单纯的一种元素，即所谓的"声一无听，物一无文，味一无果，物一不讲"。其二，指相互组合、相互联系着的各种元素保持着的平衡状态，即所谓的"以他平他"，主张异类事物的均衡存在。其三，认为"和"能促使新的事物产生、生长，即所谓的"和实生物"。当代的和谐概念既是对传统思想的历史继承，也具有自己的明确规定性。它本质上指不同质的事物间的一种相互关系。

唯物辩证法认为，客观事物的存在状态具有普遍联系和运动变化两大特征，而且，事物的相互联系构成了它们之间的相互作用，从而推动了事物的运动变化。然而，事物的运动变化不等于发展。发展是事物由低级到高级的变化，是前进上升的运动。也就是说，不是所有相互联系的事物都能促成发展：有些联系能推动事物的发展；而有些联系并不能推动事物的发展，甚至会促使事物发

---

[*] 《羊城晚报》2006 年 11 月 26 日《求是》版刊登了《和谐与矛盾：人类认识事物的不同视角》。文章增改后在《光明日报》2007 年 4 月 17 日第 11 版《理论周刊》以"和谐与矛盾是人类认识事物的不同视角"为题发表。

生倒退。

在事物复杂的存在状态中，我们把能促进事物发展、推动事物前进上升的联系状态视为和谐；与此相反的不和谐，就是不能促进和实现发展的联系状态。

由此可见，和谐在普遍的哲学范畴中，是和联系、发展相并列，并深刻揭示联系和发展相互制约关系的哲学概念。它反映的是不同质的事物间的某种关系。和谐的实质在于：不同质的事物，在相互联系中互相促进、推动前进，处于持续发展的良好状态。明白了和谐的实质，我们就有了对和谐做出衡量的客观尺度，也就把握了和谐与不和谐的区分界线。

二、和谐与矛盾的区别

矛盾反映的是事物既对立又统一的关系。矛盾与和谐都牵扯不同事物间的联系，但两者有所不同。

第一，概念的指向不同。矛盾侧重于事物的实体，即具有对立统一关系的实体。如猫与老鼠，男人与女人，生产力与生产关系等。和谐侧重于某种关系，是对事物关系中某种状态的断定。例如，猫鼠关系、两性关系、社会基本矛盾关系是相互协调的还是相互制约的，是相互促进的还是相互伤害的。

第二，两者的涉及面不同。矛盾的涉及面具体、个别；和谐的涉及面则较宽泛。矛盾的事物一般表现为直接联系，是处在一个点上；而和谐既涉及直接联系着的事物，也涉及间接联系着的事物，甚至涉及与周围事物的广泛联系，它呈现在一条线上或者一个面上。例如，猫与鼠构成矛盾，一旦矛盾双方和睦相处，似乎关系协调了，但生物链间的大范围平衡关系就会被破坏，其实是不和谐的。同理，警察与罪犯间的关系也是这样。又如一种上层建筑把自己的经济基础保护得很好，双方很协调，但如果它们与生产力的发展要求相抵触、相冲突，那就不是真正的和谐。和谐总是涉及更为宽泛的关系，而不仅仅是看一个点上的两个事物间的关系。

第三，两者的着眼点不同，关注的重心不同。矛盾观更关注的是矛盾的内部状况，如同一性、斗争性的状况如何，矛盾的内部因素如何引起事物的自我否定等；而和谐观更关注的是所涉事物的变化趋势，认为能促进事物未来发展的，就是良好的和谐状态，它是从未来趋势上考察现状。

值得注意的是，和谐观看重同一性，但它并不否定某些条件下斗争性的积极意义，有时候斗争性促进质变，也是事物发展的关键环节。例如，推翻腐朽上层建筑的社会革命，以及现阶段对腐败分子的坚决斗争，都是实现社会发展、保证社会和谐的必要手段。

三、和谐与矛盾的视角差异反映着中西思想史上不同的文化精神

从和谐与矛盾的相互区别可以看到，二者是人类考察事物时可以互相参照和互相补充的两个不同视角、不同观察系统。它们均反映着人类的认识智慧。不能把和谐与矛盾关系中的统一性相等同，也决不能把斗争性的存在视为不和谐。

从思想史的角度再做探究，可以发现，矛盾与和谐在一定意义上反映着西方哲学与中国哲学认识事物的不同特征。矛与盾，分别是进攻武器与防御武器，同用于战场，功用正好相反。《韩非子》曾把二者组合起来使用，要求人们避免"自相矛盾"的思维混乱，当属逻辑术语。"矛盾"一词作为哲学概念，主要是在西方思想传入中国后，是近代以来的事情。西方哲学中的"contradiction"翻译时取"矛盾"一词，是恰当的，表示既相互对立，又相互统一的两个事物或事物的两个方面。在中国哲学史上，与contradiction相近似的概念应该是"阴阳"，即所谓的"一阴一阳之谓道"。中国哲学中的太极图就充分表达了阴阳相依、阴阳相抱、阴阳相含、阴阳转化的对立统一思想，这正同于contradiction所表达的理念，只是中国的阴阳观特别强调对立面的平衡与统一。

西方思想史上曾形成了内容丰富的矛盾学说，同时也有关于和谐的论述，但西方思想家所讲的和谐是矛盾中的和谐，和谐隶属于矛盾学说。如赫拉克利特说："相互排斥的东西结合在一起，不同的音调形成最美的和谐，一切都是斗争所产生的。"翻译赫氏的论断时借用了"和谐"一词，但这里的"和谐"仅是矛盾斗争的一种体现，并没有中国"和谐"概念的本来含义。同样，中国思想史上曾经有源远流长、内涵丰厚的和谐理念，也有关于矛盾对立的思想，但中国思想家所讲的对立与矛盾，却宁愿以和谐的方式来解决。张载曾说："有象斯有对，对必反其为。有反斯有仇，仇必和而解。"对立以和解为归宿，矛盾归属于和谐。两位思想家对矛盾与和谐从属关系的不同看待绝非偶然，它们代表着不同的思想传承，各自都具有意蕴深厚的文化精神。

以和谐的思维方式对待世界[*]

和谐作为一个普遍的哲学范畴，反映的是不同质的事物之间的某种存在关系。和谐的实质在于，不同质的事物在相互联系中互相促进、推动前进，处于持续发展的良好状态。和谐理念是当代社会一种优良的思维方式，可以引导人们更为科学地认识事物和对待世界。

一、用和谐的思维方式看待自然万物

用和谐的思维方式认识自然万物，总体上有许多新的情景。

任何事物的发展都需要其他事物的配合。事物是普遍联系的，世界是由种种联系及其相互作用交织起来形成的图景。由于这种复杂交织，任何事物的变化都会受到其他事物的影响，都无法脱离其他要素而独立生存。一个事物脱离其他要素的单独发展只能是短暂的，它要想充分地存在和发展，就必须首先扶助其他要素，并从其他要素的发展中获得自身发展的支持。

事物的价值在于它的个性。世界是一个具有多样性的物质集合体，事物间正是基于它们不同的特质才得以相互依赖又相互弥补，构成它们共同发展的基础。"物一不讲""和实生物"，强调的正是事物间差别的珍贵性，具有不同特质的事物在系统中发挥着不同的功能，由此体现着各自的价值。

事物本身没有贵贱之分。相互联系中的事物构成一定的系统，它们作为系统中的特定要素可能处在不同的层次和位置上，但这绝不是贵贱之别。庄子有言："以道观之，物无贵贱；以物观之，自贵而相贱。"站在全局、整体、变动等非具体的角度看，事物没有贵贱之分。人们曾经强调人在客观世界的高贵性，而这其实只是站在人的具体立场上自视高贵的狭隘心理；没有了水火、草木、禽兽等其他自然万物的支持，也就没有人。从这个意义上来说，自然之物与人一样珍贵，万物本来就没有贵贱之分。矛盾思维方式引导人们对待问题时抓主

---

  * 此文发表于《羊城晚报》2007 年 1 月 28 日《求是》版。

要矛盾，在同一个矛盾中又要看重矛盾的主要方面；和谐思维方式则告诉人们，次要矛盾、矛盾的次要方面同样具有重要的意义，处理问题时一定不能丢弃。

对自然万物的和谐追求是一个无限的过程。和谐是指多种不同质的事物在相互联系中处于互相促进的良好状态，然而，世界是一个无限开放的系统，此一系统的平衡与和谐在另一系统的冲击中、在更大系统的环境中未必仍是良好的状态。因此，事物的联系只有更佳状态，没有最佳状态。同时，世界也是一个无限流变的过程，不会在某一点上停顿不前，"万化而未始有极也"。因此，事物联系中的某种良好状态绝非一朝获得，就可一劳永逸地静态存在，而是一个不断形成，不断被打破，又不断形成的无限运动状态。和谐思维方式引导人们用无限流变的理念看待世界，并不断提升人类自身。

二、用和谐的思维方式看待人类社会

人类社会是物质世界的特殊领域，用和谐的思维方式看待社会，就是要追求社会生活各个要素间的互相促进与协调发展。这里所说的"各个要素"，主要包含三个层次：一是人类与自然界的相互协调。人类的生存生活与自然环境息息相关，如果双方处在互相促进、协调发展的良好状态，那就应既有利于人的生存生活，又不伤及生态环境的优美。二是人类社会基本结构之间，以及社会生活各个部分、各个成分之间的协调，这包括一个社会的生产关系与生产力、上层建筑与经济基础之间的相互适应，也包括社会内部不同地区、不同阶层、不同职业之间，脑力劳动与体力劳动之间，城乡之间的相互促进。三是人们生活中身心等各个机体和要素间的良好调适，包括感情、情绪、需要、欲望及其他感性和理性的要素间的平衡关系。

社会和谐是一种更高的和谐境界，其特殊性主要在于，社会生活既有生产资料、生活资料、居处环境等物的要素，也有人的要素。人是社会构成的主体，又是具有感情、志趣与个人追求的理性存在物。因而社会的发展就不能不充分考虑人的社会需要和人的思想感情。追求社会和谐，既要坚持真理的原则，以求真为标，也要坚持价值的原则，以求善为尺。放弃真理的原则，不顾客观规律而主观武断，必然会阻碍社会生产的发展；违背价值的原则，不顾人的需要和愿望而恣意妄为，也必然会引发社会生活的冲突。两种情况最终都是对人的利益的伤害，都会造成社会的不和谐。也就是说，社会和谐具有"真"与"善"的双重标尺。

三、用和谐的思维方式治理社会

当代社会阶层分化、观念交融、多元化趋势加剧，和谐的思维方式使我们能够对社会治理形成更为清晰的思路。

首先，应该坚持以科学发展观为工作指导。科学发展观本质上正是和谐的思维方式的产物：所以要坚持以人为本，因为人是社会构成的主体，社会和谐不能脱离人的感情与需要，不能丢弃与人为善的原则。据此，党和政府一切工作的出发点和落脚点必然在于维护广大人民的根本利益，不断满足人民日益增长的包括公共产品在内的物质文化需要，应该做到"发展为了人民、发展依靠人民、发展成果由人民共享"；所以要坚持"五个统筹"，因为社会生活中每一个要素的发展都不能长久脱离其他相关要素，它们必须在相互支持中才能实现共同发展。

其次，要以公平正义为基本追求。按照和谐的思维方式，相互联系着的事物互相支持，没有贵贱之分。在社会生活领域，人们只有职业与分工的不同，而没有贵贱的差别。据此，我们在社会生活中应该取消任何形式的特权，取缔由于职业、身份和居所而获得的差别对待，使全体公民都平等地享有国民待遇。从更深远的意义上讲，我们还应逐步建立社会全体成员权利平等、机会平等、规则平等、分配平等的机制，并以制度、规则和程序作为这种机制的推动与保障。

最后，在国际事务中走和平发展的道路。和谐的思维方式告诉人们，事物的差异体现了事物的特征，事物在相互联系中通过差异着的个性来发挥特定功能，实现相互补充，促进共同发展。据此，人们应该尊重事物的差异和个性，在国际事务中提倡不同民族、不同宗教和不同国家间互相尊重、互相学习、取长补短。当今世界，西方文化中的对立思维已在国际政治领域显示出了力不从心的窘境，我们更应该引以为戒，以和谐的思维方式对待各种复杂的问题。

邓小平关于中国社会发展的总构想[*]

邓小平同志总结了国际共产主义运动正反两方面的经验教训，着眼于社会主义建设的伟大实践，从社会主义的本质上认识发展问题，并提出了社会主义发展的方针和原则，形成了比较系统的社会主义发展观，成为我国社会主义建设的重要指导思想。

一、社会主义的本质在于发展生产力

由于复杂的历史原因，包括中国在内，社会主义一般都是在经济文化比较落后的国家建立的，贫穷成为社会主义建设之初的共同特征，于是就出现了对社会主义的种种误解和曲解，以为社会主义的先进性仅仅表现在制度和思想方面。邓小平的发展观坚持了历史唯物主义的基本原理，把生产力的发展视作社会发展的重要内容，他深刻地指出："搞社会主义，一定要使生产力发达，贫穷不是社会主义。我们坚持社会主义，要建设对资本主义具有优越性的社会主义，首先必须摆脱贫穷。"这就破除了以往人们脱离生产力的发展来谈论社会主义的思维定式，从观念上把社会主义确立在物质发展的牢靠基础之上。

邓小平认为，社会主义的优越性就应当表现在生产力的发展速度上。在党的十一届三中全会前，他就明确指出："如果在一个很长的历史时期内，社会主义国家生产力发展的速度比资本主义国家慢，还谈什么优越性？"在经过十多年的发展实践后，他仍然认为："再用三十年到五十年时间，我国综合国力达到世界前列，社会主义的优越性就真正体现出来了。"不仅如此，生产力的发展还是社会主义国家解决一切国内外现实问题，如精神文明建设、维护世界和平和向共产主义过渡的重要条件。邓小平指出："从根本上说，手头东西多了，我们在处理各种矛盾和问题时就立于主动地位。"正是在这样的意义上，邓小平对社会主义发展观做了极其精辟的概括，认为"发展才是硬道理"。

---

[*] 此文发表于《南方日报》2004 年 8 月 17 日 A7 版，发表时题目改为《发展才是硬道理》。

　　根据这一发展观，邓小平提出了以经济建设为中心的思想，引导全国人民致力于生产力的发展，极大地推动了中国社会物质财富的创造。早在1975年，邓小平就提出了"把国民经济搞上去"的鲜明观点。"文化大革命"结束后，他以无产阶级革命家的大智大勇，推动了党的十一届三中全会的召开，全面确立了以经济建设为中心的指导思想，制定了符合中国生产力实际状况的政策和措施，提出了"翻两番"的世纪内目标以及"三步走"的长远战略，并调动各种社会资源全力以赴为此努力。经过不到二十年的时间，我国的农业、工业和各项建设事业取得了突飞猛进的发展，社会物质财富迅速增长，人民生活水平显著提高。总结这段辉煌的发展历程，邓小平指出："抓住时机，发展自己，关键是发展经济"，"我国的经济发展，总要力争隔几年上一个台阶"。这些都表现了他对经济发展极其热切的期望。

　　在南方谈话中，邓小平提出了对社会主义本质的全新理解："社会主义的本质，是解放生产力，发展生产力，消灭剥削，消除两极分化，最终达到共同富裕。"把发展生产力提高到社会主义本质的高度去认识，将其视作实现全体人民共同富裕的根本手段，并且将社会主义生产力发展与否作为衡量党的工作好坏的一条重要标准，体现了邓小平对社会主义发展观的全新认识，是邓小平对社会主义发展理论的一大贡献。

二、社会主义发展的策略方针

　　对外开放。邓小平站在人类社会全局的高度观察和思考中国的问题，看到了中国与许多发达国家的现实差距，又敏锐地发现了造成这一差距的原因："总结历史经验，中国长期处于停滞和落后状态的一个重要原因是闭关自守。"基于这种认识，他提出了缩小这一差距的可行性方法："中国要谋求发展，摆脱贫穷和落后，就必须开放。"邓小平的对外开放方针包含着丰富的内容：首先，开放是对西方发达国家、对苏联和东欧国家、对第三世界发展中国家的全面开放；其次，开放中对外来文化的借鉴是多层面的，不仅包括技术、科学、教育，而且包括资本主义发达国家一切反映现代社会化生产规律的先进经营方式与管理方法；最后，建立经济特区，推动对外开放加大深度，加快速度。邓小平对外开放的方针使我国经济发展不仅获得了优劣对比的参照系，而且获得了走向繁荣昌盛的强大动力。

　　全面改革。针对我国制度建设上的缺陷和积弊，邓小平提出了改革的方针："改革是全面的改革，不仅经济、政治，还包括科技、教育等各行各业。"邓小平认为，社会主义的根本制度必须坚持，甚至提出"保卫社会主义制度"，认为这是马克思主义的一个基本观点。同时，他又尖锐地指出我国社会政治生活中存在的官僚主义、机构臃肿、不正之风等问题，提出了经济体制和政治体制改革的方针。他提出了改革领导制度的设想，提出了把各项民主制度法制化的思路，也提出了判断制度好坏的"三个有利于"标准。

教育先行。邓小平明确提出："我们要实现现代化，关键是科学技术要能上去。发展科学技术，不抓教育不行。"因此，他以急切的心情推动了新时期高考制度的恢复和完善。他认为："一个十亿人口的大国，教育搞上去了，人才资源的巨大优势是任何国家比不了的。"他以极大的热忱向教育界提出了"三个面向"的要求，表现了高瞻远瞩的战略眼光。

三、社会主义发展的基本原则

坚持社会主义道路。邓小平从十亿中国人的生计问题和保持国家稳定的角度论证了坚持社会主义道路的必要性："如果按资本主义的分配方法，绝大多数人还摆脱不了贫困落后状态，按社会主义的分配原则，就可以使全国人民普遍过上小康生活。这就是我们为什么要坚持社会主义的道理。"他又说，如果中国搞资本主义的两极分化，"民族矛盾、区域间矛盾、阶级矛盾都会发展，相应地中央和地方的矛盾也会发展，就可能出乱子"。他把坚持社会主义道路的根本原因告诉人们，并从中国近现代史的发展上认识这一问题，得出了只有社会主义才能救中国的结论，表明了他对坚持社会主义原则的坚定性。邓小平深入分析了计划经济、市场经济与社会制度的关系，指出计划经济和市场经济"两者都是手段，市场也可以为社会主义服务"。这一理论直接推动了我国社会主义市场经济的建立，社会主义建设由此获得了蓬勃发展的市场手段，同时也获得了立足国际舞台的更为稳固的根基。

以人为本。在邓小平的心目中，人是其一切建设构想的出发点和最终归宿，发展生产力归根到底是为了增加人民收入，改善人民生活；社会主义道路的选择，实质上也是从我国大多数人的生活问题与安全保障问题来考虑的。在"三个有利于"标准中，人民生活水平的提高是一个重要的方面，人民群众的利益和需要是他制定国家大政方针不曾动摇的原则。社会建设的一切事情都要靠人去做，邓小平认为，一个国家经济发展后劲的大小，越来越取决于劳动者的素质。因此，他大力倡导发展教育事业，大力推动体制改革，民主管理，较早地提出了干部队伍建设的"四化"标准。在他看来，人才兴旺是社会主义建设事业长盛不衰的保证。

协调发展。邓小平把经济的发展、民主制度的加强、科教水平的提高视作互为因果、互相促进、相得益彰的发展共同体。在他看来，失掉或放松三项中的任何一项，我们的建设事业都是不完善的，也是不可能最终发展起来的，三者的协调发展才能推动和实现富强、民主、文明、和谐的现代化建设目标。与上述三个层面的协调发展相适应，社会建设的各个环节和方面，也都需要协调发展。如农村改革与城市改革的相互衔接，军队建设与地方建设的相互支持，民主与法治建设的相互强化，两个文明建设的相互配合，政治体制改革与经济体制改革的相互协调，对内开放与对外开放的相互促进，思想路线、政治路线与组织路线的相互一致，东部发展与西部发展的节奏性推进，还有社会主义内地与资本主义港澳在一国主权范围内的相互支持与共存，等等。邓小平还认为，中国的发展应和世界潮流协调一致。在和平与发展已成为时代主题的国际背景下，他大力倡导世界范围内的南北对话、南南合作，主张中国应抓住机遇，发展自己，为世界的和平与发展做贡献。这是一种更大范围的协调发展观。

一肩挑起"两个先锋队"*

党的十六大通过的《中国共产党章程》明确指出："中国共产党是中国工人阶级的先锋队，同时是中国人民和中华民族的先锋队"。"两个先锋队"的思想实质上是对中国共产党的性质做出的科学认定，这一认定是中国共产党领导集体在新世纪面对国际国内各种复杂因素的影响，面对我党肩负的历史重任，勇敢进行理论创新的成果。

一、为什么要成为"两个先锋队"

共产党应该是工人阶级的先锋队，这是马克思主义的普遍真理。把这一普遍真理应用到中国的建党实践中，首先碰到的一个现实问题是：工人阶级只占人口的少数，而且集中在大城市。当我们把中国革命的重心放在农村时，参加革命的劳动群众大多数是农民，农民阶级是中国革命的主力军。如果我们党的建设囿于原有的理论，就有脱离农民阶级、葬送革命的危险。以毛泽东同志为代表的中国共产党人根据中国革命的实际，把思想建党放在极重要的地位，创造性地发展了马克思主义的建党学说，成功地解决了在农民和其他小资产阶级出身的党员占多数的情况下，保持无产阶级政党先进性的问题。

20世纪，全球范围内的科技革命引发了知识经济的到来，产业结构以工业为主导让位于以知识产业为主导，脑力劳动者、技术劳动者、管理劳动者在生产过程中的重要性大大提高，如果固守传统的工人阶级概念，势必会削弱我党的阶级基础。改革开放以来，我国的经济、社会状况发生了极大的变化。就社会阶级、阶层的变化来讲，有如下一些重要的情况：其一，随着产业结构的战略性调整，一些工人群众的工作岗位发生了变化，主要表现为某些传统产业领域中的部分工人下岗，重新确定了工作岗位。在这个过程中，工人阶级的整体

---

* 此文发表于《广州日报》2002年5月12日B4《理论·品书》版，原题为"中国共产党应当成为中国的'两个先锋队'"。

素质将不断提高，但产业工人的数量和比例将进一步减少和下降。其二，随着我国多种所有制经济的迅速发展，我国的社会阶层构成发生了变化，主要表现为新的社会阶层逐步形成并不断壮大，如民营科技企业的创业人员和技术人员、受聘于外资企业的管理技术人员、个体户、私营企业主等。其三，随着社会主义市场经济的逐步完善，个人劳动力的价值被不断确认，许多人在不同所有制、不同行业、不同地域之间流动频繁。人们的职业、身份经常变动，他们的阶级、阶层属性将有极大的不确定性。

在新的历史条件下，中国共产党领导集体提出了"两个先锋队"的思想，即认为中国共产党在作为工人阶级先锋队的同时，还应该成为中国人民和中华民族的先锋队。这正是在社会主义现代化建设新时期，面对各种复杂情况，对中国共产党基本性质的重要补充和重新确认，是对马克思主义建党学说在新时期的重要发挥和发展。中国共产党只有同时成为中国人民和中华民族的先锋队，才能真正从自我性质的层面上，保证成为中国特色社会主义事业的领导核心。

二、怎样成为"两个先锋队"

中国共产党作为一个统一严整的政党组织，如何才能保证自己的先进性，并且成为人民群众各阶层共同认可和积极跟随的先锋队，这是一个严峻且极具现实性的问题。中国共产党领导集体以极大的勇气致力于我党"两个先锋队"的建设，其卓越的战略构想体现在如下重大步骤中。

第一步，提出"三个代表"的建党思想，用以整合工人阶级与其他社会阶级、阶层的不同要求。任何一个阶级、阶层，都是一定人群的集合体，在现实社会生活中都有其特定的经济关系、政治态度和相应的文化倾向。可以说，"三个代表"的思想从宏观上把握了中国人民推动社会主义现代化建设和维护祖国统一的共同性，扬弃了其中各个阶级、阶层和社会集团从劳动方式到价值观念等方面的差异性，它整合了工人阶级和其他社会阶层的不同要求，作为一种科学的指导思想，真正保证了我们党能够成为中国人民和中华民族的先锋队。

第二步，解决了党的组织发展上的理论问题。中国共产党由工人阶级先锋队发展为在新的社会历史条件下，同时又是中国人民和中华民族的先锋队，必然会有一个自身构成成分上的变化。党的组织发展要适应和促成这种变化，首先在理论上解决一些妨碍这种变化的观念性问题，以便为党的组织发展工作铺平道路。《庆祝中国共产党成立八十周年大会上的讲话》从理论层面提出了三个标准，极大地拓展了组织发展的思路。其一，提出了衡量一个政党是否先进的标准，即"看一个政党的性质是否先进，是不是工人阶级先锋队，主要应看它的理论和纲领是不是马克思主义的，是不是代表社会发展的正确方向，是不是代表最广大人民的根本利益"。① 这一标准是"三个代表"思想的必然延伸。其二，提出了在中国的社会条件下衡量一个人政治上是否先进的标准，即"不能简单地把有没有财产、有多少财产当作判断人们政治上先进与落后的标准，而主要应该看他们的思想政治状况和现实表现，看他们的财产是怎么得来的以及对财产怎么支配和使用，看他们以自己的劳动对建设有中国特色社会主义事业所做的贡献"。② 其三，提出了我党吸收新党员的标准，即"能否自觉地为实现党的路线和纲领而奋斗，是否符合党员条件，是吸收新党员的主要标准"。③ 这就是说，应该把承认党的纲领和章程、自觉为党的路线和纲领而奋斗、经过长期考验、符合党员条件的其他方面的优秀分子吸收到党内来。

第三步，加强和改进党的作风建设。由于复杂而深刻的社会根源和思想根源，我们党内已出现了一些消极的东西。现在，随着组织构成上的变化和党员队伍的扩大，党的建设将日益成为一个十分重要的问题。十五届六中全会提出了《中共中央关于加强和改进党的作风建设的决定》，这是中国共产党第三代领导集体"两个先锋队"建设的重要步骤。

毛泽东同志为了解决在农民和其他小资产阶级出身的党员占多数的情况下建设无产阶级政党的问题，提出了着重从思想上建党的原则，并形成了一整套党的思想建设的理论，构成了毛泽东建党思想的重要内容。面对更加复杂的国际国内形势和我党组织构成上即将发生的新变化，我党继承了毛泽东同志关于思想建党的理论和方法，同时又比较系统地提出了关于加强和改进党的作风建设的决定，对党员及其领导干部的要求更广泛、更具体、更贴近实际，从而把党的建设的理论向前推进了一步。

三、"两个先锋队"思想的理论价值

"两个先锋队"思想，是着眼于保持我党的先进性和领导核心地位而提出的科学的建党思想。党对自身性质的这一确认，具有十分重大的实践意义和理论价值。

第一，对中国共产党的构成成分做出了科学的理论界定。我们党是马列主义与中国工人运动相结合的产物，但党的构成成分从来就不仅仅只有工人阶级。

---

① 江泽民. 江泽民文选：第3卷 [M]. 北京：人民出版社，2006：285.
② 江泽民. 江泽民文选：第3卷 [M]. 北京：人民出版社，2006：287.
③ 江泽民. 江泽民文选：第3卷 [M]. 北京：人民出版社，2006：286.

毛泽东同志通过思想上首先入党的方式，把大量来自农民和其他阶级、阶层的党员培养成了无产阶级的先锋战士，然而这种培养和改造并不能改变他们原有的出身和社会身份。以斧头、镰刀为图案的党旗鲜明地标示着农民阶级从来就是我们党一个十分重要的阶级构成。这是无产阶级政党建设在中国的必然选择。在知识经济时代的社会主义现代化建设时期，邓小平同志提出知识分子是工人阶级一部分的论断，从党的建设的意义上来看，这一论断实质上是把知识分子作为我们党的重要构成成分。如果不改变工人阶级概念的内涵，知识分子仍然是独立于产业工人之外的社会阶层。这一论断表明，我党的社会基础、组织构成曾在知识经济时代发生了一次较大的调整和变化。正像毛泽东同志当年把马列主义无产阶级专政的国家学说发展为人民民主专政的国家学说一样，十六大把马列主义关于工人阶级先锋队的建党学说发展为"两个先锋队"的建党学说，都体现了依据中国实际情况的实事求是的理论态度。

第二，明确了中国共产党的阶级基础和群众基础。中国工人阶级要完成自己崇高而宏伟的历史使命，单靠自己一个阶级的奋斗，就会如马克思所说的那样成为"孤鸿哀鸣"，注定是不能成功的，尤其是在中国的特殊国情下。在中国，社会主义现代化建设的推进和祖国统一大业的完成同样要靠农民、知识分子及其他新兴社会阶层的共同努力，他们构成我们党广泛而深厚的群众基础，是我们党取得各项工作成功的力量之源。我们党的建设理论历来重视党的阶级基础，"两个先锋队"的思想进一步提出了扩大党的群众基础的问题，并且将其与增强党的阶级基础相并列，使党的建设的理论更加完善。

第三，用"三个代表"的思想整合工人阶级与其他社会阶级、社会阶层的不同要求，从理论和实践的结合上解决了党的先进性与群众性相统一的问题。任何具体的社会都是一定人群的集合体，也都是一定的经济、政治和文化关系的反映，"三个代表"的思想正是紧紧抓住了这种关系。先进性和群众性本来是对一个政治组织两个方面的不同要求，但在这里却高度地统一了起来，互相促进、相得益彰。

第四，赋予了马克思主义建党学说以崭新的理论活力。"两个先锋队"的思想，以及围绕"两个先锋队"建设而形成的几项重要战略构想，包括"三个代表"思想指导下的组织发展理论、系统而完善的作风建设理论等，无疑都属于伟大的理论创新。这些创新理论的提出、运用和施行，不仅会丰富马克思主义的建党学说，再次推进马克思主义中国化的进程，而且会以自身的理论创新展现马克思主义的崭新活力。

社会四维坐标中的"三个代表"*

【观点提要】

——人类社会有四个基本要素：是一定人群的集合体，有一定的客观经济关系，有一定的政治状况，具有一定的文化特征。它们构成一个社会存在和发展的四个维度。

——政党属于政治范畴。衡量一个政党的先进性，只有将它放在与其他三个维度的关系之中进行考察，才能得出客观、真实的判断。

——"三个代表"重要思想正是在这三重关系上提出政党建设问题的：代表先进生产力的发展要求，是指政党对社会经济关系的推动；代表先进文化的前进方向，是指政党对社会文化特征的选择与设计；代表最广大人民的根本利益，则指明了先进政党一切活动的落脚点之所在。

被党的十六大确定为我党行动指南的"三个代表"重要思想，体现了对人类社会基本结构及其相互关系的全面把握和科学归纳，具有极其重大的理论价值。

人类社会是一个多要素的结构体。从宏观上看，它有如下四个基本要素：其一，它是一定人群的集合体；其二，它有一定的客观经济关系；其三，它有一定的政治状况；其四，它具有一定的文化特征。任何社会都必然是这四个基本要素的有机结合体，它们构成一个社会存在和发展的四个维度。

现代社会中出现的政党属于政治范畴。衡量一个政党的先进性如何，不能看它的口号是否漂亮，也不能看它的自我感觉是否良好，只有将它放在与其他三个维度的关系之中进行考察，才能得出客观且真实的判断。"三个代表"重要思想正是在这三重关系上提出政党建设问题的：代表先进生产力的发展要求，是指政党对社会经济关系的推动；代表先进文化的前进方向，是指政党对社会文化特征的选择与设计；代表最广大人民的根本利益，则指明了先进政党一切活动的落脚点之所在。

---

* 此文发表于《广州日报》2003 年 6 月 17 日 B6《理论》版，并在文前加了"观点提要"。由于原文《"三个代表"思想的重要理论价值》已佚，此处文章内容全部采用报纸版本。

从这样的视角思考政党问题，"三个代表"重要思想的意义非常巨大。

第一，从直接意义上，全面提出了中国共产党建设的总纲领。首先，"三个代表"是从整体上、全局上看问题，不纠缠现实生活中的细枝末节，体现了理论思维的宏观性。其次，在社会生活的四个维度间，每一维度与其他维度只能有三种关系，不会有第四种关系。"三个代表"提出的三种关系体现了理论思维的周延性、全面性。最后，"三个代表"实际上是在与其他事物的联系中确认一个事物的性质，体现了理论思维的科学性。中国共产党在艰难险阻中奋斗多年，获得了宏观、全面、科学的建设总纲，这本身就是一个极富价值的成果。

第二，从一般方法论上，"三个代表"给了人们衡量一个政党是否先进的根本标准。按照"三个代表"重要思想揭示的方法论，判断一个政党是否先进，一要看它代表什么样的经济关系；二要看它代表什么样的文化倾向；三要看它代表哪些人群的利益。如果代表先进的生产力，代表先进的文化倾向，代表大多数人群的利益，那就是先进的政党；如果与此相反，那就不是对社会有益的政党。应该说，这种衡量政党的标准是客观的。比如新中国成立前，在中国占据统治地位的国民党反动派，代表落后、买办的经济关系，代表与孙中山先生的三民主义相反的封建文化，代表以蒋、宋、孔、陈四大家族为首的官僚资产阶级利益，因而必须被推翻，最终果然被推翻了，因为按照上述标准，它是一个腐朽、反动的政党。

第三，从现实性上，把增强党的阶级基础与扩大党的群众基础科学地统一起来。我们首先应该承认，在社会的四个维度上，任何阶级、任何阶层都在其中占据了一定的位置。在市场经济的条件下，社会阶级和阶层呈现出极其复杂的状况和极易流动的趋势。具体地考察中国社会的经济、政治和文化现状，还会发现，现代工人阶级在几个维度上占据了重要的先进位置，但占据先进地位的不全是工人阶级，还有农民阶级、知识分子、干部、军人，还有民营科技企业的创业人员和技术人员、受聘于外资企业的管理技术人员等多种社会阶层。这些阶级和阶层同样处在中国社会几个维度的先进位置上，他们为发展社会主义社会的生产力和其他事业做出了贡献，是中国特色社会主义事业的建设者。中国共产党作为中国社会先进的政治集团，不应该忽视其中任何一个先进的阶层，而应该自觉地成为上述先进阶级和阶层根本利益的代表者。

党的十六大通过的《中国共产党章程》指出："中国共产党是中国工人阶级的先锋队，同时是中国人民和中华民族的先锋队。"按照这一建设思路，中国共产党在理论和实践上极科学地整合了工人阶级与其他劳动阶级、阶层的复杂关系，保证了在新的历史时期能不断扩大自己的群众基础，使自己成为富有凝聚力和战斗力的先进政党。

科学发展和社会和谐是内在统一的[*]

党的"十七大"报告指出:"科学发展和社会和谐是内在统一的。"这一论述揭示了科学发展与社会和谐的本质关系,对于我们深入理解科学发展观,进一步明确和谐的实质,构建和谐社会,都具有重要指导意义。

一、和谐是事物发展的良好状态

和谐是中国传统文化的典型思维特征,自古就具有丰富的内涵:其一,指包含着多种元素的组合,而不是单纯的一种元素;其二,指相互组合、相互联系着的各种元素保持着的平衡、协调状态,即主张异类事物的均衡存在;其三,古代思想家认为"和"能促使新的事物产生,即所谓"和实生物"。作为中华文化"群经之首"的《易经》,演示了由于两种要素不同程度的掺和而生生不已的复杂情景,所谓"天地之大德曰生",就表现了传统文化对异质相和而生成新物的看重。

党的"十七大"报告中所讲的"和谐",实际上是立足于唯物辩证法的、高度看重传统的和谐思想,作为一个鲜明而新颖的哲学范畴,它既是对历史的继承,也具有自己的明确规定性。唯物辩证法认为,客观事物的存在状态具有普遍联系和运动变化两大特征,而且进一步认为,这两大特征是有内在关联的:事物的相互联系构成了它们之间的相互作用,从而推动了事物的运动变化;反过来,事物的运动变化,正表明了它们的相互作用,从而也体现着事物间的相互联系。离开了联系的运动变化和离开了运动变化的联系都是不可思议的。

按照唯物辩证法的观点,事物的运动变化不等于发展。发展是事物由低级到高级的变化,是前进上升的运动。事物的存在是复杂的,并不是所有相互联系的事物都能促成发展:有些联系能推动事物的发展,促进事物的前进与上升;有些联系虽能促进事物的变化,但并未推动事物的前进与上升;有些联系甚至

---

* 此文发表于《羊城晚报》2007 年 11 月 4 日《求是》版。

会使事物发生倒退。党的"十七大"报告将能促进事物发展、能推动事物前进上升的联系状态视为和谐，而事物间互相制约、互相限制，不能促进和实现发展的联系状态则被视为不和谐。

党的"十七大"报告运用唯物辩证法认识中国传统文化中的和谐思维，在发展的意义上理解和谐。深入领会报告，就不难看到，和谐是与联系、发展相并列，并深刻揭示联系与发展相互制约关系的哲学范畴，它是指不同质的事物在相互联系中处于互相促进、持续发展的良好状态。

二、社会和谐是发展原则与价值原则的统一

社会和谐是和谐的特殊表现，是指社会生活的各个要素处于互相促进、协调发展的良好状态。这里所说的"各个要素"，主要包含以下几个层次。

一是人类社会基本结构间的关系。马克思主义揭示了人类社会经济结构、政治结构和思想文化结构间的相互作用及其推动社会发展的规律，即人类社会两对基本矛盾间运动变化的规律。按照这一观点，一个社会的生产关系是否适应生产力的状况，上层建筑是否适应经济基础的状况，是衡量社会是否和谐的重要方面。如果它们适应，那社会结构就是和谐的；如果它们不适应，那社会结构就是不和谐的，就要用革命或改革的手段调整某些要素，使它们变得和谐。

二是社会生活的各个部分、各个成分之间的关系。在一个社会内部，相互发生联系的不同部分、不同成分之间是不是互相促进、互相推动的关系，是衡量社会是否和谐的又一标尺。如果它们是互相促进的良好的协调发展关系，那社会生活就是和谐的；如果它们是互相争斗、互相限制的制约关系，那社会生活就是不和谐的。

三是人类与自然界的相互关系。自然环境和自然资源与人类的生存息息相关。如果自然要素与人类社会的各个层面处在互相促进、协调发展的良好状态，那就是一种和谐的关系；如果双方互不适应，表现为一种相互残害和相互损伤的关系，那就是不和谐的。此外，一定社会与外部社会的关系也有是否协调、是否和谐的问题。

与自然界的和谐相比较，社会和谐的特殊性还在于：社会的构成主体是人，人是有感情、有意志的，社会和谐既是社会各要素相互促进的存在状态，也应是人的感情、情绪等内在要素所处的良好状态。人必然要用自己的价值标准来确定事物变化的性质，衡量事物的存在状态。社会的变化发展只有满足人的利益与情感需要，符合人的价值标准，才是和谐的状态，而伤害人的利益与情感、违背人的价值标准的社会发展则是不和谐的。社会和谐要充分顾及大多数人的

根本利益和价值取向。也就是说，追求社会和谐，既要坚持和谐的普遍原则，以发展为标，同时也要坚持人的价值原则，以求善为尺。党的"十七大"报告提出要"尊重人民主体地位"，"努力形成全体人民各尽其能、各得其所而又和谐相处的局面"，正体现了对社会和谐特殊性的关注。

三、科学发展与社会和谐的内在统一

党的"十七大"报告提出了科学发展观，认为"科学发展观，第一要义是发展，核心是以人为本，基本要求是全面协调可持续，根本方法是统筹兼顾"。这一观念指导下的科学发展，首先是社会生活的各个要素处于相互促进、共同进步的良好状态，主要表现为生产关系对于生产力、上层建筑对于经济基础的适应与和谐，表现为社会各个部分，包括城乡之间，脑力劳动与体力劳动之间，不同地区、不同阶层之间的和谐与协调发展，表现为与外部世界、国际社会的和谐促进，还表现为与自然的和谐共处。与此同时，科学发展是"以人为本"的发展，按照这样的要求，社会的一切发展就不会脱离和违背人的需要，而是适应和服务于人的发展，物质发展的成果会惠及社会全体成员。这正是社会和谐的基本方面。

科学发展和社会和谐是社会生活的鸟之双翼、车之两轮，它们是互相支持、互相促进的。和谐既然是事物发展的良好状态，那和谐就内含着发展，发展是和谐的自然结果；而发展也离不开和谐，和谐是发展的前提。没有发展，表明事物的存在状态是不良好的，实质上就没有和谐；而没有和谐，事物的存在状态是畸形的，自然难有发展。党的"十七大"报告指出："没有科学发展就没有社会和谐，没有社会和谐也难以实现科学发展。"揭示了两者相互包含、相互体现，具有内在统一性的特质。

改革开放"十个结合"的鲜明方法论[*]

党的"十七大"报告在总结中国共产党领导全国人民改革开放三十年的成功经验时，提出了"十个结合"的重要思想。"十个结合"作为对改革开放伟大实践的反思成果，强烈地体现着中国共产党作为执政党的主体意识。认真解读这"十个结合"，可以发现蕴含其中的丰富而鲜明的方法论。

其一，唯物史观的方法。唯物主义历史观作为马恩独创的世界观，也不失为指导无产阶级政党实践的方法论。恩格斯说过："我们的历史观首先是进行研究工作的指南。"他也曾提到"用唯物主义方法论处理问题的尝试"，明确地把唯物史观视为"指南""方法"。中国共产党在领导人民推进改革开放的伟大实践过程中，把唯物史观作为重要的方法论指导。例如，唯物史观肯定社会存在等物质要素对社会发展的决定作用，又承认人的物质要素和精神要素对社会进步的重大影响，我党据此在实践中把发展社会生产力同提高全民族文明素质结合起来；唯物史观认定社会经济基础与上层建筑相互决定、相互影响的矛盾运动，我党在实践中就把推动经济基础变革同推动上层建筑改革结合起来；唯物史观肯定人民群众对社会历史的创造，也承认无产阶级政党的先锋引导作用，我党在实践中把尊重人民首创精神同加强和改善党的领导结合起来；等等。党的"十七大"报告把这些实践努力概括起来，反映了我党对唯物史观这一科学方法论的尊崇与应用。

其二，对立统一的方法。矛盾着的两个方面，它们有差异、相对立，各有否定对方的趋势，然而它们本质上却有相通相连之处，每一方都能从另一方吸取养料，作为自身存在与发展的条件。对立统一作为辩证法的核心规律，同样具有重要的方法论意义。我党在改革开放的实践过程中，曾生动地应用了对立统一的方法论，将社会生活中相互对立、相互否定的趋势作为一个矛盾着的整体来对待，使它们在相互作用中相互吸收、充分发展。如马克思主义基本原理

* 此文发表于《羊城晚报》2008 年 5 月 4 日《求是》版。

与马克思主义中国化、四项基本原则与改革开放、独立自主与经济全球化、生产效率与社会公平等，我们都不是简单地坚持一方，否定另一方，而是把它们视作矛盾的整体，统一起来，结合起来，使双方在相互作用中得到发展、壮大和提升，从而实现了改革开放多项事业的巨大成功。

其三，中庸的方法。中国传统儒家思想主张用中庸的方法论对待正相对立着的事物。中，指适中、中和；庸，指常理、规则。儒家创始人孔子就明确提出"执其两端，用其中于民"，并认为，"攻乎异端，斯害也已"。他主张处事要把握对立的两端，将中和的方法运用于民；认为对待事情如果只抓住对立着的一个方面而忘记另一个方面，必然造成危害。儒家是把中庸作为一种重要的方法论甚至品德修养来看待的，并提倡以"权（权变）"的灵活方法来达到"致中和"的效果。中国共产党作为中华民族的优秀代表，显然是借鉴并采用了传统文化中的有益方法论。改革开放涉及中国经济结构和政治结构的调整，其持续进行必然引起中国社会生活的变革。社会生活的变革本是我们希望的结果，但如果过于迅速、过于剧烈，则会引发政治生活的动荡，反而危及改革，于是保持稳定就成了改革必须顾及的另一面，"稳定压倒一切"因而也成了改革开放时期的一条重要理念。在促进改革发展和保持社会稳定的两端中，稳而不改不行，改而不稳也不行。我们党应用中庸的方法论，发挥了高度的政治智慧，始终清醒地把握着改革与稳定这对立的两端，"执两用中"，以求平衡。在改革与稳定的两端之中，我们党根据不同时期的现实状况，有步骤、有重点地实施各项改革措施，始终掌握主动，灵活应对，这正是中庸方法的成熟应用。另外，在四项基本原则与改革开放的两端，在提高效率与促进社会公平的两端，我党也借鉴了中庸的方法。"摸着石头过河"，正反映了我们在"过河"与安全、改革与稳定的两端不断探索权衡的复杂过程和灵活心态。古希腊的亚里士多德也曾提倡在处事中采取不偏不颇的中庸方法。他说："最好的生活方式就在于按中庸行事。"中西方的传统都推崇中庸观念，改革开放的实践表明，中庸方法论在中国社会仍不失极高的应用价值。

其四，创新的方法。中国共产党明确地认识到：创新是一个民族不竭的灵魂，因而自觉地发挥了创新精神，并在改革开放的实践中开创了许多创新的思路。把社会主义基本制度同发展市场经济结合起来，就是创新方法的经典之作。科学社会主义的创始人目睹和预见了资本主义市场经济的弊端，设想在这一烂熟的社会基础上建立社会主义社会，实现有计划的生产。然而，在经济文化落后的国家建立社会主义，计划经济却使社会主义国家不约而同地走入了困窘之地。如何改变社会主义的现实面貌，实质上是对我党创新能力的考验。把商品经济、市场经济的人类文明之枝嫁接到社会主义的长青之树上，就是一种勇敢创新的奇思妙想，也可称为嫁接式的创新方法。当市场经济在社会主义大树上开出艳丽之花，结出丰硕之果时，历史也宣告了这一嫁接措施的成功和该方法的可靠。

其五，系统的方法。中国的改革开放是牵扯各个领域又需整体推进的系统工程，领导这一伟大实践，必须有系统思维，应用系统的方法。我党依靠系统方法，妥帖地解决了改革开放中遇到的许多复杂问题。如中国社会的改革发展，一切要靠中国人民自己的努力，这就必须坚持独立自主的原则；另一方面，中国社会又是国际社会的一部分，中国经济也必须逐步适应经济全球化的趋势。系统的方法论要求我们只能在参与经济全球化的过程中增强独立自主精神，做到二者的有机结合。又如，中国特色社会主义建设事业同党自身的建设事业就是两个相互支持、相互促进的系统，它们各有自己的规律。我们党对这两大事业通盘考虑，彼此照应，使二者结合推进，相得益彰，就是应用了系统的方法论。

"十个结合"对中国特色社会主义建设的整个过程产生了重要指导，其赖以形成的各种方法论一旦被人们确认，也会在以后的实践中被反复借鉴，并得到创造性发挥。

社会主要矛盾与社会基本矛盾的关系

社会是矛盾的集合体，是由自身矛盾运动而推动着的永恒发展的过程。在社会的矛盾系统中，社会主要矛盾与社会基本矛盾是两个各具内涵、属性不同的矛盾，它们共存于同一社会实体中，影响着社会的进程。我们应该从理论逻辑和历史过程的维度上厘清二者之间既相区别又相联系的关系。

一、社会基本矛盾与社会主要矛盾的内涵特征及实践定位

社会基本矛盾运动的原理是马克思主义唯物史观的一个基本原理，按照这一原理，生产力与生产关系的矛盾、经济基础与上层建筑的矛盾两相交织，构成了社会基本矛盾，这一矛盾贯穿人类社会的始终，推动人类社会由低级形态发展到更高级的形态，社会基本矛盾因而是人类社会发展的根本动力。马克思在《〈政治经济学批判〉序言》中对这一观点做了集中论述，毛泽东在《矛盾论》等著作中进行对比并做了明确阐发，并在《关于正确处理人民内部矛盾的问题》中首次归结了"社会基本矛盾"的科学概念。社会基本矛盾运动的理论揭示了人类社会螺旋式上升的规律，表明了马克思主义的社会发展观和推动社会发展的价值观。习近平总书记要求全党学习和掌握社会基本矛盾分析法，深入理解全面深化改革的重要性和紧迫性，并且指出："我们提出进行全面深化改革，就是要适应我国社会基本矛盾运动的变化来推进社会发展。"① 社会基本矛盾的理论是我们认识社会状态、分析社会现实、制定工作方针的思想指南。

社会主要矛盾，即社会生活领域对其他各种矛盾有规定与影响作用的矛盾，它是一般矛盾学说的概念，属于哲学方法论的范畴。在一个完整的社会系统中，社会主要矛盾既是客观的，又是变动的；从社会发展的过程来看，社会主要矛盾既是可转化、多变的，在一定具体阶段又是确定、唯一的；从人类主体的角

---

① 习近平. 在十八届中央政治局第十一次集体学习时的讲话［N］. 人民日报，2013-12-05（1）.

度来看，社会主要矛盾的状况既体现着客观的事实性，又体现着人的价值选择性。党的十九大做出了中国特色社会主义进入新时代、我国社会主要矛盾已经转化的科学判断，并指出："我国社会主要矛盾的变化是关系全局的历史性变化，对党和国家工作提出了许多新要求。"① 党的十九大是根据新时代我国社会主要矛盾的转化来部署我们的各项工作的。

社会基本矛盾与社会主要矛盾都是我们认识社会、制定工作方针的依据，而这两个概念究竟有怎样的关系，需要我们进行深入探讨。

二、社会主要矛盾是社会基本矛盾运动在某一环节上发生的阻梗

最早探究社会基本矛盾与社会主要矛盾两者关系的是邓小平。1979 年 3 月，邓小平在党的理论工作务虚会上做了《坚持四项基本原则》的讲话，在谈到"思想理论工作的任务"时，提到"对几个理论问题的看法"，其中第一条就是"社会主义社会的基本矛盾和目前时期的主要矛盾"。他重述了毛泽东关于社会基本矛盾"仍然是生产关系和生产力之间的矛盾，上层建筑和经济基础之间的矛盾"的论述，接着说："至于什么是目前时期的主要矛盾，也就是目前时期全党和全国人民所必须解决的主要问题或中心任务"，"我们的生产力发展水平很低，远远不能满足人民和国家的需要，这就是我们目前时期的主要矛盾，解决这个主要矛盾就是我们的中心任务"。邓小平把社会主要矛盾与社会基本矛盾明确区别开来，同时联系当下社会现实，从社会基本矛盾运动的受阻环节上探寻社会主要矛盾，并把解决社会主要矛盾作为全党全国工作的中心任务，这给我们以重要的启示。

事实上，社会主要矛盾不是与社会基本矛盾相互脱离、毫无关联的，它本质上是在一定历史阶段社会基本矛盾运动在某一环节上发生的阻梗及其表现出来的状态。两个矛盾都是社会领域的现实矛盾，都是人们对社会问题分析考察的着眼点，但两相比较，它们在相互关联中又具有明显的区别：社会基本矛盾是一个运动着的循环系统，社会主要矛盾是发生于该系统某一环节上的病态状况，是制约社会基本矛盾正常运动的阻梗；社会基本矛盾运动是我们要维护的对象，社会主要矛盾则是我们要解决的对象。同时，社会基本矛盾贯穿人类社会的始终，社会主要矛盾则在不同时期可能有不同的表现；前者是把握大局的宏观参照，后者是现实工作的着力点。从实践的意义上讲，人们只有解决了社会基本矛盾运动受阻梗的问题，疏通阻梗环节，社会基本矛盾才能正常运动，

---

① 中国共产党第十九次全国代表大会文件汇编［M］. 北京：人民出版社，2017：9.

社会才会如期发展。因而，在任何时候，正确地认识和解决所处时代的社会主要矛盾，就会促进社会基本矛盾的运动，就会推动社会的发展。

在社会基本矛盾的循环系统上探寻社会主要矛盾，以消除社会前进运动中的阻梗作为工作的重点，实质上是把马克思主义的发展观和唯物辩证法的方法论结合起来，体现着中国共产党人认识社会的价值立场和解决问题的科学态度。

三、社会主要矛盾转化遵循着社会基本矛盾运动的逻辑

中国社会的主要矛盾在百年来发生了三次重大的转化。在半殖民地半封建的中国社会，帝国主义与中华民族的矛盾、封建主义与人民大众的矛盾是中国社会的主要矛盾，这一矛盾的症结在社会上层建筑的重大环节上。1949 年中华人民共和国成立后，国内的主要矛盾转化成为"工人阶级和资产阶级之间、社会主义道路和资本主义道路之间的矛盾"。这是百年内中国社会主要矛盾的第一次转变。因为人民掌握了国家政权，转化后的社会主要矛盾当然是在生产关系的环节上。

针对社会基本矛盾运动在生产关系环节上的阻梗，党在 20 世纪 50 年代初提出了过渡时期的总路线，我们运用政权的力量组织工农民众，采取了一整套极富策略的方式解决这一问题。到了 1956 年，全国绝大部分地区基本完成了对生产资料私有制的社会主义改造。至此，国内主要矛盾转化成了"人民对于经济文化迅速发展的需要同当前经济文化不能满足人民需要的状况之间的矛盾"。这是我国社会主要矛盾的第二次转变。因为有了上层建筑和生产关系在一段时间内的革命性变革，所以社会主要矛盾这一时期就集聚在了生产力的发展环节上。

对该时期社会主要矛盾的解决，我们历经了理论与实践上的反复曲折。经过"文革大革命"后的拨乱反正和改革开放四十多年的艰辛努力，特别是党的十八大后对中国特色社会主义建设事业的强力推进，社会主要矛盾于是发生了第三次转化，党的十九大提出"我国社会主要矛盾已经转化为人民日益增长的美好生活需要和不平衡不充分的发展之间的矛盾"。[①] 一方面，这次转化前后的主要矛盾都处在生产力的环节上，并未发生阻梗环节的位置移动，因而社会主要矛盾的变化并没有改变我国社会主义所处的历史阶段，我国仍然处于社会主义初级阶段；另一方面，转化后的阶段，人民群众的需要已经超越了物质文化

---

① 中国共产党第十九次全国代表大会文件汇编［M］. 北京：人民出版社，2017：9.

范围，扩大到经济、政治、社会、生态等方面的全方位、高层次的需要，社会生产方面的问题已经是不平衡、不充分的问题，矛盾的状况发生了重大变化，因而对党和国家的工作布局提出了许多新要求。

习近平总书记在谈到中国社会改革的总体布局时说："哪个领域哪个环节问题突出，哪个领域哪个环节就是改革的重点。"① 这里谈到的正是辨析和认识主要矛盾的方法。社会演进的历史过程清晰地表明：社会主要矛盾正是社会基本矛盾在运动中发生最大阻梗的环节及其表现出来的状态；社会主要矛盾无论怎样转化，都始终遵循着社会基本矛盾运动的逻辑演进。

---

① 习近平．习近平著作选读：第 1 卷 ［M］. 北京：人民出版社，2023：186.

科学发展观与唯物辩证法的一致性[*]

一、传统发展观与科学发展观

传统发展观主张人应该打破自然必然性的限制与奴役，以超常的手段追求发展，换取人的自由。例如，人们所说的"战天斗地""改造山河"，就表现了对发展的渴求，具有进步意义。

然而，传统发展观在发展的实践中也逐渐显露了它的局限性：一是过分看重经济发展和国民生产总值的增长，忽视了社会与人的发展，导致经济发展与社会发展、人的发展不相协调；二是过分看重财富的增长，忽视了资源和环境的保护，导致自然资源的浪费和人类生存环境的恶化。传统发展观损害了发展的可持续性，最终造成发展的结果制约了后续的发展；由于人的生活质量并未因为发展而提高，也违背了发展的本意。

形成传统发展观局限性的原因，首先在于人类数千年受自然的深重奴役，物质财富严重匮乏，导致人类对自然界产生了无限索取的强烈愿望；其次在于人类与自然界的交往还未达到应有的深度，因而对人与自然互动规律的认识还远未到位。另外，人们的发展观在真理尺度与价值尺度之间摇摆不定，导致了自身发展观念在基本定位上的偏差。

传统发展观催生的全球性发展难题是：怎样的发展才能可持续？如何才能使人类真正享受到发展的成果？科学发展观正是在破解传统发展观的难题中产生和形成的，它是对传统发展观的辩证否定。科学发展观有两个特征：其一，它在事物的普遍联系、深度联系中考察发展，如提出了"全面发展""协调发

---

* 本文参加由广东省委宣传部、《南方日报》社、《羊城晚报》社和南方网联合举办的"科学发展观与广东"征文，在收到的 1 000 余件稿件中获得三等奖。《羊城晚报》2004 年 7 月 15 日于《求是》版发表本文时，对本文做了删减，小标题为报纸改动时所加。因原文已佚，这里采用的是报纸发表版。

展"和"可持续发展"的观点。其二，它科学地解决了四个发展悬念，即"为什么发展""发展什么""怎样发展"和"靠谁发展"。在科学发展观看来，人类推动社会发展的最终目的不是为了物质财富的增加，而是为了人的享用；发展的内容，不仅是物，也有人；发展的方式，在于以人为核心的全面、协调、可持续发展；发展的主体和主要动力，是社会最广大的人民群众。

二、科学发展观与唯物辩证法本质上的一致性

唯物辩证法是揭示自然、社会和人类思维三大领域一般发展规律的科学。科学发展观是人们关于社会历史特定阶段的发展观念。它们是一般与特殊的关系，其基本观点必然一致。

唯物辩证法讲发展，认为事物由于相互联系而发生作用，由此推动了发展，认为发展与联系是分不开的，甚至认为对立的东西之间有联系，构成矛盾，从而推动了事物的发展。科学发展观正是在考察并反映事物的普遍联系、深度联系的基础上，才提出了全面发展、协调发展、可持续发展的问题。它们的认识方法是一致的。

唯物辩证法的社会历史观——历史唯物主义揭示了人类社会发展的主体是人。以唯物史观为指导的政治经济学揭示了资本主义社会物质关系背后的人的关系，反对见物不见人的拜物教倾向。以唯物史观为指导的科学社会主义揭示了作为社会主体的无产阶级，如何组织自己，夺取政权，实现自身的解放和自由。可以说，考察其各个组成部分，整个马克思主义都是在讲人的复原、人的解放、人的自由和发展，其核心是人。科学发展观提出以人为本，这和唯物辩证法，乃至与整个马克思主义都是一致的。这是认识立场角度的一致。

科学发展观与唯物辩证法在基本观点、认识方法和立场角度的一致性，表现了二者本质上的一致和相通。科学发展观是马克思主义唯物辩证法在中国特色社会主义建设问题上的运用和发展，是我国社会主义建设新的指导思想。

解放思想的认识论根据[*]

解放思想是无产阶级政党保持自身先进性的一大法宝，它根源于人类认识与实践的矛盾运动，因而内含着深刻的认识论根据。

一、意识的特质决定了人的思想认识的局限性

人的思想、认识、计划属于意识的范畴，辩证唯物主义把意识视作与物质相对应的现象，并且认为，与无限运动着的物质世界相比较，意识具有不同的特质，这些特质决定了一定思想认识的天然局限性。

首先是意识的滞后性。恩格斯说："每一个时代的理论思维，包括我们这个时代的理论思维，都是一种历史的产物，它在不同的时代具有完全不同的形式，同时具有完全不同的内容。"^② 意识作为物质的反映，即便正确反映了物质运动的状况和规律，也仅是物质运动前过程的反映，而不是其全过程的反映，社会生活的无限流变将使任何哪怕十分进步的理论都或迟或早地变得滞后。中国社会面临信息化、全球化的浪潮，各种要素交互作用，社会生活瞬息万变，意识的滞后性更为明显。意识的滞后特质使任何具体的思想认识都必然带有特定的适应期限，没有一劳永逸、千载皆然的理论认识成果。

其次是意识的凝固化趋势。意识作为一种观念的形态，它一旦形成，就不会停留于孤立的存在状态，而是要伸张、扩展，寻求观念间的联系，做出体系化的追求。一种思想观念在自身的体系中会得到支持、印证，并实现理论完成，然而它却会因此淤塞吸收生活养料的通路。一方面生活之树长青，另一方面意识观念的体系化追求使其产生凝化的趋势，这一趋势加大了意识的滞后性，表

---

* 此文发表于《羊城晚报》2008 年 7 月 6 日《求是》版，发表时题目改为"社会实践推动人的思想不断更新——浅谈解放思想的认识论根据"。

② 中共中央马克思恩格斯列宁斯大林著作编译局．马克思恩格斯选集：第 3 卷 ［M］．北京：人民出版社，2012：873.

明了人们手中看似完善的理论实际上存在着巨大的不完善。中国古人有"尽信书，则不如无书"的训诫，有对纸上谈兵、胶柱鼓瑟的嘲笑，就是提醒人们要重视意识因凝化而具有的局限性。

再次是意识的具体个别性。任何思想理念都是对物质运动一定领域和一定方面的反映，而不可能是对物质世界全部领域的整体认识，它有着具体的反映对象和基本内容，因而有着相对应的适应范围，这一范围也确定地标明了该认识在实际应用中的局限。达尔文关于生物界生存竞争、优胜劣汰的认识无论多么正确，都不适应于对人类社会的理解，也不能说明人类社会的道德伦理建设状况。意识的具体性、个别性是其实现自身应用价值的前提，但同时也是其应用限制性的标记。

最后是意识主体的个性特征及其时空特征。任何思想观念都是一定认识主体对客观世界的反映，必然带有该主体的个性特征和时空特征。同样反映春秋时代社会变化的现实，孔子、墨子和老子的思想理念明显不同；同时处在 20 世纪欧洲后工业时代的海德格尔与萨特，对社会的理解都互有差异，遑论不同时空下人们的认识差异。恩格斯认为，理论思维"在不同的时代具有完全不同的形式，同时具有完全不同的内容"，就是肯定了认识主体的各种特征对认识成果的影响。任何认识主体都是一定现实生活中的人，都必然受到各种时空限制，这就使其认识成果不可能避免应有的局限。

二、社会实践推动人的思想不断更新

与意识的特质不同，社会实践呈现为无限发展的人类活动。实践不会停滞在一个点上，任何一个具体实践过程的终结，都是新的实践过程的开始；由于人类社会的复杂交往，任何新的实践过程，都会有新要素的加入，都会有不同的主体与客体，每次实践都是一种新的状态。人们说历史不会重复，本质上在于人类的实践活动具有不可重复性。在当代社会，信息的交流已经能够打破时空的阻隔，人类的交往更加频繁，实践的变化也会日益突破旧的经验模式，出现许多意想不到的复杂性。这种状况必然会对人们已有的意识时时提出挑战。因而社会实践的发展要求人们的思想认识要在不断更新中冲破以往意识的天然局限性。

同时，人类实践是理论先进与否的检验者，也是落后理论的淘汰者。无限发展着的实践天然地具有淘汰落后思想理论的机制，这种机制至少表现为以下几种情况：第一种情况是，新的实践过程中出现了新要素，原有的思想理论不能从根本上把握这种新的情况。如儒家的君臣纲常已不适应中国近代以来各政治集团内部所追求的民主化协作关系，人们只有放弃那种与社会生活不相适应的观念。第二种情况是，人们没有预察到实践过程中的新要素，用原有的理论指导实践，结果遭遇失败。如中国共产党早期的"左"倾冒险主义路线，沿用了俄国城市武装起义的理论方针指导中国革命，使革命力量大受损失，这时人们就会在失败中重新考量这种理论指导的适应性，最终发现其在新实践过程中的落伍性而转换理念。第三种情况是，一种理论所促成的制度、规范限制了实践的正常发展，使实践活动不能取得预期的效果，使人们必须重新审视这一理论本身，进而变革相应的制度。如我国的计划经济理论方针及其相应制度设定长期制约了社会经济的发展，最终使人们选择放弃这一理论及制度。在对落后思想理论的淘汰中，新的思想理论会不断地推陈而出。

三、思想更新有赖于主体的能动性

陈旧思想的淘汰和新思想理念的多方式形成都离不开实践主体的能动性。实践对认识先进与否的确认最终要靠活动着的人来判断；对陈旧思想观念及其制度的放弃依赖于人们对相关利益关系的割舍；而新的思想认识的获得要靠人们在实践活动中对诸多信息的收集和整理，也依赖于人的理性思维的成熟度和对真理追求的英勇精神，依赖于主体思想解放的能动性。

社会活动中的人既是推动实践的主体，又是认识更新的主体，其能动性的发挥需要许多条件，但首先不可缺少的是辩证唯物主义认识论的远大眼光和追求真理、无私无畏的情怀。在人类社会中，不是所有的活动主体都具备这种优良的品格，眼光的狭小和利益的牵制往往是人们思想解放的两大阻碍因素，只有无产阶级政党才能破除这两大阻碍，真正将解放思想确立为自己生存和奋斗的旗帜，从而自觉掌握了事业创新与实现自我使命的法宝。现在，立足全球化的背景，中国共产党人以贯通过去与未来的政治视野思考中国的发展，展开新一轮的思想解放，这必将又一次极大地提升中国共产党人的思想境界。

邓小平关于社会主义文化建设的构想[*]

文化建设，广义而言，是指人们在社会实践中对于物质财富和精神财富的全部创造活动，是人类活动的一个重要主题。邓小平同志在开创中国特色社会主义建设道路的伟大实践中，形成了关于中国特色社会主义文化建设的基本构想。这一构想是邓小平理论的重要内容，对我国社会主义文化建设曾经并将继续发挥巨大的推动作用。

英国文化人类学家泰勒在其《原始文化》一书中给文化下了经典的定义："文化是一个复合的整体，其中包含知识、信仰、艺术、道德、法律、风俗以及人们作为社会成员而获得的任何其他的能力和习惯。"根据这一基本认识，多数学者倾向于把文化的复杂系统按照由外到内的顺序划分为三个层面：第一是物质生产的层面，指人改造自然的存在物而构成的现实生产力及其生产成果，它是文化的物质形态，因而被称作物质文化；第二是制度行为的层面，主要包括社会组织、政治、经济制度、道德、法律以及人们在交往中约定俗成的习惯定式，这种文化构成人们社会交往的规范，因而被称作制度文化，有时也被称作规范文化；第三是精神心理的层面，主要指人们的价值观念、心理模式、宗教信仰等，这一层面反映的是人的内心世界，它常常表现为指导人们思想行为和确立思维方式的一些原理、理论体系，被称作精神文化。社会文化的三个层面有各自的独立性，但它们互相影响、互相作用，构成一个协调统一的文化系统。邓小平的文化建设思想，体现在以上各个层面上的全面的社会建设工程上。

首先，邓小平提出以经济建设为中心，引导全国人民致力于促进生产力的发展和物质财富的创造，极大地推动了中国社会物质文化的建设。

物质文化是整个文化建设的基础，它一般表现为社会物质文明的程度。邓小平提出了"把国民经济搞上去"的鲜明观点。同时，他以无产阶级革命家的大智大勇，推动了我党十一届三中全会的召开，全面确立了以经济建设为中心

---

* 此文发表于《广州日报》2004 年 7 月 20 日 B6《理论》版。

的指导思想，制定了符合中国生产力实际状况的政策和措施，提出了"翻两番"的世纪内目标以及"三步走"的长远战略，并调动各种社会资源全力以赴地为此努力。经过不到二十年的时间，我国的农业、工业和各项建设事业都有了突飞猛进的发展，我国社会的物质财富迅速增长，人民生活水平有了显著提高。总结这段辉煌的发展历程，邓小平仍然指出："抓住时机，发展自己，关键是发展经济。"还提出"我国的经济发展，总要力争隔几十年上一个台阶。"这些都表现了其对经济发展极其热切的期望。

物质文明是整个文化建设的前提和基础，同时又是制度文化的折射，是制度文化优劣性在一定程度上的反映。邓小平十分看重我国经济的发展，就是因为他将物质文化视作制度文化的体现。作为社会主义建设事业的开拓者，他十分明确地认为："社会主义的优越性归根到底要体现在它的生产力比资本主义发展得更快一些、更高一些，并且在发展生产力的基础上不断改善人民的物质文化生活。"他甚至认为，制度文化的优越性不能脱离物质文化的状况来说明。"不努力搞生产，经济如何发展？社会主义、共产主义的优越性如何体现？"这显然是把物质文化作为了制度文化的根本体现。

其次，邓小平积极倡导我国经济体制和政治体制的改革，有效地推动了全社会制度文化的建设。

邓小平对我国经济、政治等各种制度的改革，亦即对我国社会制度文化的建设投入了极大的热忱和思考。1975 年他主持中央工作时在全国各行业推行的全面整顿，实质上就是对各项规章制度的建立和推行。20 世纪 80 年代他对农村联产承包责任制的肯定和推广，对城市经济体制、科技体制改革的启动，以及后来对党和国家领导制度即我国政治体制改革的尝试，实际上是包括经济关系、党政关系，涉及检察、退休、选拔、外贸、金融、企业运作等方面的全方位的制度改革。邓小平说："我们所有的改革都是为了一个目的，就是扫除发展社会生产力的障碍。"在党的十二大开幕词中，邓小平提出了以经济建设为核心的三大任务，同时提出了"进行机构改革和经济体制改革"等四件紧要工作，认为这是今后长期要抓的工作，他甚至认为，"四个方面的工作和斗争，要伴随着我们整个社会主义现代化建设的进程走"。他把制度文化建设看作物质文化建设最有效的推动手段。

不仅如此，邓小平还肯定了制度文化建设对整个社会生活和对人的思想的影响和决定作用。他认为，和政治人物个人的品质比较起来，"领导制度、组织制度问题更带有根本性、全局性和长期性"。他明确指出："制度好可以使坏人无法任意横行，制度不好可以使好人无法充分做好事，甚至会走向反面。"他在肯定我国社会主义根本制度的前提下尖锐地指出了我国经济体制与政治体制的一些弊端，分析了造成这些缺陷的历史原因及封建主义文化传统的影响，进而提出了各项制度改革的内容、目标、方法和步骤，为我国社会的制度文化建设绘制了令人鼓舞的基本蓝图。

最后，邓小平提出了精神文明建设的思想，全面推动了中国社会精神文化水平的提升。

精神文化是整个文化系统的核心，它以理论体系、价值观念、思想信仰等形式存在，是文化系统中最深层、最具稳定性的东西。精神文化按其性质有不同的类型，邓小平用"精神文明"的概念指称具有进步意义的精神文化，明确提出："所谓精神文明，不但是指教育、科学、文化（这是完全必要的），而且是指共产主义的思想、理想、信念、道德、纪律，革命的立场和原则，人与人的同志式关系，等等。"他曾反复强调，在整个精神文明中，对马克思主义的信念和共产主义的理想是最根本的、核心的东西，认为"共产主义的理想是我们的精神支柱"。邓小平精神文明概念的提出以及对其内涵的规定，反映了他对精神文化的选择性以及对精神文化建设的高度重视。

一般来说，精神文化规范决定着制度文化，进而对物质文化发生着重要影响。邓小平把精神文化放在与物质文化、制度文化的相互关系中去认识，多角度地阐明了进步性的精神文化对社会发展的重大意义。他指出："不加强精神文明建设，物质文明的建设也要受破坏，走弯路。"一个政党所遵循的思想路线，源自它所信仰的理论体系，属于精神文化的重要内容，正是由于这样的原因，邓小平十分重视党的思想路线的建设。他认为："只有解决好思想路线问题，才能提出新的正确政策。"在十一届三中全会即将召开的紧要时刻，他曾尖锐地指出："一个党、一个国家、一个民族，如果一切从本本出发，思想僵化，迷信盛行，那它就不能前进，它的生机就停止了，就要亡党亡国。"从党和国家兴亡的意义上看待思想路线，做出如此振聋发聩的论断，足见邓小平对精神文化建设的高度重视。

针对 20 世纪 80 年代后期社会上连续出现的局部动荡的消极现象，邓小平判断其原因说："消极因素主要表现在理论、思想、文化领域。"后来他又多次总结教训说："十年最大的失误是教育，这里我主要是讲思想政治教育。"他在精神文化领域寻找造成发展失误的深层原因，这一方法本身就蕴含了对精神文化决定性的认可。本着这样的认识，他一再强调要对青少年和全国人民进行理想、信念和共产主义世界观的教育，提醒人们要防止精神文明建设"一手软"的情况，足见邓小平对精神文化建设的高度重视。

　　社会文化的发展有其自身的规律性。邓小平在社会文化建设的整体联系中理解物质文化、制度文化和精神文化几个层面的相互关系。他在指导我国文化建设的伟大实践中，依据其对某些规律的认识，还提出了对外开放、全面改革、教育先行、狠抓党的建设等全面进行文化建设的战略方针，并且坚持了以人为本、协调发展、实事求是及社会主义的原则，从而形成了他关于中国特色社会主义文化建设的基本构想。这一构想是邓小平理论的重要内容。它既是我们文化建设的指导思想，又是社会主义文化宝库中的珍贵财富。

"幸福"是包含个体价值体验的哲学范畴*

古今中外的所有地球过客都在向往幸福、追求幸福，相互祝愿幸福，一些伟大、高尚的人物用他们的行为，甚至用他们毕生的精力去帮助民众获得幸福。看来，幸福是人类社会一个永恒的追求，是人类生活的一项宏大主题。那么，幸福的内涵是什么？它的特征如何？我们应怎样建设幸福社会呢？

一、幸福属于生命个体的自我感受

我国先秦时代的思想家，包括孔子、老子、墨子等，对人们理想的生活状态各有不同的描述，其中对幸福说得最有深度和最为具体的当属庄子。庄子有两种讲述：第一种，人要睡在干燥、稳固的房间里才会感到舒适与幸福，而泥鳅却要睡在潮湿的地方，鸟却要在摇晃的树杈上筑巢，三者难道有谁不喜舒适吗？第二种，鲁国郊外飞来了一只海鸟，鲁君非常喜欢，用车子把它迎入太庙中，为其敬酒献肉，演奏音乐，给予最高级的礼遇，但这鸟心中忧惧，不能吃喝，三天就死了。庄子感叹，这是鲁君用自己感到满意的方式养鸟，而不是以鸟感到幸福满意的方式来养鸟。庄子的两种讲述告诉我们若干深刻的道理：第一，幸福是某一主体对外界环境的内在感受，这种感受的主体不是某一群体，而是生命个体。因为，对同一环境，不同的主体（人和泥鳅）不会有相同的感受。第二，幸福的裁决、评判不在社会，而在主体自身。如海鸟是否幸福，不能让鲁君裁决。

其实，幸福就是某一生命个体在一定条件下，感觉到自己处在舒适满足的生活环境中。人们常说的"被幸福"，就是在别人设定的幸福环境中，自己并未感觉到幸福，像鲁国的海鸟一样。要强调的是：幸福是生命个体需要的满足，这种满足要通过生命个体的自我感受来判断。

---

* 此文发表于《南方日报》2011年1月16日第7版《笔谈》，发表时题目改为"把握幸福社会建设的着力点"，内容有所删减。

二、幸福是一种特殊的价值体验

价值关系表示的是客体满足主体需要的状况：一种客观事物能满足主体的某种需要，它就是有价值的；满足程度越高，其价值越大。幸福包含着客观的外部环境满足主体需要的状况。所以，它包含着一种价值关系。

然而，相对于一般的价值关系而言，幸福所含价值关系的特殊性在于以下几方面。

其一，客体对于主体需要的满足状况，必须得到主体的体验、感受和认可，没有得到主体认可和裁决的满足，称不上主体的幸福。任何生命个体都有其特殊的生存环境和特殊的心理结构，在相同的社会中，各人的生存环境是不同的。在相同的生活环境中，人们的心理结构是不同的。因而，在同一社会生活环境中，人们对客观外界的满足感不同，进而各自的幸福感也不尽相同。只有被主体体验到的舒适与满足，才是真正的幸福。

其二，主体对于客体的体验和裁决，不是针对某一个别事物，而是针对整个生活环境做全方位的判定。即主体根据自身的多种需要，对生活环境做整体性裁决。一种环境能满足主体全方位的需要，主体感受到了这种满足，就觉得幸福；如果环境能够满足主体某些方面的需要，而不能满足另外方面的需要，主体就不够幸福。托尔斯泰说过："幸福的家庭都是相似的，不幸的家庭各有各的不幸。"所谓"幸福是相似的"，就是这些家庭成员都能在家庭中感受到身心全方位的满足；所谓"各有各的不幸"，就是这些家庭成员各有不同方面的不满足。托翁的名言更加说明了幸福是主体对环境的全方位体验。

其三，主体的需要是多层次的，人们各层次需要的强弱对比也在不断变化，因而对幸福的追求对生命个体而言，常常是不断变化的，而且是总体呈升级态势的体验。美国著名心理学家马斯洛提出了需要层次的理论，认为人的需要由低级到高级共分五个层次：生理需要—安全需要—情感和归属需要—尊重的需要—自我实现的需要。这一理论具有普遍性、规律性，它为我们提供了把握社会成员幸福感受状况的一把钥匙。

总之，幸福作为一种包含价值关系的哲学概念，它是生命个体根据自身的生活需要对外界环境做出的整体性体验和评判。由于社会生活的复杂性，人们的幸福目标是不易把握的，但其变化却有规律可循。

三、幸福社会建设的基本思路

明白了幸福的内涵与特征，我们的幸福社会建设就获得了一些基本的思路。

首先，幸福既然同人的需要满足相关联，那社会的幸福建设就要从人最初的生活、生理需要入手，为社会每一位成员提供最基本的幸福保障。因而，吃饭、穿衣、住房问题，社会成员生老病死问题的解决，自然就成了最基本的社会幸福建设。

其次，人们的幸福追求是一个随着初级需要的满足而不断升级的过程，那社会的幸福建设就不能停留在初级的物质保障阶段。"端起饭碗吃肉，放下筷子骂娘"的现象，近些年来一些企业高管频频自杀的现象，都说明初级需要的满足并没有使当事人感到幸福，人们期待的幸福，是仅靠基本的生活富足解决不了的。事实上，一个社会多数人的需要层次结构，是同社会的经济发展水平、文化发展水平和人们受教育的程度直接相关的。在社会较发达的地方，人们的需要层次结构会稍高些。为此，幸福社会建设要设法为人们的幸福追求提供最终的保障，而不能仅满足于为人们的幸福提供最初的保障。

再次，按照马斯洛的理论，人的需要是从低层次向高层次发展过渡的，最上层的两种需要，即尊重的需要和自我实现的需要是要通过人的内部因素才能获得满足的，而下面三层需要可以通过外部条件获得满足。人的最高两层需要既然只能通过他自身的因素来满足，那么，社会在此就只能提供公正公平的发展条件，而无法保证每一成员在这两个层级获得完全的满足——社会应该明白自己幸福建设的界限，而在自己可以有作为的范围之内大显身手。

最后，幸福是生命个体对自我需要的满足程度的感受，而最高层次的需要又只能通过个体自身的因素来满足。很显然，政府无法保证每一位社会成员的幸福，它只能为全社会每一位成员提供追求幸福的自由和实现幸福的条件。在中国社会，政府要让人们感受到幸福，就不仅要抓好经济社会建设，而且要了解社会成员对社会生活的心理感受，还要让每一个社会个体充分地表达他对社会生活环境的不满足之处，用来作为幸福社会建设的参照。民生—民心—民意是幸福社会建设中应逐次加重的三项重大工作。

全面焕发中华优秀传统文化的当代生命力*

在几千年风云激荡、沧桑变化的世界上，人类创造创新出了绚丽多姿的文化，但有哪些文化能够穿越千古，历经摧折而不灭？有哪些文化能够在交汇兼容中强根壮枝，始终保持旺盛的生命力？又有哪些文化能够在历史长河的起伏中一次次把自己的民族推上兴旺的高峰？中华优秀传统文化无疑是最突出的代表。的确，中华文化独一无二的理念、智慧、气度和神韵，积淀着中华民族最坚韧的生存性格和最深沉的精神追求，代表着中华民族闪亮的价值理念和独特的精神标识，在五千多年的文明发展中始终熠熠生辉、光彩夺目。中共中央办公厅、国务院办公厅颁发了《关于实施中华优秀传统文化传承发展工程的意见》，在中华民族伟大复兴正需文化力量迅猛推进的节点上，《意见》的发表为中华优秀传统文化的复兴擂响了战鼓，指明了方向，指点我们在推动实现"中国梦"的行程上全面焕发中华优秀传统文化的强大生命力。

中华优秀传统文化的顽强生命力生发于其具有优秀特质的核心要素，包括思想理念、伦理美德与人文精神。中华先民最初感受"物我对待"时，仰则观象于天，俯则观法于地，追溯类通万物的德性，察觉到了天地与人类的相依关系，进而提出"赞天地之化育"的睿智命题，凝结出知常达变、革故鼎新、修齐治平的使命意识，提炼出道法自然、天人合一、人道思诚的不朽思想。这些思想理念被用于行事处世，形成了爱国情怀、担当意识，形成了孝悌忠信、礼义廉耻、仁爱乐群、崇德向善的伦理美德及相应的行为规范。核心思想理念被用于自我修为，生成了和而不同、俭约自守、珍重气节、知行相合及贯穿整个生命过程的人文精神。作为中华优秀传统文化核心要素的思想理念、伦理美德与人文精神，在人类文明的发展中具有突出优势，内含顽强生命力，推动了中华民族的千年历史进程。

中华优秀传统文化的蓬勃生命力源于现当代民族文化的伟大创新。百年

---

* 此文发表于《南方日报》2017 年 2 月 20 日封二《观点》版。

前，在中西文化的交融与民族复兴运动中产生了中国共产党。中国共产党作为中华民族的先锋队，在自身塑造中，尤其在领导人民进行革命、建设和改革的伟大实践中，自觉地传承、发展和提升了中华优秀传统文化，极大地增强了传统文化的当代生命力，包括：坚持马克思主义在意识形态中的指导地位，给丰厚斑驳的传统文化灌注理念先进、气质清新的思想灵魂；确立了以人民为中心的价值导向，使国家民族的社会活动本质上成为为了人民、依靠人民、人民共享的行为；运用辩证唯物主义和历史唯物主义的世界观和方法论，以客观、科学、礼敬的态度对传统文化进行扬弃继承、转化创新，使中华文化基因与当代世界发展趋势相适应；采取开放包容、取长补短、择善而从的态度，吸收借鉴国外优秀文化成果，积极参与世界文化的对话交流，丰富了中华文化内涵；提出社会主义核心价值观，整合各文化理念的融通关系，培育领先时代的民族精神。这一切，使中华优秀传统文化升华了意境，添加了色彩，增强了生机。

中华优秀传统文化的强大生命力需要我们在传承发展中自觉弘扬。民族文化总是和民族命运相关联。近代以来，西方列强依恃他们的船坚炮利打开了中国大门，中西文化的交融是从对峙撞击、中方弱下的态势开始的，中华民族曾经在百余年间积贫积弱，甚至出现了生存危机，文化交流时一直处在受鄙视的地位，受到不同程度上的误解、误读或漠视。今天，我们融合先进的思想文化，并依靠自己固有的优势推动了经济社会的快速发展，取得了世人瞩目的成就，但文化平等、文化自信始终是一个有待解决的问题。中华优秀传统文化是我们的精神家园，是我们民族的血脉，是中国特色社会主义植根的文化沃土，文化自信是更基本、更深层、更持久的力量。现在，我们在世界大国博弈及国际文化交流中，在确定自身的前进道路与步伐的过程中，仍然需要更加坚强牢靠的文化根基以立足。为此，我们迫切需要深化对中华文化重要性的认识，迫切需要深入挖掘民族优秀文化的价值内涵，焕发中华优秀传统文化的当代生命力。作为民族振兴和世界文明的推动者，我们接过民族文化的薪火，拨亮中华优秀传统文化本有的光辉，是当然的责任。

焕发中华优秀传统文化的当代生命力需要我们遵循文化建设的规律。两办的《意见》阐发了实施中华优秀传统文化传承发展工程的指导思想、基本原则、总体目标、主要内容、重点任务和保障措施，确定了"全党动手，全社会参与"的总方针，对宣传、教育、研究、文艺、科技等领域提出了指导意见，也为研究阐发、教育普及、保护传承、传播交流工作设定了具体目标。《意见》涉及包括物质文化、礼仪文化、节庆文化在内的全方位文化建设，体现着对中华传统文化特殊性的深度把握和对文化建设基本经验的深刻总结，是全面传承发展民族文化的战略性、纲领性文件。认真学习贯彻其精神，我们必定能打造出更多具有中国特色、中国风格、中国气派的文化产品，必定能在当代世界舞台上焕发中华文化的强大生命力，必定能增强我们的文化自信力、国家软实力和民族凝聚力。

真理标准问题讨论的深远启示*

在中国当代史上，关于真理标准问题的讨论几乎可以被视为划时代的事件，它驱散了笼罩在亿万人心头的思想迷雾，拨正了民族发展的航向，引导中国社会由徘徊不前转而破浪前行。如今再回味，这一重大事件仍能给予我们深远启示。

第一，一定要坚持马克思主义的基本原理。以实践作为检验认识真理的标准，这是马克思主义哲学认识论的基本原理。马克思主义自19世纪40年代中期创立以来，指导了世界无产阶级的革命斗争。历经了百余年的社会发展，它的思想并未过时，其中的许多基本原理，包括实践观、认识论，以及关于经济、政治、文化建设的理论，仍然反映着客观世界的发展规律，对社会生活具有现实的指导意义。自真理的实践标准被讨论和坚持以来，中国社会建设的巨大成功就是对马克思主义许多基本原理的生动验证。实践表明，中国特色社会主义建设只有自觉遵循马克思主义的指引方向，才能取得应有的成果。

第二，破除迷信、解放思想是人类自身发展中永真的命题。人类是具有意识的生命活动体，人类的活动总是受到意识的支配与指导，与无限流变的社会生活相比较，人的既成意识具有滞后化和凝固化趋势。意识的滞后性、凝固性与社会实践无限流变性的矛盾，只能用解放思想来破解。因此，解放思想成了人类发展中永恒的课题。我们解放思想，打破了个人迷信，冲破了教条主义的思想束缚，使中国走上以经济建设为中心的大道；我们解放思想，不断创新，使改革开放成就斐然。如今，我们继续解放思想，几百年后，我们仍要解放思想，要用思想创新的成果引领民族发展大业。

第三，社会转型时期，人们应该确立正确的关于发展的验收标准。发展标准问题在社会发展的进程中会时常遇到，而在社会转型期尤为突出，尤为重要。实践标准实际上就是人们对真理验收的标准。除此之外，我们曾有过判断姓

---

* 此文发表于《南方日报》2008年6月17日A13《笔谈》版，发表时题目改为"真理标准问题讨论启示深远"，这里有所增改。

"资"姓"社"的"三个有利于"的标准。有过判定无产阶级政党先进性的"三个代表"的标准，有过实现"小康"的标准。同样的道理，坚持科学发展观应该有科学发展的标准，推进改革开放应该有判定改革开放是否成功的标准，应该有关于社会公平、正义以及民主的实现标准等。对诸如行政体制改革、医疗制度改革、社会保障机制的改革，同样要确立判断成败的标准，因为没有确定的标准，就不可能有统一的认定。和真理标准一样，事物发展的验收标准应体现客观事实与"普世价值"的统一，应该有科学学理的支持，应该争取到社会成员的广泛认同，这样才能使发展事业会聚起全社会的智慧与力量。

第四，马克思主义中国化的推进要尽可能地吸收中国传统文化的有益资料。检验真理的标准只能是社会实践，其理论原理的前提是：认识领域的成果不能靠认识去检验。这一前提在中国传统哲学中曾有过精彩的论证，如庄子在《齐物论》中提出，两个人辩论是非，请来第三者判断。如果第三者赞同某一人的意见，那就无法断定是非，因为他既然与其中一人观点相同，那他的意见就不能成为另一方为错的依据；如果第三者的观点和辩论双方都不相同，那就构成新的一方，也不能判断谁是谁非；如果第三者和辩论双方的观点都相同，既然相同了，也就失去了判断是非的可能。由此庄子得出结论，世间的是非无法判定，因而是非无定，万物齐一。

庄子用周延性情境严密地做出论证：认识领域的是非无法靠认识去判定。马克思主义认识论是认可这一结论的，认为"人的思维是否具有客观的真理性，这并不是一个理论的问题"。显而易见，庄子的论证有其深刻且有趣之处。庄子的理论失足在于对论证做出了不可知论的归结。而在庄子理论失足的地方，马克思提出了实践标准，这是马克思超越庄子之处。如果马克思主义这一理论原理在走进中国文化土壤的一开始，就吸收了庄子的上述论证和思想，人们很早就会看到真理的思想标准的荒唐性，在关于真理标准问题的讨论中，反面意见的力量就不会很大，而马克思主义理论建设的成果就会更加丰富。

马克思主义的许多理论创见都可以得到中国传统文化资料的支持。如马克思关于"自由人联合体"的主张，本身论证不多，但肯定离不开人类的和谐。而对社会和谐的构想在中国传统政治哲学中曾经百家争鸣，各有得失，有些思想延绵数千年，根基深长。中国社会未来"自由人联合体"的实现，一定离不开对这些思想资料的吸收与借鉴。

第五，在权力运作不甚规范的社会条件下，必须始终保持对个人迷信、教条主义的高度警惕。中国共产党诞生于特殊的国度、特殊的年代，在党内外各种政治斗争的疾风暴雨中建立了最高领导层的政治权威，而党内民主、权力制衡一直没有得到很好的解决。党内权力的集中化及其运作的不规范，以及政治宣传上的某些失误，会不断营造出个人迷信的氛围，使教条主义盛行。党的历史一再表明，党的最高领导人一旦缺乏民主自觉，就会自觉或不自觉地把自己凌驾于组织之上，出现个人专断和家长制作风，陈独秀、王明、博古等人便是这样。而这种作风一旦得到宣传舆论的配合，就必然出现个人迷信和对所迷信人物的顶礼膜拜。关于真理标准问题的讨论永远在告诉我们：在无限流变的现实面前，每个人都是小学生，人类从来就没有什么"永远正确"，政治领域也不需要什么"绝对权威"，人们应该始终遵循马克思主义的认识论和唯物辩证法去对待社会政治生活中的问题。关于真理标准问题的讨论也提示我们，一个以人民利益为最高需要、以实事求是为思想灵魂的党，应该始终保持对个人迷信、教条主义的高度警觉；应该善于吸收人类先进文明成果，从体制、法规和思想精神等多方面入手，推动党内民主，真正造成生动活泼的政治局面，并创造条件逐步铲除个人专断和个人迷信得以发生的根基。

第六，应该建立哲学学术与政治之间的良性关系。中国历史上学术与政治之间一直存在"剪不断，理还乱"的关系，二者的关系更多地表现为学术或者成了"政治的婢女"，或者成了游离于社会之外的"圈内人"的清谈；而政治往往是凌驾于学术之上，二者的结合常常是权力为宰，两败俱伤。关于真理标准问题的讨论实现了学术与政治的"双赢"，为二者的关系树立了一种极好的典范。真理标准问题，根本上是一个哲学学术问题，但现实中又表现为一个政治问题。政治问题是靶心、是目标，哲学学术中揭示的原理是弓箭，是方法。二者间的互动过程是：难以解决的政治问题在学术中寻找到了明确的答案，其中学术为政治提供了指导和服务，而政治从学术中吸取了支持和力量。最后，政治顺从了科学的原理，遵循事物的本来规律，问题得到了上佳的解决；科学通过对现实政治的指导和支持，显示了自己崇高而神圣的地位，也发挥了对社会的推动作用。这一过程将政治与学术的良性关系表现得淋漓尽致。

时至今日，政治与学术的应有关系已经引起了人们的足够重视，真正建立起二者的良性关系。从哲学学术方面讲，一要脱离开狭窄的轨道，走进历史、贴近现实、面向大众，为自己开拓出广大的空间；二要保持自身的独立性、科学性，剔除对权力和世俗的媚骨。从政治方面讲，则要摆正自己与学术的关系，要明白自己不能凌驾于学术之上，要服从于事物规律。政治应该认同科学，求证于科学，服从于科学，在科学的支持下获得强大与效率。

真理标准问题讨论的巨大意义属于光辉的历史，也属于探索中的现实和无尽的未来，它给我们的多重启示无疑是历史遗产的珍贵结晶，值得永远记取。

科学发展观是对我国社会主义
发展的再认识

新中国成立以来，全党全国人民一直致力于社会主义事业的推进，对中国特色社会主义发展做了艰难而不懈的探索。其中，科学发展观是对社会主义发展的新认识，是我党在社会主义发展问题上的全面觉醒。

一、六十年来我们对社会主义发展问题的四个认识阶段

在中国社会主义建设的六十年中，我们对社会主义发展的理解和把握表现为四个相继的阶段。

其一，设定的发展阶段。从建国开始到1965年，尤其是"三大改造"完成后的一段时间，我们从社会主义与资本主义的所谓"本质区别"上，把社会主义的发展理解为严格的计划发展，认为社会的各项发展要遵循人的设定。计划经济、计划发展正是这样一种典型的设定形式。我们认为人对发展的自觉设定是有客观依据的，并且认为通过人的设定，避免了资本主义社会发展的盲目和无序状态，是人类社会发展的最理想模式。但由于人的主观设定与"客观依据"间缺乏明确的依托关系，客观无法实现对主观的制约，因而发展的设定往往摇摆不定，本质上由愿望主宰。"人有多大胆，地有多大产"，就是设定的发展时期未能避免的口号。

其二，持疑的发展阶段。从1966年到1976年的十年"文革"期间，由于全党指导思想上的错误，人们总是怀疑正常的社会主义发展的合理性，尤其对社会经济的发展持怀疑态度，人们顾虑"卫星上天，红旗落地"。极"左"思想的泛滥使人们觉得：只要保证红旗不落地，就是捍卫了社会主义，从而忽视了社会的发展。一个代表性的口号是："宁要社会主义草，不要资本主义苗。"十年中也有社会发展之"苗"，但因为对姓"资"还是姓"社"没有真正弄清，生怕被导入资本主义轨道，总要下气力将其除掉。

其三，粗放的发展阶段。从1976年"文革"结束到21世纪初的20多年

间，经过了社会发展的停滞徘徊，人们关于社会发展的欲望在压抑后爆发。十一届三中全会为发展"正名"，打开国门的中国人也看到了与发达资本主义国家的巨大差距，因而在发展上有一种急不可耐的急躁情绪。"发展就是硬道理"，正代表了人们不顾一切追求发展的愿望。为了督促各地竞相发展，很长一段时间内，还把发展量化为 GDP 指标，要求一切都为发展让路。

其四，科学的发展阶段。20 多年的粗放发展，暴露出了资源、环境、两极分化、社会矛盾突显等一系列发展中的问题。从 21 世纪初始，全党全国人民自觉地意识到了科学发展的问题，进入科学发展的新阶段。科学发展主张以人为本，和谐发展。它要求社会主义的发展必须遵循自然与社会的客观规律，并且不违背社会主义的本质。

二、科学发展观与其他三种发展理念的不同

六十年中的四个发展阶段各有不同的发展理念，科学发展观与其他三种发展理念有着根本的不同。

首先是对发展的内涵、发展的方式有不同的理解。科学发展观所说的"发展"，是中国经济、政治、文化、社会、生态等方面的全面发展，是各种社会要素充分而和谐的发展。以前的三种发展理念，其发展均是单纯的发展，或者非充分的发展。

设定的发展属于不充分的发展，它似乎关注发展的全面性，但由于是以计划的方式谋划发展，实际上也是一种盲目的发展。持疑的发展片面讲政治、文化的发展，否定经济发展的必要性，是一种不完全、空想的发展，事实上造成了对我国政治、文化生活的破坏。粗放的发展只关注经济发展，关注物质的增长，忽视文化，尤其忽视了政治生活的推进，属于另一种不全面的发展。其中经济发展经历了计划经济、有计划的商品经济、商品经济和市场经济几种形式，具有明显的跨越和发展，而政治生活却几乎只停留在对设定发展时期原有机制的完善上，其发展内涵的单纯性一目了然。

其次是发展理念中对人的理解、人的定位不同。科学发展观中所说的"人"，是全体社会成员，而不仅是部分人；而且，在人与发展的关系上，人不仅是发展的手段，更是发展的目的，是发展成果的最终享用者。其他发展理念中缺乏这种对人的宽广情怀。

计划经济的设定发展，设定者是部分人，绝大部分人是被设定者，是设定者眼中的发展要素，即社会发展中生产与消费的要素。在持疑的发展中，社会主义"红旗不倒"是社会活动的根本目的，全体社会成员都只是保证"红旗不倒"的守护者。在粗放的发展中，GDP 指标的落实与提高成了发展的目的，在"发展代价"的名义下，某些阶层的利益可以被持久淡漠对待与公开损害，与全体国民生活息息相关的公共事业被驱动着的经济利益所劫持，人在这里实际成了发展的手段。

另外，四种发展理念的自觉程度不同。科学发展观是对社会主义发展问题的自觉认识，它意识到社会主义发展方面的不同理念，看到了社会主义发展理念的各种真假之别、深浅之分，明白自身的特质与使命；其他三种理念在各自所处的阶段上都自认为是天然合理的，都没有真正意识到自身的特质，处于非清醒状态。

三、科学发展观视野中的珠三角发展问题

珠三角是中国粗放发展阶段崛起的地区，客观上带着该时期的种种发展痕迹。从科学发展观的视角来看，该地区也存在许多发展问题，我们从总体上提出两条。

一是全国性的普遍问题，就是社会政治生活与经济生活的不相和谐。按照科学发展观的要求，社会的上层建筑必须与经济基础的变化相适应，社会的经济、政治、文化等结构应该处于和谐状态。改革开放以来，我们在经济体制一再变革的时候，却一次次放弃了体制全面改革的时机。市场经济的每一步推进及其巨大成果始终在一种僵硬体制的掌控之下，加上治理体制有不少漏洞，产生了不该有的腐败。

二是文化发展上的问题。从官方到舆论界，总是从经济的本位来理解文化。比如，一讲文化，想到的就是物质文化，注重给文化上投了多少亿，建了哪些场馆等，而制度文化、思想文化的建设总是在视野之外；又如，提倡全民增加消费，但消费仅指物质性的生产生活消费，文化消费总被忽视，致使文化产品的再生产环节不完整。真正的思想文化、理论文化很少受到关注，导致人文精神缺失。

科学发展观是对我国社会主义发展的新认识，它的提出，引导我国社会主义发展进入了新阶段，但并不表明我们的社会发展由此可以自然"科学化"，只是发展中积累的诸多问题会看得更为清楚而已。广东只有重视并着手突破一些重大的问题，把科学发展观落到实处，才能真正充当实现科学发展观的排头兵。

从国学经典中发掘和谐文化的丰厚资源

党的十七大报告提出要"建设和谐文化",同时提出要"弘扬中华文化,建设中华民族共有精神家园"。其实这两方面的任务本质上是相通的。和谐思维是中国传统文化的重要特征,整理和发掘我们的国学经典,清理中华传统文化,会获得当代和谐文化建设的诸多珍贵资源。

一、体认和谐概念的丰富内涵

什么是和谐?我们可以从中国传统文化中寻求解答。"和"与"谐"的提法在国学经典中大量存在,其中的内容也极其丰富:第一,指包含着多种元素的组合,而非单一元素,即所谓"和而不同"等。第二,指相结合的各种元素保持着的平衡、协调状态,即所谓"以他平他",主张异类事物的均衡存在。第三,认为"和"是能促使新事物产生的状态,所谓"和实生物",即"和"能促成新事物的产生。第四,经典中总以音乐、调味来比喻"和",即所谓"八音克谐""如乐之和"等,实际是把和谐与人的感觉相联系,将其看成一种能使人愉悦的事物状态。

按照上述的丰富思想,和谐应是与发展相并列的,它是指同时并存的事物间相互促进、协调发展的良好状态;而社会和谐既是指社会生活各个要素所处的良好状态,也指人的感情、情绪所处的良好状态。党的十七大报告指出:"科学发展和社会和谐是内在统一的。没有科学发展就没有社会和谐,没有社会和谐也难以实现科学发展。"该论断正是基于对和谐概念的理解,即立足于对传统典籍中有关和谐内涵的体认。

和谐是中国传统文化中特有的思维方式。西方传统的思维特征是矛盾思维,如赫拉克里特讲斗争,黑格尔对矛盾运动的分析等,他们讲的和谐,仅属翻译概念,缺少丰富的内涵。而中国人也讲矛盾,但认为"仇必合而解",从根本上属于和谐思维。阴阳说可以对应西方的矛盾说,但阴阳的平衡、交融与和谐内容是矛盾说无法容纳的。

应该说，和谐概念的内涵，和谐的思想理念、理论原理，和谐思想的发展演变，以及对和谐的实践追求，都可以、也应该在中国国学经典和传统文化中去发掘。

二、把握古圣贤对和谐的设定与追求

和谐是使事物发展且令人愉悦的物质与社会状态，自然吸引着一代代圣贤的不懈求索。和谐追求在中国历史上可以分为技术派、应用派和理论派。

技术派最典型的是五行说与阴阳说，它们原本是殷周时期重社会应用的学问，但后来人们把其中的技术、方法剥离出来，加以延伸，自成体系，形成一种追求和谐的技术方法。五行学说认为事物相生相克，在相互作用中追求平衡，揭示了事物间的复杂关系。阴阳学说认为事物间的不同组合是千变万化的，并认为若其组合与外界相和谐，就属吉；若不相和谐，就属凶。阴阳五行按其性质可以无限推衍、包罗万象，所以这种和谐追求的技术可以适应于自然、社会、人自身以及各种事物的相互关系，具有极大的普遍性。

对和谐的技术应用最直接、最典型、最有成效的是中医学。中医学是传统和谐思维催生的生命科学，身上深深打着传统和谐思维的烙印，它的早熟、它的优长及其缺陷都由传统和谐技术的特征所决定。

传统的各派理论都包含着对社会和谐的设定与追求。儒家的双眼紧盯着人类的社会生活，看重以血缘伦理为基础的社会，认为"君君、臣臣、父父、子子"就是理想的和谐社会，他们以"礼"为标尺，试图用伦理道德等手段调解不和谐的方面，由此生发出一整套理论。宋明理学则把"礼"细密化，上升为"天理"，用以调节社会生活。法家的眼睛紧盯着社会的政治生活，看重以政治关系结合的社会，认为贵贱有等、卑尊有序、上下安分就是和谐的社会，主张君主应该用法、术、势的手段对付臣民，以达于和谐。其理论说教不多，但有不少尖刻的"御民之术"。道家以最宽广的视野看待人的生存生活，看重人的个体生活对自然界的依赖，认为"小国寡民"的生活是美好和谐的，主张用个人清静、政府无为的手段来实现这一目标，由此生发出以"道"为核心的理论体系。各派理论都有自己对社会和谐的不同设定与追求，构成传统和谐文化的洋洋大观。

三、吸取传统文化中和谐追求的经验与教训

社会和谐从来就是人类孜孜以求的一种目标，但不是任何一种和谐设定都

是正当的，也并非任何一种和谐追求都能达到。当代人类先进的思想理论是我们认识和鉴别传统和谐文化的利器，这包括马克思主义及其在中国的最新成果，包括近代以来西方先进的科技成果、管理思想、政治理念及法的学说，也包括始终关注人类心灵健康的普世理念。运用这些思想利器进行鉴定分析，我们就能发现，传统文化无论是和谐的设定还是对和谐的追求，都有着宝贵的经验与教训供当代人借鉴。

以阴阳五行说为主要形式的和谐技术，其大方向没错，但微观上缺乏科技成果的支撑，也缺乏对应用范围的适当厘定。儒家理论看重伦理、道德、教育的作用，但根本上缺乏法治精神，对社会政治的运行架构也疏于设定。法家看重法的作用，但他们站在君主的立场上设计政治，法只是强权者对臣民惩罚的手段，本质上缺乏对人的权益的保障，因而其法是片面的、不公正的，法的运用往往是非正义的。同时，他们设定了君主的无限权力，但现实中君主的能力无法适应巨大的权力，反而导致权力结构的脆弱。秦朝运用法家思想治国，二世即亡，证明了该理论本身的巨大缺陷。道家的理论涉及自然、社会、人心及其相互关系，博大精深，其对和谐的追求极富建设性。阅读老庄，能发现其机敏智慧背后的大慈大悲，历史上不少志士仁人在一生壮志未酬时最终归依老庄，以该思想为人生最后的精神家园，不是没有道理的。中国历史上发展良好的文景之治、贞观之治都是无为思想指导的结果。但道家的思想本质上是求退，而不是求进，它漠视发展甚至取消发展，其设想终究缺乏现实性。

党的十七大报告认为"和谐文化是全体人民团结进步的重要精神支撑"。在传统国学走向复苏的趋势中，我们应进一步发掘利用其中关于和谐的丰厚资源，尤其要吸取传统和谐设定的不足及和谐追求中的教训，避免对传统思想的误用，以建成健康优良的当代和谐文化。

愚公移山：当代中国人思维方式的再翻新

《光明日报》2014 年 12 月 30 日第 16 版发表的《愚公移山精神与党的群众路线》一文，论及愚公移山精神与党的群众路线的内在关联性，读之极有趣味，深感启发。事实上，在中国共产党的历史上，党的最高领导人先后两次应用愚公移山的寓言阐发某种思想观念，均体现了特定时代下中国人思维方式的新拓展。

一、毛泽东应用《愚公移山》

《愚公移山》的寓言出自《列子·汤问》，寓言客观地讲述了家住太行、王屋山下的老人愚公要搬走大山，不听智叟劝阻，劈山开路，子孙相继，最后竟然感动上帝，移山成功的故事。1945 年 6 月 11 日，毛泽东在党的"七大"闭幕词中应用了这一寓言，并指出："现在也有两座压在中国人民头上的大山，一座叫作帝国主义，一座叫作封建主义。中国共产党早就下了决心，要挖掉这两座山。我们一定要坚持下去，一定要不断地工作，我们也会感动上帝的。"以此表达了夺取全国革命胜利的坚定信念。这里的应用赋予古老寓言以崭新意境，确认了诸多新颖的思维理念。

一是认准了的目标，只要持续不懈地干下去就必有成效。这里不仅要"每天挖山不止"，而且要有世代的持续力。长久的量的积累必能推动成功的质变，信心和韧性就是理想成真的保障。

二是艰难是自我精神的磨砺石。人的精神、人的意志如何体现，自然离不开自我宣言，但更重要的是依靠"叩石垦壤"、寒暑相继的实干劲头。这一实干过程正是自我精神的磨砺、提升和展示，需要一种对理想信念的痴心不移和执着愚憨才能做到。正是在此意义上，毛泽东认定"卑贱者最聪明"。

三是在实干中要争取更强大的力量。毛泽东说："我们也会感动上帝的。这个上帝不是别人，就是全中国的人民大众。"在毛泽东看来，中国共产党的奋斗目标合于中国人民的根本利益，党只要不懈努力，终究会争取到全中国人民的支持，"两座山"也一定会被挖平。

二、习近平总书记应用《愚公移山》

2014年11月8日，习近平总书记在北京"加强互联互通伙伴关系"东道主伙伴对话会上，对孟加拉国、柬埔寨、老挝、蒙古、缅甸、巴基斯坦、塔吉克斯坦七国领导人讲了这一故事，他说："中国有个寓言叫'愚公移山'。讲的是几千年前，一个交通不便的山村里有位叫愚公的老人，下决心将挡在家门口的两座大山移开。亲戚和邻居都说不可能，但他力排众议，带着子孙日复一日挖土移山。他说，山不会加大增高，人却子孙无穷，只要持之以恒，总有一天会把大山搬走。愚公的精神感动了天神，两座山在人和神的共同努力下被移开了，愚公的家乡同外界实现了互联互通。"习近平总书记的引用赋予该寓言以崭新的时代理念。

第一，人类已经进入了信息化的时代，从信息化的视角回看愚公移山，愚公的行为目标内含极为先进的理念。习近平总书记解释说："自古以来，互联互通就是人类社会的追求。"愚公当年为什么要"居室而谋"，要改变"出入之迂"的现状，一个极明确的目的就是实现互联互通。习近平总书记进一步发挥说："我们的祖先在极为艰难的条件下，创造了许多互联互通的奇迹。丝绸之路就是一个典范，亚洲各国人民堪称互联互通的开拓者。"通过这样的发挥转换，使古代寓言被赋予了新的意义，同时也使当代的国际互联互通被赋予了人类活动的恒久价值意蕴。

第二，在国际交往中，实现国家间的互联互通，要克服巨大的困难，这不仅需要修路架桥，还包括基础设施、规章制度、人员交流等多个方面，涉及政策沟通、设施联通、贸易畅通、资金融通、人心相通等方方面面，这些问题就是横亘在人们面前的重重大山。习近平总书记将愚公移山及其当代寓意放置于国际活动舞台上去理解，就是要把共同协作、实干的理念推广到亚洲各国，推动实现"亚洲梦"的美好理想。

第三，无论时代如何变化、人类的活动领域如何扩展，人们做事情的决心、恒心及合作精神都是非常必要的。习近平向外国朋友讲中国的故事，突出古代寓言中的深刻道理，把人类成就大业、实现梦想的基本要素推广给国际友人。据当时的记者报道："与会各国客人听得很认真，不时点头。"这是对中国古老智慧及其蕴含的行事方法做出了新的展示和确认。

三、思维方式的翻新

愚公移山的寓言流传数千年，它被中国共产党的两位最高领导人所引用，不仅阐明了各自要表达的思想和观点，而且也展现了某种共同的思维方式。

首先，实干的愚公胜过空谈的智叟。年近九十的愚公要搬走两座大山似乎是不可能的，寓言原作中以"愚""智"为两位持不同观点的老人命名，也隐含着某种评价的态度。但愚公有决心、有恒心，坚持实干，决不放弃，最后竟然成功。由此看来，在对理想目标的追求上，"愚公"不愚，"智叟"不智，是坚韧不拔的实干精神推动了"愚""智"向对立面的转化，颠覆了凡常意识中的智愚评判。中国共产党的领袖人物每每以愚公自居，他们是要以坚强的毅力来改变客观世界，实现凡常意义上"不可能"的宏大目标，他们认定"空谈误国，实干兴邦"，从而肯定了一种执着奋争的精神。

其次，思考问题应该以人为本位。当年愚公感到大山阻隔、出入不便，如果决定移家另居，也不失为方便的选择，但这是让人妥协于客体、放弃家园、失掉自身本位的一种选择，当事者并非不知，是不愿如此；相反，站在人为本位的立场上看，当事者应该坚守家园，让客体适应主体。不同的选择反映着不同的本位立场。中国共产党的领袖肯定愚公的移山行动，正体现着对人本立场的坚守：中国共产党是站在人民根本利益的立场上，这一立足点不容丝毫改变，因而不能因困难局面而改易目标，只能坚守立场、克服万难，以实现自己的目标。这正是愚公的本位立场和必然选择，也是中国共产党以愚公自许的衷情。

最后，要在奋斗中团结和争取更强大的力量。在愚公移山的过程中，上帝或天神最终参加到移山活动中，成为移山成功的一支决定性力量。中国共产党所坚持的群众路线和所建设的统一战线，就是争取强大力量支持的方法，体现着争取"天神"参与移山的思路。毛泽东要求"组织千千万万的民众，调动浩浩荡荡的革命军"；习近平提出要"团结一切可以团结的人，汇聚起共襄伟业的强大力量"，并且把这一思路推广到国际领域。时代不同，目标有异，而民族宏伟大业的推进都同样依循着愚公移山的方式。

《愚公移山》的寓言体现着中国先民在艰难的客观环境中的生存奋争气质，中国共产党的领袖对其中的内涵进行了深度挖掘，赞扬了劳动者的苦干精神、忠诚精神、坚韧精神，肯定了人本意识与联合协作意识，使党的路线和方针获得了民族文化的深厚根基，使古寓言焕发出了新意境。不同时代对《愚公移山》的解读和应用，体现着思维方式的再翻新。

全面从严治党的方法指引[*]

全面从严治党是我们实行依法治国、推进改革开放和全面建成小康社会的根本保证，在继续深入落实"四个全面"战略布局的重要历史时期，习近平总书记批示全党同志认真学习毛泽东《党委会的工作方法》（以下简称《方法》）一文，为新时期全面从严治党提供了重要的方法指引。新的历史阶段，要提升党的领导水平和执政能力，需要我们深刻领会和真诚践行该文中的诸多精神要旨。

一、将民主集中制转换为党的政治规矩

民主集中制是群众观点、群众路线在党的生活中的运用，是我党一贯坚持的根本组织原则，这一组织原则只有转化为党内生活的政治规矩，才能成为党员组织生活的指引和行动的向导。《方法》一文针对党委工作中实际碰到的问题，简明扼要地做出了这种转化。

一是明确了党委会总书记和委员的关系。党委会实行的是集体领导和个人负责相结合的制度，这里的个人负责，是指每个成员都负有相应的职责。在这种体制中，如何坚持民主与集中的统一，如何处理书记和委员的关系，是一个极为现实的问题。《方法》把书记与委员的关系比喻为班长和战士的关系，揭示了双方目标与任务的共同性，突显了他们利害相同、荣辱与共的关系。在这一前提下，既要求书记做好一班人的宣传工作和组织工作，促成一班人思想和行动的一致，同时又特别强调，书记和委员之间的关系是少数服从多数。这就为双方的关系做出了精准的定位，从而设定了党委会中民主与集中的结合方式，预防了分散主义和个人专断的倾向性偏失。

二是规定了对待分歧和问题的处置方式。由于认识和职责的差异，党委会难免会出现不同的意见和分歧。为此《方法》提出，有了问题就要开会，不要

＊　此文发表于《光明日报》2016 年 3 月 27 日第 7 版《党建》栏。

在背后议论，要把问题摆到桌面上来讨论决定，防止久拖不决。同时还提出，开会应事先通知、安民告示，要让大家有所准备，不要开得太长，强调了开会的效率问题。《方法》认为，书记和委员、上级和下级之间，"谅解、支援和友谊，比什么都重要"。主张委员会的成员都要善于团结，为实现共同目标一道努力。

三是提出了党委会加深了解、加强团结的途径。《方法》要求党委成员要互相交流，互通情报，熟悉情况；强调上级领导向下面干部请教和吸收正确意见的必要性；主张通过马克思主义基本理论的学习，形成共同的语言，以便在不断的交流中互相了解、加强团结。这些论点和主张都为党委会的政治生活立下了规矩。

习近平总书记历来强调党委"一把手"在领导集体中的"班长"地位，要求书记在班子中"要带头执行民主集中制，按照程序进行决策"；在党的群众路线教育中明确主张"有话要放到桌面上来讲"；他也十分看重领导集体中团结的重要性，认为"懂团结是真聪明，会团结是真本领"。对现阶段某些一把手因位高权重而违反党纪党规的行为曾加以痛斥，这本质上是要捍卫党的政治规矩的严肃性。

二、把唯物辩证法化为领导的工作方法

马克思主义唯物辩证法是我党一切工作的指南，也是党委领导同志做好本职工作的行动指引。《方法》根据党委工作的任务和特点，提出了领导处理纷繁政务的几种工作方法。

首先，从唯物辩证法的矛盾学说引申出"弹钢琴"的方法。凡党委面临的复杂政务中必有主要矛盾和非主要矛盾，不同地位的矛盾间互相联结、互相依赖，且在一定条件下相互转化。对付这样的局面，既要用主要精力抓主要矛盾，又不能放弃非主要矛盾，还要预察主要矛盾的推移转化，要追随主次矛盾的转变即时调整应对的手段。这套方法被形象地比喻为"弹钢琴"。弹钢琴是十个指头轻重不一、重心转换、有序弹奏，正反映了领导活动中围绕中心工作、安排全盘秩序的科学方法，体现了唯物辩证法指导下的一种高超的领导艺术。

其次，根据质、量、度相互规定的精深原理，要求领导工作一定要胸中有"数"。特定质的事物对应着特定度的数量，超出了这一度，就失去了特定的质。这一关系要求领导在工作中，"对情况和问题一定要注意到它们的数量方面，要有基本的数量的分析"。如果不注意决定事物质的数量界限，一切都是胸中无"数"，就不能避免失误。《方法》根据当时土地改革中划分成分等实际政策问

题，说明了数量分析的必要性，把胸中有"数"确立为把定政策的精准方法。

另外，提出了划分正反事物界限的原则和方法。唯物辩证法认为，事物的性质是由占支配地位的矛盾主要方面决定的，《方法》据此提出，认识一个事物的性质，应当搞清正反两种因素在该事物中的数量对比，根据矛盾主要方面的性质，确定事物本身的性质，进而采取肯定或者否定的不同态度。

习近平总书记多次提及"十个指头弹钢琴"的工作方法，并于2016年年初在省部级主要领导干部专题研讨班中倡导："要学会运用辩证法，善于'弹钢琴'。"在中央财经委员会第十二次会议上谈到去产能、去库存等问题时指出："要搞好基础数据测算，善于解剖麻雀，把实际情况摸准摸透，胸中有数，有的放矢。"他在关于思想舆论问题上多次提到传播正能量。唯物辩证的工作方法，在党中央治国理政实践中得到广泛的发挥应用。

三、用知行合一精神要求党内的"关键少数"

"辩证唯物论的知行统一观"是毛泽东在《实践论》中提出的重要命题，《方法》针对各级党委会在工作中遇到的问题做出关键性的指导，同时强调了狠抓不放的实践精神，又对党的各级主要领导提出了更多更严的实践性要求。

《方法》提出了党委对主要工作要督促和抓紧的工作态度，强调"抓而不紧，等于不抓"，这就把践行、实干行为看成一项特别的工作方法，赋予了实践精神以方法论的意蕴。同时，《方法》要求领导者力戒骄傲，认为这"是一个原则问题"，明确提出了禁止给党的领导者祝寿、制止歌功颂德现象等几项禁令，要求领导者保持艰苦奋斗作风。运用知行合一精神要求党内和各级党委的主要领导，这也体现出了共产党人的一种思想境界。

党的十八大以来，习近平多次强调"空谈误国，实干兴邦"，主张"一分部署，九分落实"，要求全党以"踏石留印，抓铁有痕"的劲头落实工作部署。中央制定了针对党员领导干部作风建设的"八项规定"，强力开展反腐败斗争，提出把权力关进制度的笼子，明确了抓住领导干部这个"关键少数"的思想理念，《方法》的思想精神得到充分弘扬。

在人民解放战争争取全面胜利的历史关头，毛泽东写下了《党委会的工作方法》，对加强党的建设，推动革命胜利起到了巨大的作用。今天，在全面建成小康社会进入决胜阶段的开局之时，重温这一重要文献，能深深体会到党的政治规矩、工作方法和思想精神的传承性和一贯性，也能使我们获得全面从严治党的重要方法指引。

"三严三实"的思想精髓

生活在世界上的人，无论做什么工作，无论从事何种岗位的活动，都面临着如何看待外在世界，如何看待自我，怎样对待外在世界与自我关系的根本问题，这一问题决定着处世做人的态度，决定着一个人在现实社会的活动方式及其生命轨迹，从而也影响着时代的社会风尚。习近平总书记提出的"三严三实"，为人们对待这一根本问题做出了明确的指引。

一、"严"与"实"的思想内涵

要弄清"三严三实"的精神实质，必须搞明白"严"与"实"的思想内涵。严，从字义上讲有严格、严厉、严谨等意。这里的"严"，表示的是人们在为人处世上要严格落实外在世界对自我活动的某种期待、要求，这本质上表明了主体人对待客观世界与自身相互关系的某种态度。实，本写作"實"，《说文解字》中由贯会意，因"贯"为"货（物）"，故释"實"为"富也"。现代日常使用的"实"字，有实在、老实等意，为"诚实"一词衍变而来，应该与古语中的"诚"字相对应。"三严三实"中的"实"，深层内涵上通古语中的"诚"，含有诚实、诚信、忠诚、诚朴等意。

在中国传统文化中，"诚"字具有极为精深的思想内涵。《中庸》提出："诚者，天之道也；诚之者，人之道也。"孟子曰："诚者，天之道也；思诚者，人之道也。"也就是说，诚是天地固有的道，而追求诚是人所遵循的道。即认为天地自然以诚善的本性示范人、引导人；人则遵循天地自然诚善的本性。"诚"把天地自然与人二者沟通了起来，中国古人讲"天人合一""天人相通"，都是以"诚"为基础的。

所谓"天道之诚"，一是指天地自然之确实性、实在性、本然性，即认为天地万物存在于自我世界之外，不以人的主观意志为转移；二是指天地间存在某种不变不易之理，亦可称之为"天理"，如自强不息、厚德载物等为善品格。可见，在中国传统文化中，"天道之诚"既是一个哲学本体论的观念，又是一个价值论的观念。西方文化看重对自然界运动法则的探究，主张天地万物具有自己的运动规律。吸取这一观念，则天地自然之理既包括公理、正义的为善品性，也包括客观事物及其运动规律。

人是天地生成之物，只有通过"诚"，才能与天地相通。人道之诚是追随天道的过程，也是人之所以能存在的依据。所谓"不诚无物，是故君子诚之为贵"。人的"诚"面对的是三个对象：一是天地，二是祖宗，三是自己的灵魂或良心。传统理学强调天地之理对自我心中"良知良能"的统摄性，心学坚持"心即理"，主张人心对万物之理的本源性。传统文化认为"天理"与"良心"在根本上是相通的，主张人对天地、祖宗与良心必须绝对笃诚。

二、"严"与"实"的辩证关系

"严"，是要求把客观世界对人的期待严谨地落实到自我行为上；"实（诚）"，是要求人们对于客观世界及其规律、对于人类社会及其公理，应持有忠诚、遵循与敬畏的态度。"严"与"实"两者具有不同的思想内涵，却具有相辅相成的关系。一方面，二者的主体都是人本身，涉及的都是人与外部世界的关系，认知层次是相通的；另一方面，二者的思维方向不同。"实（诚）"强调的是人要忠诚客观，敬畏天地，体现为向外的思维方向，表达的是人对外部世界及其各种规范的正确态度；"严"强调的是，人要用天地法则严谨地制约自己，体现为向内的思维方向，表达的是人把外在规范施加于自身的应有程度。

应该说，实是严的思想基础、认识前提；严是实的行为表现、现实实施。两者互相依赖，互相支持，相辅相成，构成以个体人为主体、以客观世界为对象的处世方式，体现着一种严整的世界观、价值观与人生观。从人格形成的视角来看，"严"与"实"从不同的方面约束人的行为，二者具有不同的人格指向。在现实生活中，对两个方面的不同坚守程度，会塑造不同的品性与人格；而同时坚守这两个方面，才是辩证唯物主义者的成熟的人生态度。

三、"三严三实"的充实内容

"严"与"实"是人对待客观世界应该持有的行为准则，这种准则在不同的历史时期，应该有不同的落实重点。在中国社会进入历史转折期、人们的价值选择和生活标尺正被重新确认的背景下，习近平总书记针对性地提出"三严三实"，明确了"严"与"实"在当代社会生活中应抓住的重点。

从本体论、价值论的层面上讲，"谋事要实"，就是要求在筹划事情时应坚守公平正义，戒除虚妄的政绩观和主观随意性，遵循事物本有的运动规律；"创业要实"，就是要明白客观规律性与主观能动性的辩证关系，工作上无私无畏，敢于担当，勇于作为；"做人要实"，是要求人们要永远敬畏天地，保持良知，忠实于灵魂。从人生观、处世观的层面上讲，"严于修身"，就是要求按照天地之理、人类正义及民族文化对人的基本要求，严谨地修身养性，提升自我素质；"严于用权"，就是要求依据人民群众、各级组织及各种制度法规对权力进行规范，严格约束权力的使用；"严于律己"，就是要求人们依照各种社会关系对为人处世的积极性期待来严格要求自己，约束自我行为，以此成就高尚的人生。习近平总书记曾要求领导干部"心有所畏，方能言有所戒，行有所止"，强调的也是主体对外在世界应保持敬畏心和约束性，与"三严三实"具有同样的思想内蕴。

中国传统文化中常有以"三"为满、以"三"为全的思想观念及语言形式，源于古老的八卦三符号烙印下的文化痕迹。如老子称"吾有三宝"，孔子曰"三人行必有我师"，《易传》视天地人为"三才"，孟子把天时、地利、人和三者视作战争的全部要素，日常生活中人们认为"三人为众""事不过三"，等等。这里的"三"，含有某种圆满的意蕴。这种以三为满的理念久久承传，成了一种无意识的文化基因，影响着人们的思维逻辑和对事物的归纳格式，表现为特定的语句表达。习近平总书记提出"三严三实"，作为一种语言风格，自然体现着民族特定的文化基因与某种文化传承。

总而言之，"三严三实"是处理个人与客观世界相互关系的基本准则，它内含着人对客观规律、公理正义的敬畏和守护，体现着人作为人的内在自觉和历史责任感；它是辩证唯物主义世界观、马克思主义价值观和中华优秀传统文化在当代中国社会生活中的生动运用，是人们搞好工作和优化风尚的正确方法论，为我们的人生提供了行动的标尺。

一个有希望的民族不能没有英雄*

七十多年前，辽阔的中国大地响彻英雄凯歌，中国全面抗战胜利了。这是全世界反法西斯战争的最后胜利，是中国人民百年屈辱的首次刷洗，是中华民族英雄主义凯歌的嘹亮奏响。仿佛一夜之间，中国的万座山梁都挺起了胸膛，千条江河都扬起了欢歌，崇尚英雄的理念再次浸润于古老民族的文化血脉中，高扬在亿万民众的生活实践中，中华民族由此走上了弱极而兴的希望之路。

七十多年间，中国人民又走过了一段段艰难曲折的路程，行进到了全面深化改革、实现民族复兴的历史关头。回味一段段波澜壮阔的峥嵘岁月，我们越加深切地感受到：中华民族凤凰涅槃、浴火重生的征程离不开各时期万千英雄的涌现，"一个有希望的民族不能没有英雄"。

"聪明秀出谓之英，胆力过人谓之雄。"在中华文化中，英雄是聪明和胆力的有机结合，所谓"聪能谋始，明能见机，胆能决之，然后可以为英""气力过人，勇能行之，智足断事，乃可以为雄"。在民族的英雄谱系中，我们检阅众多的人物，他们无不具有正确的人生选择和价值追求，无不拥有坚强的气魄和英勇的作为。他们以聪明和胆力的结合赢得了历史的崇敬。抗战中成千上万的英雄人物更是以他们深沉的情怀、无畏的气概和崇高的追求，谱写了英雄主义的新篇章，也诠释了英雄炼成的内在奥义。

"蛇化为龙，不变其纹。"《史记》中的这一理念表明了英雄出于平民的事实，也阐明了在人生变化中总有一些不变的生命烙印。在日军入侵、民族沉沦的关头，无数中华好男儿舍田随军、投笔从戎，奔赴战场杀敌，经过军旅打磨和浴血奋斗、枪林弹雨的拼杀，展现了各自特有的聪明秀出和胆力过人之处，实现了一次次蛇龙之化，成长为一个个鲜活的民族英雄。"英雄不问出处"，正表明了英雄并非天生，"人皆可以为尧舜"的事实。

---

* 此文发表于《羊城晚报》2015 年 9 月 8 日《时评》版，发表时题目改为"我们为何需要英雄和英雄精神？"，这里内容有所增改。

习近平总书记说："实现我们的目标，需要英雄，需要英雄精神。"① 英雄因精神而永存，也因精神而生成。历览我们中华民族历史上的远近碑记，会发现，我们的英雄本质上正是崇高精神的化成物和践行者，在他们的蛇龙之化中都有一些永恒的精神烙印。

我们的英雄都具备爱国主义精神。中华民族是一个重家庭的民族，认为家庭是生存生活单位、生命寄托单位和感情生成单位，也是人生价值的感触单位，我们的民族从来都把家庭看作国家的一个成分。家庭不能独立存在，必以国家存在为基础，因而将卫国视为护家的前提，认为爱国是爱家的证实，是爱家的升华，是对万千之家的珍重。深厚的爱国情怀是成长为民族英雄的必要条件。

我们的英雄都有担当精神。中华民族是一个看重主体责任的民族，认为为社会尽责体现着一个人的人生担当，表明他的社会价值。"天下兴亡，匹夫有责"，表达着一介小民的责任意识，更体现着其深沉的社会担当精神。勇于担当天下兴亡的人，即便他身为匹夫，也绝不会是平庸之人。"有多大担当才能干多大事业。"担当精神是英雄练成的一条奥秘。

我们的英雄都有无私奉献精神。中华民族崇尚正义，看轻小我，推崇气节，自古就有"杀身成仁""威武不屈"的圣教，主张在特殊危难面前用无畏的气概、生命的奉献来实现生命的升华。从本质上讲，这就是为正义事业不计个人利害的奉献精神。

民族危难际，时势造英雄。在历史长河中，每一时代各有不同的时代课题，需要不同的解答人才。七十多年前的全面抗战造就了英勇抗敌的战场英雄，今天，社会主义建设需要改革的促进派、科技的领先者、创新的实干家，民族复兴仍然呼唤成批的蛇龙之化，需要层出不穷的英雄。有英雄才有希望。生存生活于当代社会的志士仁人、青年才俊，应该磨砺意志，振奋精神，焕发生命潜存之秀质和民族担当之胆力，争做社会前进的推动者，要立志在我们时代的英雄谱系上留下鲜亮的烙印。

① 习近平. 在颁发"中国人民抗日战争胜利70周年"纪念章仪式上的讲话［N］. 人民日报，2015-09-03（2）.

社会主义是崇尚劳动的社会

劳动是人类的本质活动，是推动人类进步的永恒力量。进入文明社会以来，由于社会分工和所有制形式的分化，社会权力和资产资本从劳动过程中独立了出来，并取得了控制劳动、支配劳动及其成果的资格，于是产生了权力、资本与劳动的千年博弈。人类社会的演进呈现出不同的发展阶段，说到底是劳动、权力与资本三大要素相互博弈而形成的不同结合形式。

中国几十年的改革开放和社会主义市场经济建设走到了今天，可以说是道路坚实、前景广阔，而事态纷繁，某些复杂的趋势可能会使人们一时间眼花心迷，难以措手，然而冷静分析即可看到，这些万千纷杂的事态，其实都是劳动、权力和资本三者的关系尚未被完全厘清、未曾准确定位、未能公平摆正所致。可以说，劳动、权力和资本仍然构成中国当代市场经济条件下的三个既互相独立，又互相借鉴、互相渗透、互相纠缠交织的要素。三个要素均是中国特色社会主义建设中不可缺少也不可弱化的方面，但它们又遵循着市场经济和人类社会生活中的共同规律，各有意志、各显冲动，各有自己的人格代表。在现实的社会生活中，它们在各个领域、各个层级上进行着复杂的博弈，摆正这一关系，需要社会建设者的明确选择与能动作为。

对劳动、权力和资本三者关系未能准确定位，将必然性地导致社会改革转型时期的三种乱象：一是贫富分化日益严重——这源于劳动在资本和权力面前的弱势地位；二是腐败现象越加严重——这源于权力和资本的不当黏合；三是群体事件屡屡发生——大多源于劳动与权力的冲突。诸多乱象皆产生于对三大要素的关系尚未厘清、没有摆正的社会。现实生活提醒我们，一定要对劳动、权力和资本三大要素间的关系做深刻反思和全面理顺。

我们从最一般的意义上理解资本，并把劳动看作与劳动者同一的实体，就会立即发现，权力、资本和劳动三者的博弈至少是从封建社会后期开始的。封建社会是推崇等级权力的社会，从社会理念到制度设定，都是以权力奴役劳动、控制资本，把劳动与资本视为服务权力的工具。资本主义社会无疑是推崇资本的社会，它让资本牢牢控制权力，使权力为资本的生存与扩张服务，同时使资本放手地对劳动实行盘剥，以扩大资本的积累和增殖。与此不同，社会主义社会本质上是推崇劳动的社会，它要让劳动掌控权力、支配和享用资本。封建主义社会、资本主义社会和社会主义社会，三者社会性质不同，本质上是由于对三大社会要素有着不同的选择性推崇。

科学社会主义的创立人马克思在《莱茵报》工作期间完成了世界观的转变，他为劳动阶层的贫困仗义执言，为此与当地权力政府展开了官方论战，表现了对劳动利益的坚定维护。马克思由此切入了他一生的理论研究，最终揭示了资本的本质及其负载的社会运动规律，创立了包括科学社会主义在内的全面而严整的马克思主义学说。马克思主义理论对劳动的推崇主要体现在以下四个层面：第一，认为劳动创造了人，创造了语言，创造了社会——这是从人类学的层面讲劳动对于人、对于人类社会的意义。第二，坚持了劳动价值论，认为劳动创造了价值。按照这一认识，在资本主义生产过程中，生产资料只是实现价值的转移，它并不创造价值——这是从经济学的层面，讲劳动对于生活、经济的意义。第三，认为资本说到底是劳动的积累物。资本主义社会的劳动阶级，即无产阶级以革命手段剥夺资产阶级生产资料（其实不叫剥夺，只是"物归原主"）——这是从科学社会主义的层面，论证无产阶级建立政权、剥夺资产阶级的合理性。第四，提出人民群众是社会历史的创造者——这是从哲学的层面，坚守了唯物主义的历史观，构成了历史唯物主义的一个核心观点。这一观点和上述各处推崇劳动的观点是相互呼应的。

作为科学社会主义的创立人，马克思恩格斯对未来社会的经济和政治形式做了初步的描绘：其一，社会主义就是要由劳动掌控资本，"把资本变为公共的属于社会全体成员的财产"——这是就所有制形式来说的。其二，提出了在社会主义理想社会中，应该实行多劳多得、按劳分配的原则——这是就分配形式来说的。其三，马克思对巴黎公社所建立的劳动阶级的政权组织给予了高度评价，认为公社是"把劳动从垄断着劳动者自己所创造的或是自然所赐予的劳动资料的那批人僭夺的权力（奴役）下解放出来的政治形式"，称赞"公社并不代表一种特殊利益，它代表着'劳动'的解放"。恩格斯后来还总结了其中"防止国家和国家机关由社会公仆变为社会主人"的两条重要经验——这是一般性地论述了社会主义的政治形式。其四，认为社会主义运动"要同传统的观念实行最彻底的决裂"，进而提出"任何一个时代的统治思想始终都不过是统治阶级的思想"，这是论证为劳动权益辩护的社会主义思想观念、意识形态产生的天然合理性。

苏联、东欧的社会主义在 20 世纪 80 年代末走入绝境，其垮台的根本原因在于，所谓的"社会主义"并未实现劳动对权力的掌控，也未真正兑现劳动享用资本财富的承诺。这些国家一直存在着脱离劳动群众的特权阶层，他们高高在上，挥霍资本财富，侵蚀、盘剥劳动，形成了推崇特权的社会，它们的垮台其实只是"伪社会主义"的破产。

中国共产党几代领导人在思想理念与治国实践中都一直坚持对劳动的推崇，社会主义革命本质上是争取劳动的权益，改革开放初期更是设定了劳动致富、共同富裕的社会发展指向。习近平同志就任总书记首日同记者见面时即表明："人世间的一切幸福都需要靠辛勤的劳动来创造。"他在担任国家主席的首次讲话中指出："实现中国梦，创造全体人民更加美好的生活，任重而道远，需要我们每一个人继续付出辛勤劳动和艰苦努力。"推崇劳动是首先的政治理念。2013 年和 2015 年的"五一"国际劳动节前夕，习近平总书记两次发表讲话，阐述了态度鲜明的"劳动观"。他说："劳动是人类的本质活动，劳动光荣、创造伟大是对人类文明进步规律的重要诠释"，"劳动是财富的源泉，也是幸福的源泉。人世间的美好梦想，只有通过诚实劳动才能实现；发展中的各种难题，只有通过诚实劳动才能破解；生命里的一切辉煌，只有通过诚实劳动才能铸就"。又指出："必须牢固树立劳动最光荣、劳动最崇高、劳动最伟大、劳动最美丽的观念，让全体人民进一步焕发劳动热情、释放创造潜能，通过劳动创造更加美好的生活。"这些论述，坚持了劳动创造财富、创造幸福、创造社会历史的理论学说和唯物主义历史观，肯定了劳动在当代中国社会生活中的伟大作用，赋予了全体劳动者应有的尊严，铺垫了劳动人民当家作主和共享发展成果的思想。一句话，即明确了当代中国应当崇尚劳动，让劳动掌控权力、享用资本的根本性治国思想。这些内涵丰富的劳动观，已经深化了对社会主义本质的认识。

权力的尊贵头颅是不易屈服的，资本主义把权力关进制度的笼子，实现了资本对权力的掌控，这是一项伟大的创造；社会主义要让劳动掌控权力，使权力为劳动服务，这需要我们借鉴资本控制权力的方法，进行另一项伟大的创新。同时，市场经济从来都是纵容资本的，要让劳动充分地控制和享用资本，这是市场经济在社会主义中国的特殊要求，是市场经济前无先例的创举，也需要我们进行全新的设定。现在，方向已经指明，坚冰正在打破，我们需要的是明晰理念、形成共识、坚韧实行，我们要做的事情任重而道远。

以优良家风推动清正作风

中华民族历来看重家庭，注重家教，崇尚家风，推崇家国情怀。在作风建设成为全面从严治党的重要环节时，把家风建设作为作风建设的有力抓手，以优良家风推动清正作风，是推进党的建设的新思路、新举措。

一、家风与作风互相影响

家风与作风是同一根枝条上的两朵花，它们都内含着一个人特定的世界观与价值观，因而本质上是相通的。然而二者展现于不同的活动领域，表现在不同的生活空间，对应着不同的社会关系，由于人们思想理念与行为方式的曲直不一，它们常常会有不相对称的表现。作风与家风作为一个人身上相互区别着的行为方式，它们在相互交织中呈现着复杂的关系。

一是家风引导作风。按认识发生的顺序，一个人在成年之前，首先接受的是家庭的教育，其家族传承的家风先于个人而存在，而后天的行事风格总是受到其家教家风的浸润影响，家风育成了一个人的思维方式，培植了他的行为习性，从而对他成年后的处事方式、工作作风产生引导作用。习近平总书记说："家庭是人生的第一个课堂，父母是孩子的第一任老师。"[①] 这一认识说明了家风对一个人的作风具有塑造和引导作用。

二是作风改变家风。任何一位能自立社会、有所作为的人，都会以他的行为习性来示范子女、影响家族成员，为家风"染色变容"。无数民族先贤、革命前辈都以自己一生的行为方式重塑并提升了优良的家风，教益子孙后代，为人们树立楷模。

三是家风与作风互相规定、互相影响。事实上，家风与作风的活动领地、交往关系复杂交织，致使二者互相影响。而且，由于作风与家风受着同一世界观、价值观的支配，二者必然具有内在的关联，其中作风渗透着家风、反映着

---

① 习近平. 习近平著作选读：第 1 卷 [M]. 北京：人民出版社，2023：545.

家风；而家风又折射着作风、显现着作风，人们从其中的一面可以透视另一面。

二、中国传统家风的一般特征

中国传统社会是以农业经济为主体的社会，传统社会的家教家风，表现出与农业文明相适应的特点。

其一，崇尚以敬老尊祖为核心的道德伦理。农业经济是对应节气、周而复始的经验型生产活动，祖宗和长者的经验在生产过程中具有指导意义，占有指导地位的祖宗和长辈在生活中自然也就拥有了相应的权威。传统家族文化看重尊老，推崇"孝"道，讲究"人伦为大"，这种理念在汪洋大海般的小农经济社会受到广泛认同并被推广到整个社会，生发出了以儒家为代表的崇尚道德伦理的思想形态，并上升到社会主流意识的地位，进而对小农家族文化起着引导规范作用。这种状况致使以敬老尊祖为核心的道德伦理成了我们民族的传统，构成了家教家风的一个共性特征。

其二，看重以社会和谐为目标的行为规范。农业经济是以勤劳获丰收的劳作经济，又是凭地靠天的自然经济，风雨适时，劳作合节，水肥有度，各种要素适量和谐才能取得最好的收获。在这种经济生活中，自觉追求生活中多种要素的适度与和谐成了人们免灾避祸的生存智慧。传统家教把这种生存智慧凝结在人的社会生活方面，如提出对他人要温和、恭敬、谦逊；要济贫、报恩、施善；要宽容、忍让、诚信；要勤劳、节俭；等等。家族文化对处理社会人际关系做出了极丰富的引导，力求化育成风，其根本要点都以追求家族与社会生活的和谐为目标。

其三，强调以个体责任为重心的人格修养。农业文明根本上是以家族为单位、以祖上为统率、以族群利益为中心的文化，维护家族集体利益是至上原则，这一原则要求个体承担起与他家族角色相适应的责任；整个社会则把一个人对应负责任是否承担及其承担程度作为评判其人生成功的尺度。儒家提出"修身齐家治国平天下"，正是表达了在以修身养德为基点的伦理文化中个体责任的着力点与外推性，表达着个体责任的厚重。家族文化多把这种理念阐发出来并予以肯定，有些甚至鼓励家族成员优先履行更大群体中的责任，以光宗耀祖、兴旺家门。

其四，采取以家训家规为形式的传承方式。家族文化可以口口相传，而承传历久、影响深远的家族文化，均有自己的物化载体，大多采用家训、家规、家书的形式，如《颜氏家训》《曾国藩家书》等。还有一些在特定情景下针对具体事情的言教实录，都有凝结家族文化、教育晚辈、养成良好行为风尚的意蕴。传统家族文化的表达及其传承方式具有多样性、灵活性和个体性特点。帝王之家与普通平民之家的育人目标和家教重点可能不同，但其伦理原则、和谐追求和责任指向却大致相同。

然而，建立在农业经济之上的农业文明，在工业文明、商业文明漫卷而来时，必定显露出其消极不足的方面。比如，重经验、重伦理而轻科技、轻智慧的意识倾向，使现代文明推崇的科技意识难以进入令人瞩目的文化正堂。又如，作为家族文化核心意识的孝道要求晚辈对长辈绝对服从，致使宗族内部各成员间不具有人格的平等，这就强化了社会生活中的等级制，使平等、民主意识在各种团队群体生活中一直缺失。再如，人们主张用节制、忍让、卑谦的方式追求社会关系的和谐，宁愿放弃用公共规则解决问题，导致全社会的法治精神缺失。此外，小农经济养成的安土重迁、不愿冒险等意识，使中国社会长期缺乏开拓精神、创新精神。这些都体现着农业文明在近现代社会的消极保守面。

三、如何培育优良家风

首先，要坚持马克思主义的思想指导。人们认识事物、看待世界，总持有一定的立场和方法。习近平总书记在哲学社会科学工作座谈会上的讲话表明了一个鲜明的观点：时代在变迁，科学在进步，而马克思主义始终展现着科学思想的伟力，始终占据着真理和道义的制高点；在认识世界、观察社会的过程中，马克思主义的科学世界观可以转化为我们清醒的理论自觉、坚定的政治信念和科学的思维方法。只有坚持马克思主义的思想指导，我们才能获得判断是非的标尺，才能避免方向上的失误。我们应善于用合乎马克思主义思想理念、合乎新时代要求的行为风尚来优化塑定自己的家风。

其次，要对中国传统家教家风进行全面的"扬弃"。传统的家教家风强化了民族的道德伦理气质，规范了人们的礼仪风尚，其中有许多跨越时空、超越国界、富有永恒魅力、具有当代价值的文化元素。我们应该继承其中优秀的文化成果，对于传统家教家风中缺失的部分，则应进行实践和理念上的创造创新，应该在工作生活中应用科技成果，推崇科技方法，谨遵法纪要求，维护法纪权威，倡导民主平等，赞赏开拓创新，并力求用中国风格的语言凝练出传统家训家风中稀少缺失的文化精神，丰富传统家风的内涵，做出当代文化的"创新性发展"。

最后，要保持家教家风的个性化、多样化色彩。社会主义核心价值观是我们应该遵循的共同理念，然而，共性的东西只有寓含、存在于个性之中，才是真实的共性。社会主义核心价值观只有在每个公民家庭差异万千的家风文化中体现出来，才能成为我们民族共有的价值理念。我们应该借鉴中国传统社会中家教形式的多样性，根据具体问题和实际场景，采取灵活的方式，把社会主义核心价值观的理念贯穿到家族文化中，用个性化、多样化的家教家风对接、蕴含核心价值观，收到"月印万川"之效。

全面从严治党的一个重要目标就是要在全社会"营造风清气正的政治生态"，而清正的风气既与人们的作风有关，又与人们的家风有关。民族振兴的伟大事业需要清廉纯正的社会风气，进而也需要我们以优良家风促进清正作风。

新时期机关思想政治工作的基本原则*

新时期在机关开展思想政治工作有两个特点：一是就时代特点而言，由于整个社会的经济成分、就业方式和利益关系的多样化，必然会逐渐形成价值观念和行为选择的多元化。同时，中国已加入了世贸组织，与世界的联系更加紧密，国际经济竞争、政治斗争和文化渗透必然迅速地反映到人们的思想上，极易形成人们情绪和观念的波动。二是就党政机关这一特定场合而言，人们的思想文化素质相对较高，其社会需要处在"马斯洛需要层次"的较上层，人们的组织观念、政治观念、进步观念较为浓厚。

新时期机关思想政治工作，既要遵循思想政治工作的一般规律，又要考虑结合自身的特点，因此可以形成以下几条基本原则。

第一，价值观先行的原则。机关领导同志或思想政治工作者应该根据单位的工作性质，针对容易出现的是非偏差，大力倡导和始终发扬一种明确的、不易动摇的价值观，要舍得下功夫说明、论证这种价值观的正确性，努力使这种价值观深入人心，使它成为衡量许多工作是非、确定许多行为选择的基本标准。不仅如此，领导同志还应带头践行，用自己的实际行为捍卫这种价值观。须时刻明白，对所倡导的思想观念的任何一点自我违背，都是在教给下属一种言行不一的价值观，都会倾覆整个价值观体系。

第二，在"兴奋点"投资的原则。在同一组织中工作的人们，由于年龄、性别、社会背景、文化修养和个性特征的不同，肯定会有不同结构的个人需求，也会有不同的"兴奋点"。领导者应该了解每一下属不同的需求结构，明白各人的兴奋点。应该把自己有限的"激励资源"尽可能地投资于下属的"兴奋点"上，以收到事半功倍的效果。

* 此文最初用于在 2002 年广东省委组织部组织的全省第三次副厅级公选党校培训班上发言交流，后被收入正式出版的论文集，《广州市财贸管理干部学院学报》2003 年第 4 期刊登了此文。

第三，"润物细无声"的原则。让对方在不知不觉中接受一定的价值观或特定的引导，这是思想政治工作的最高境界。为此，领导者一般不要为思想政治工作设置专门的时间、地点。应该将其与工作、生活融为一体。下属们可能会有书法、摄影、集邮、收藏、购物等不同方面的爱好，领导者应培养和表现出对这些爱好的极大兴趣，使下属感觉到被欣赏的满足与知音的难觅，以此增加生活中的接触机会，增加春风化雨的场合。

第四，"响鼓不用重锤"的原则。现代人一般是极其敏感、极其自尊的人群，尤其是机关事业单位的工作者。鉴于此，当下属出现什么不合适的做法时，领导者应着重强调相应的价值观念，并设法让对方接受，具体的事情则点到为止，甚至不用去点，让对方自觉地理解或纠正。要相信对方比自己更聪明、更敏感，而决不能相信自己比别人更聪明。

第五，无隔阂交流的原则。思想政治工作只有在无对立的状态下才有好的效果。因此，领导者与下属某些必要的思想交流，应该以下属认同你的忠诚为前提条件，实现无隔阂状态下的交流。反过来说，如果对方尚未认同你的忠诚，对你没有基本的信任，则暂时不要交流，可以"冷处理"，等待机会。现实中，一个人也知道自己的母亲未必素质很高，但一般却最听母亲的话，就是因为他绝不怀疑母亲的忠诚。足见在思想交流上，忠诚比善辩更为重要。

第六，教育对象为尊的原则。毛泽东把开展批评称为"治病救人"，现代医疗崇尚"患者第一"的理念。思想政治工作有时是把对方视作救治的对象，因而也应该遵从"患者为尊"的原则。不管对方有多大的过失，思想政治工作者都应首先将其视作可救之人，要充分尊重对方的利益、感情、人格，尊重他的个性和隐私。尤其是作为领导者，实施救治工作，更应具备"有容乃大"的胸怀，要虚怀若谷，自处下位。对于地位、年龄上劣势越大的人，越是要这样。任何轻视、歧视的情绪都是有害的。

第七，"和而不同"的原则。这里的"和"指和谐，"同"指绝对同一。"和而不同"是说人们应和谐相处，但不能强求同一。在生活方式和价值观念呈多元化的现代社会，各人的处事方式肯定不同。任何一个组织中都应有"求大同，存小异"的共识，这是组织协调发展、长存不衰的前提和保证。我们的古人讲："君子和而不同，小人同而不和。"一个组织中的领导不能要求下属绝对同一，绝对同一反而对组织的发展不利。在许多非原则问题上，领导人尤其要自觉培养出自己对人对事的宽容意识、"糊涂"意识，这样做的实质是给别人留下自由的空间，能够增加人们对组织的归属感，增强组织的凝聚力。

第八，树立新单项典型的原则。组织中的每个人都各有长处和短处，既然不存在十全十美的人物，那我们在现实的考核中也不要用一个模式化的标准，去试图找出一个"全能典型"。考核是激励团队的方式，也包含着对某些价值取向的肯定或否定。鉴于此，不同组织中的考核，应该结合各自的工作性质和特点，在若干重要的项目上确定标准，既考虑各人的基础性差别，又考虑主观努力的程度，依此确定表彰的典型。要让人们明白非全能典型的强势所在，由此把组织的价值取向昭示出来，使人们知道以后努力的方向。

新闻舆论工作要丰富人民精神世界

我们要建成的小康社会，既包括物质生活的提升，也包括精神生活的充实。丰富的精神生活，是全面建成小康社会的重要指标，又对物质生活的提升有着极大的推动作用。全面建成小康社会奋斗目标的实现，离不开人们精神世界的丰富。

与物质世界走向繁荣一样，社会精神世界的大厦也需要人们自觉地建设，人们的精神形态是必定要经受塑造的。任何一个国家和民族，精神产品的生产者、传播者和消费引导者都担负着塑造精神形态、建设精神大厦的特定角色。习近平总书记提出，新闻舆论工作应当"丰富人民精神世界，增强人民精神力量"。在中国特色社会主义的建设实践中，新闻舆论工作为人们的精神生活输送养料、营造氛围、提供保障。全面建成小康社会的推进，人们精神生活的丰富与提升，都为新闻舆论工作提供了广阔的发挥空间。

人们的精神状态应当是健康的。积极健康的精神状态与消极萎靡的精神状态，反映着社会的不同风貌，体现着民族的进退趋势，对人们的社会生活产生正反不同的影响。新闻舆论工作作为精神产品的供给侧，对人们精神状态的塑造具有重要作用，故应明确自身职责，适应社会需要；应该识别正误、明辨是非，自觉地弘扬真善美，抵触假丑恶，传播正能量，保障供给结构对健康精神生活的需求，为人们的精神生活营造良好环境。"新松恨不高千尺，恶竹应须斩万竿。"新闻舆论工作是服务社会的活动，应该站在人民的立场上做出抉择。只有维护和保障社会精神生活的健康状态，才能实现"为历史存正气，为世人弘美德，为自身留清名"的价值目标。

人们的精神追求应当是高尚的。精神生活是伴随社会物质生活的丰富而不断流变、拓展和提升的，中国的改革开放已经极大地推动了社会物质生活的富足，人们的精神生活也已呈现出丰盈、活跃、多元的特征。在社会物质文明的继续提升需要主体建设者更深厚的精神内源支持之时，人们必然产生更高的精神追求。精神产品供给侧的生产与传播，理应适应时代，优化结构，提升品质，满足人们追求高尚的需要。十八大提出的社会主义核心价值观概括了我们应该崇奉的时代精神，体现着当代中国社会高尚的价值理念。新闻舆论工作应该以高举旗帜、引领导向的使命感，用多姿多彩的形式传播崇高价值理念，使其像空气一样无处不在、无时不有，为人们营造出优良的精神拓展氛围。

人们的精神气场应该是聚合的。中国社会现在正进入一个重要的历史阶段，一方面，我们比任何时候都接近民族复兴的目标；另一方面，国际各种势力的较量、国内反腐的深入推进和新常态下的经济振兴都面临着复杂的形势。我们只有凝神聚气，同心同德，集合起最大化的精神能量，才能实现民族振兴的目标，进而保障全体中国人民的根本利益。在当代社会，最能代表中华民族和中国人民根本利益的只能是中国共产党，这是被近代以来的历史一再印证了的事实。新闻舆论工作要想聚中华之气，凝民众之神，合亿兆之力，就应当贯彻党的意志，反映党的主张，把党的路线方针政策变成人民群众的自觉行动。能促进中华民族和中国人民的精神内聚，我们的事业就无往不胜，当代新闻舆论工作就功德千秋。

新闻舆论为人们的精神生活营造环境、输送养料，在时代特点、传播方式和民众接受习惯发生巨大变化的背景下，这一工作从内容到形式都会遇到新的挑战。马克思说："环境正是由人来改变的，而教育者本人一定是受教育的。"新闻舆论工作者要想适应社会变化，也应该不断提高理论水平，创新方法手段，及时把人民群众创造的经验和面临的实际情况反映出来，吸取人民实践中蕴藏着的优良的精神养料，以提升自身的工作成效。在民族复兴的征程上，新闻舆论工作的使命极为崇高，责任尤其重大，任务特别艰巨。

马克思点亮了人类前行的思想明灯[*]

——《共产党宣言》的当代价值

1818 年 5 月 5 日，人类伟大的思想家马克思诞生了！马克思 30 岁不到就与战友恩格斯发现了人类社会的运行通则，并发现了能推动社会运行的力量，他们在为国际工人组织起草党纲时，豪情激扬地写就了《共产党宣言》，划时代地创立了马克思主义。今天，重读这篇光辉文献及其后来的七篇序言，更能体会到其思想成果的不朽价值。

一、马克思塑定了共产主义理论的全部思想密码

人类社会何以至此？它要走向哪里？人们生命活动的遵循应是什么？这些根本问题一直拷问着人类，影响着人们的行动选择。以前的思想家对此从来没有做出真理性的解答。马克思吸收了人类智慧的探索成果，明确了人类社会的根本遵循，从而为人类一直探索的社会历史领域照进了第一束光亮，为此后的共产主义理论塑定了全部思想密码。

首先，马克思运用唯物史观构筑起了《共产党宣言》全部理论的思想基石。在文献中，马克思运用社会基本矛盾运动的原理观照社会历史现象，认为资本主义社会一切病状的总根源在于"生产力已经强大到这种关系所不能适应的地步"②。生产力与生产关系、经济基础与上层建筑的矛盾运动贯穿文献始终，成为其他一切论点的根据；马克思还运用剩余价值学说分析资本主义社会的阶级对抗，论证无产阶级无可妥协的革命精神及其应有的历史使命。马克思的两大理论武器像铁基钢柱，构筑起不可撼动的思想基石，淬炼出的基本论点犹如思想界的霹雳闪光，警醒了正待觉悟的阶级和人们。社会历史领域自此成了人类

---

* 此文最初用于在 2018 年广东省委宣传部组织的"全省理论工作者纪念马克思 200 周年诞辰大会"上演讲，后发表于《南方》杂志 2018 年第 11 期（总第 282 期）。

② 中共中央马克思恩格斯列宁斯大林著作编译局. 马克思恩格斯选集：第 1 卷［M］. 北京：人民出版社，2012：406.

可以烛照认识之地，社会的发展成了能够预察把握的客观过程。

其次，马克思在文献中阐述的科学社会主义基本原则，指明了人类社会发展的方向。文献中关于阶级斗争及其历史作用的理论，关于无产阶级阶级特征及其历史使命的理论，关于共产党根本性质、奋斗目标和斗争策略等思想，都建立在对社会客观规律的把握之上，对国际共产主义运动具有直接的指导和规范作用。文献犹如共产主义思想的百宝箱、密码库，成为一切能够引领时代的科学社会主义理论的思想根脉。

最后，《共产党宣言》分析和解决问题的方法论，对我们的革命、建设与改革事业都有重要的启发指导。文献在提出共产党人的建设任务前写道："这些措施在不同的国家里当然会是不同的。"① 序言中一再提出，原理的实际运用，"随时随地都要以当时的历史条件为转移"②，这本质上强调了实事求是和反对教条主义的方法。唯物史观本质上就是科学认识与变革社会的根本方法，可以说，一部《共产党宣言》就是共产党人引领时代的战略方法集成。

二、马克思表达了共产党人蓬勃向上的思想精神

马克思起草共产主义的第一个纲领文献，意在完成"共产党人向全世界公开说明自己的观点、自己的目的、自己的意图"的任务，同时也表达了共产党人蓬勃向上的思想精神。

一是表明了共产党本质上代表无产阶级和劳苦大众利益的立场情怀。《共产党宣言》从共产党的性质、理论纲领及奋斗目标上，全面阐述了其作为无产阶级先进组织的根本定位，同时认为，共产党是具有科学理论武装的组织。马克思特别欣喜于那些"能从理论上认识整个历史运动的一部分资产阶级思想家，转到无产阶级方面来"③。这既包含马克思的自我肯定，也表现了他对立场情怀问题的看重。马克思是一位卓越的思想家、革命家，他多次拒绝了资产阶级政府的利诱收买，一生忍受着贫困和疾病的折磨，无怨无悔地投身于为无产阶级锻造强大精神武器的艰辛劳作中，他把坚定的无产阶级立场和宽广的人类情怀灌注在《共产党宣言》中，并用他的生命去实证，塑定了共产党人高尚而鲜明

---

① 中共中央马克思恩格斯列宁斯大林著作编译局 . 马克思恩格斯选集：第 1 卷 [M]. 北京：人民出版社，2012：421.

② 中共中央马克思恩格斯列宁斯大林著作编译局 . 马克思恩格斯选集：第 1 卷 [M]. 北京：人民出版社，2012：376.

③ 中共中央马克思恩格斯列宁斯大林著作编译局 . 马克思恩格斯选集：第 1 卷 [M]. 北京：人民出版社，2012：410.

的人格。

二是显示了对人类社会发展客观规律的遵从意识。马克思认为，社会基本矛盾运动的规律在人类社会是一以贯之的，这一规律决定了"一切所有制关系都经历了经常的历史更替"①。而资产阶级在谈到封建所有制被更替时能够理解，在谈到他们自己所有制的灭亡则不能理解，阶级偏见限制了他们的认识；而马克思通过严密的理论逻辑展现了不可移易的社会运动规律，认为客观规律就是共产党人制定自己行动路线与具体目标的依据，清楚地表明共产党人具有对事物运动规律的遵从意识。

三是改变不合理制度，建立崭新社会的实践精神。马克思在 1845 年的一篇笔记文稿中表达了一种超乎世俗的思想理念："哲学家们只是用不同的方式解释世界，问题在于改变世界。"② 显示了他对世界变革的炽热追求。他在名著《资本论》（第一卷）问世前写给友人的信中自豪地说，这本书"无疑是向资产者（包括土地所有者在内）脑袋发射的最厉害的炮弹"③。恩格斯评价这位战友说："斗争是他的生命要素。"以斗争改变旧世界的精神气质无疑灌注进《共产党宣言》，其中关于阶级斗争、暴力革命和"两个决裂"的论述，关于无产阶级在各个革命阶段应有的行动的设想，以及对空想社会主义的批判，都强烈地体现着改变社会的革命实践精神。

四是展现了对共产主义理想的超强自信和对革命前景的乐观态度。马克思选择了为人类福利而劳动的事业，并组织和推动了无产阶级革命运动，当共产主义在世界上还是一种"幽灵"思潮时，年轻的思想家就宣布：资产阶级的灭亡和无产阶级的胜利是同样不可避免的，认定"无产者在这个革命中失去的只是锁链，他们获得的将是整个世界"④。他对自己为之奋斗的事业抱有高度的自信和卓绝的乐观。

三、《共产党宣言》是习近平新时代中国特色社会主义思想的源头活水

马克思创立了共产主义理论，主要经俄国共产党和中国共产党的应用和发

---

① 中共中央马克思恩格斯列宁斯大林著作编译局 . 马克思恩格斯选集：第 1 卷 [M]. 北京：人民出版社，2012：414.

② 中共中央马克思恩格斯列宁斯大林著作编译局 . 马克思恩格斯选集：第 1 卷 [M]. 北京：人民出版社，2012：136.

③ 中共中央马克思恩格斯列宁斯大林著作编译局 . 马克思恩格斯全集：第 31 卷 [M]. 北京：人民出版社，1972：542-543.

④ 中共中央马克思恩格斯列宁斯大林著作编译局 . 马克思恩格斯选集：第 1 卷 [M]. 北京：人民出版社，2012：435.

展，至今已经成为枝叶茂盛和影响巨大的思想学说。中国共产党在第十九次全国代表大会上把习近平新时代中国特色社会主义思想确立为党的指导思想，这一思想的源头活水来自马克思的《共产党宣言》。

《共产党宣言》是习近平新时代中国特色社会主义思想的理论根基。马克思一生持有坚定的无产阶级立场和为人类献身的崇高情怀，习近平总书记多次强调"以人民为中心"的理念，认为"人民立场是中国共产党的根本政治立场"，又表示："人民对美好生活的向往，就是我们的奋斗目标。"① 这是对马克思立场情怀的坚定继承，习近平总书记要求全党"不忘初心、牢记使命"，就是要全面坚守《共产党宣言》向世人昭告的理想信念。

《共产党宣言》中的基本思想原则，构成了习近平新时代中国特色社会主义思想的重要理念。马克思关于经济、政治、思想教育相互联动、一起建立的思想就是"四个全面"战略布局的思想基础；马克思关于"任何一个时代的统治思想始终都不过是统治阶级的思想"②，正是"意识形态工作领导权"的思想源头；以唯物史观为主体的各种方法论，在习近平新时代中国特色社会主义思想中得到了广泛的发挥运用；等等。

《共产党宣言》对共产党的性质、特征和纲领所做的论述规范着新时代党的建设。马克思当时对共产党的先锋引领作用做了原则性设想，党的十九大报告庄重提出："中国特色社会主义最本质的特征是中国共产党领导"③，既然共产党"没有任何同整个无产阶级的利益不同的利益"，那就不能违规追求个人私利，就要对党内腐败零容忍；既然共产党"代表整个运动的利益"，那就要"坚决防止和反对宗派主义、圈子文化、码头文化"④；等等。马克思的建党方针和理念在此得到了进一步贯彻。

可以说，党的十九大报告是新时代的"中国共产党宣言"，习近平新时代中国特色社会主义思想是马克思主义发展至今最辉煌的成果。社会主义的强大中国正大步走向世界舞台中央的事实清楚地表明，马克思点亮的思想明灯照耀着人类前进的道路。

---

① 习近平．习近平谈治国理政：第 1 卷［M］．北京：外文出版社，2014：2.

② 中共中央马克思恩格斯列宁斯大林著作编译局．马克思恩格斯选集：第 1 卷［M］．北京：人民出版社，2012：420.

③ 中国共产党第十九次全国代表大会文件汇编［M］．北京：人民出版社，2017：16.

④ 中国共产党第十九次全国代表大会文件汇编［M］．北京：人民出版社，2017：50.

社会主要矛盾的转化及其意义[*]

在全面建成小康社会进入决胜阶段的历史关头，党的十九大报告做出了中国特色社会主义进入新时代、我国社会主要矛盾已经发生转化的科学判断。弄清这一判断的根据、内涵及其时代意义，有助于我们全面解读报告精神，深刻理解习近平新时代中国特色社会主义思想，增强贯彻执行党的基本路线和基本方略的自觉性。

一、中国特色社会主义进入了新时代

改革开放之初，邓小平提出了建设中国特色社会主义的理论，其中，人民生活达到小康水平，是经济建设分三步走总体战略的一个重要节点。从十五大到十八大，我们党对小康社会建设完善理念、充实内涵，不断提出更高更严的标准，现在，我们解决了十几亿人口的温饱问题，人民生活水平连年提升，我国的科技实力、国防实力和综合国力不断增强。尤其是党的十八大以来，面对国内外、党内外的一系列复杂局面，习近平总书记举旗定向、掌舵领航，带领全党全国人民迎难而上，开拓进取，统筹推进"五位一体"建设，协调推进"四个全面"战略布局，勇闯改革的"深水区"，啃下难啃的"硬骨头"，在非凡的伟大斗争、伟大工程、伟大事业中强有力地推进了伟大梦想的进程。

现在，我国经济发展在世界主要国家中名列前茅，国内生产总值稳居世界第二，人民的生活状况和整个社会面貌发生了根本性变化，社会治理体系日益完善，生态文明建设成效显著，强军兴军迈出坚定步伐，反腐败斗争呈压倒性态势，中国的大国外交在国际社会展露风采，"一带一路"建设迅速推进，全党全国人民的凝聚力空前提高，中国正大步走向世界舞台中央。这表明，历经百年磨难的中华民族因为中国共产党的坚强领导和全体人民的不懈努力，已经迎来了从站起来、富起来到强起来的历史性飞跃，中国特色社会主义顺乎必然地

---

* 此文于 2017 年 11 月 7 日发表于《中国社会科学报》。

进入了新时代。

社会是矛盾的集合体。在新时代，我们所处的社会环境、面临的任务、应对的问题以及所要采用的思路方法都会与之前不同，这都需要对社会矛盾系统的变化现状进行新的认识。

二、新时代社会主要矛盾发生了转化

党的十九大报告提出："中国特色社会主义进入新时代，我国社会主要矛盾已经转化为人民日益增长的美好生活需要同不平衡不充分发展之间的矛盾。"这是党中央全面把握时代演进趋势，深切体察中国社会现状而做出的重大科学判断。

十一届三中全会上，我们党纠正了十年"文革"中关于社会主要矛盾的认识偏失，果断地停止了"以阶级斗争为纲"的口号，在理念上恢复了1956年八大对社会主要矛盾的认识，确立了"以经济建设为中心"的正确观念。1981年党的十一届六中全会把社会主要矛盾概括为"人民日益增长的物质文化需要同落后的社会生产之间的矛盾"。这是切合当时中国实际的正确结论，为我们坚持以经济建设为中心、牢固确立党的基本路线奠定了思想理论基石。改革开放以来，关于社会主要矛盾的这一认识引导我们在社会生产上大力壮大规模，努力提高效率，推动经济建设取得了举世瞩目的成就。

进入新时代，随着经济发展水平的提高和社会的快速发展，一方面，人民群众的需要已不限于物质文化领域，而是包括了政治、民生、环境等更多方面，体现为更广泛、高品质、求均衡的美好生活需要；另一方面，我们的社会生产已经整体上摆脱了以往的落后状态，呈现出了比改革开放初期更快的发展和更高的水平。相对于人民群众的广泛需要，社会在生产上的问题在于发展与共享不平衡，优质供给不充分。这种矛盾状况的形成，有生产技能的问题，有分配的问题，也有社会公正不到位、运行机制不灵活等方面的问题，满足人民日益增长的美好生活需要面临多种新的制约因素。

社会主要矛盾的变化是关系全局的历史性变化，它表征着全社会在一个发展阶段上的总体状况，规定着社会生活的诸多方面，对党制定新时代的战略方针也会产生直接影响。

三、社会主要矛盾转化的时代意义

毛泽东曾经指出："研究任何过程，如果是存在着两个以上矛盾的复杂过程的话，就要用全力找出它的主要矛盾。捉住了这个主要矛盾，一切问题就迎刃而解了。"这里提出对事物的主要矛盾要全力寻找、紧紧捉住，其所要求的客观性、精准性和即时性，都是不言而喻的。中国特色社会主义进入了新时代，以习近平同志为核心的党中央及时而准确地把握了新时代社会主要矛盾的转化，其意义是重大而深远的。

　　从理论上讲，主要矛盾的认识为习近平新时代中国特色社会主义思想的形成提供了客观依据。社会主要矛盾的转化是中国特色社会主义进入新时代的重要根据，又表征着新时代的基本特征。这种关系全局的历史性变化，必然对党和国家的战略方针提出新的要求。习近平新时代中国特色社会主义思想，全面回答了新时代坚持和发展什么样的中国特色社会主义、怎样坚持和发展中国特色社会主义的根本性问题，其丰富内容就是对社会主要矛盾转化后各种重大问题的系统回应。同时，新时代主要矛盾的确立使"五大发展理念"具备了更加牢靠的理论依托。面对人民群众日益增长的美好生活需要，我们要扭转目前不充分不平衡的发展状态，只有把创新、协调、绿色、开放、共享的理念化作我们各项活动的自觉追求，贯彻到一切工作及其各个环节中，才能推动主要矛盾的解决。

　　从实践上讲，社会主要矛盾的确立，为新时代我们全部工作的顶层设计提供了目标方向。习近平总书记在党的十九大报告中提到决胜全面建成小康社会的战略部署时指出："紧扣我国社会主要矛盾变化，统筹推进经济建设、政治建设、文化建设、社会建设、生态文明建设。"还提出了坚定实施科教兴国、人才强国、创新驱动、乡村振兴、区域协调等发展战略，强调了"抓重点、补短板、强弱项"的策略方针。这一切安排部署，都是针对发展不平衡不充分的问题，本质上是新时代社会主要矛盾的必然要求，从中彰显了社会主要矛盾转化对新时代国家战略方略的规定意义。

中国共产党人的仁爱之心[*]

仁爱意识是中国传统文化中根基深广的理念，由儒家学说创始人孔子提出并做了多方面阐述，在数千年历史传承中得到了扩充发挥和各层民众的接受认同，成了民族文化中居于核心地位的理念。在中华民族走向全面复兴的时代，习近平总书记多次提到党员领导干部和当代职业人员需要具备的仁爱之心，当我们的文化自信更加坚定时，对仁爱之心就越感亲切。

一、仁爱理念的基本内涵

收编孔圣言论的《论语》对"仁"做过多种表述，其中一处是在整体意境下对其根本内涵做出的解释："夫仁者，己欲立而立人，己欲达而达人。""己"与"人"的人我关系属于社会生活中人人会碰到的现实问题，孔子的这一论述表明了儒家学说的关注域，确立了处理人我关系的基本准则，由此立定了儒家学说的生长点，最终使"仁"成了涉及认识论、方法论、人生论及政治伦理学说的哲学范畴。

孔子是在给学生讲学的过程中阐述"仁"理念的。《论语·雍也》记录的原文是：子贡曰："如有博施于民而能济众，何如？可谓仁乎？"子曰："何事于仁，必也圣乎！尧舜其犹病诸！夫仁者，己欲立而立人，己欲达而达人。能近取譬，可谓仁之方也已。"对孔子的论述进行全面分析，能得出以下几点认识：其一，仁根源于人内心对生活和生命的本在追求，即所谓的"己欲立""己欲达"，而能够把这种追求扩张到他人身上，就是"仁"的德行。其二，仁既然是表现人与人的关系，那其德性必然从最近处的人我关系上体现出来，而仁爱也正是从身边事情着手的，即所谓"近取譬"。其三，仁是极为平实简易的德性。学生子贡用广施百姓并周济众人来定义仁，孔子认为能做到那些事情就已成了

* 此文是 2020 年 3 月应《南方》杂志邀约而作，该刊于 2020 年第 6 期（总第 322 期）发表了此文。

圣人，尧舜也未必能够做好。而仁并非多么崇高的德性，即所谓"吾欲仁，斯仁至矣"。它处在普通人都能做到的平易层面。

为了让学生对仁的内涵做出更准确把握，孔子还在其他地方对其做了某些发挥，可以看作对仁的补充说明，主要包括：第一，仁的本质固然可以归结为"爱人"，但社会生活是复杂的，会有"不仁"的东西存在，所以"唯仁者能好人，能恶人"，"恶不仁者，其为仁矣，不使不仁者加乎其身"。有仁爱之心的人不是万事皆爱，而是憎恨"不仁"，是用所恨来保证所爱。第二，追求立己立人，必须遵循"礼"的要求，所谓"不知礼，无以立也"。礼来自外在的约束，却反映着先圣们对社会生活普遍性特质的理解，可以成为后世人立己立人的指南，因而一般人能够"克己复礼"，做到非礼勿言，非礼勿动，才是立己立人的便捷途径。第三，一个人的内心有欲，同时也会有"不欲"，有讨厌和拒绝的事情，为此孔子提出了"忠恕"的观念，即所谓"己所不欲，勿施于人"。忠是尽己之力以助人，恕是不把自己厌恶的施加于人。第四，立志成仁的人，能在生活中坚守直、正、刚，就能成就君子人格。

孔子把仁视作基于人的生命自在而可以发掘发扬的德性，他没有划定"己欲立"和"己欲达"的具体所指，大概在他看来，这种发自人心的内在追求，是正常人都具有并完全能够体会到的，而无须过多说教。孔子的这种态度和做法，保持了仁的伸张空间，使它更能切合不同的大众主体，提高了思想的价值普遍性。孟子则进一步把人类最能轻易表达出来的心性归结为不忍之心，认为"恻隐之心，仁之端也"。孟子从根本上坚守了孔子的仁德理念，他们在中华民族的历史繁衍中深植下仁爱、仁义的思想因子。

二、中国共产党人对仁爱理念的科学扬弃

仁爱是从恻隐同情之心出发的。近代以来，中国亿万百姓陷入水深火热的煎熬中，民族意识中蕴含的不忍人之心被深刻激活，但其延伸至实现的渠道又被堵死，在自己难立又难立人的黑暗社会，寻求到马克思主义真理的中国共产党人提出了一连串救国救民、民族复兴的治世方案，这些理论和方针中所内含的仁爱思想，是对民族文化中仁爱理念的科学扬弃。

首先，中国共产党人主张的所"立"所"达"内涵丰富，更具理性。马克思主义旨在解放全人类，主张改变整个世界来拯救万千劳苦民众，同时为人们提供了科学理论的指导。志在挽救中国劳苦民众的中国共产党人从马克思主义的科学理论中获得了远大而崇高的理想，其所立、所达已经超越了个人的生活体验。他们明白社会发展的规律，勇于担负起应有的历史使命，立人达人的目

标明确，所涉范围也更为广大。

其次，中国共产党人意念中的所立之"人"，已经升华为人民的范畴。在中国传统社会的农业经济中，人们的整个生活脱离不了血缘亲族和特定地域，仁爱之心的发挥从最近处着手，决定了各人必然把自我血缘和生活地域的亲近之人靠前放置，这样的仁爱从根本上是分层次、有差等的，这也符合该理念依靠个人生命体验而形成的特征，孔孟儒家对仁爱的差等性是毫不讳言的。与此不同，马克思主义是大工业时代后的思想产物，人民是一个更广泛的社会政治范畴，与血缘地域无关。中国共产党人的仁爱之心，虽然也能从生活的具体活动中得到体现，但已完全超越了血缘宗族和狭隘的乡里地域限制。人民的概念应该包含主体自我在内，但个人及其亲族并不具有特殊地位。中国共产党人的作为始终以人民为中心，任何个人都是"为人民服务"的普通受益人，同时也是该活动的行为主体，完全能在追求人民利益的活动中实现"立己达己"的个人目标。

最后，中国共产党人看重仁爱理念的践行，并用相应的政治路线做保障。传统的仁爱理念不否认个人的行动，但强调圣贤之礼的约束，因而特别注重个人心性的动机及其思想德性，"骥不称其力，称其德也"。中国共产党人胸怀改造社会的理想，着眼实践效果与思想动机的一致，主张个人行动和阶级意志的统一，在任何阶段都有整体的战略目标和具体任务，用党的纲领路线、道德规范及组织手段来保障行动的有效性。近百年来的革命、建设和改革推动中国社会走向繁荣富强，正体现出了这种仁爱理念在实践上的巨大成功。

三、仁爱之心的当代实现途径

仁爱之心是中国共产党人当年寻求救国真理的初心所在，也是当代中国特色社会主义理论的重要元素，要在中华民族复兴的伟大实践中真正实现仁爱之心，就要在自己的工作和生活中，认真学习党的纲领路线和方针政策，吸收中华优秀传统文化的养分，深刻体会习近平新时代中国特色社会主义理论的思想内涵，同时在多方面做出自己的努力。

一是在职业服务中倾注对人民的热爱。中国共产党人的大仁大爱是通过自己的实际行动及其功效体现出来的，"为人民服务"是我们最高的宗旨，无论是做教师，搞科研，从事医务护理，还是做政务工作，都是特定岗位上服务人民的具体活动，要从身边的事情做起，把自己精良的业务和对人民的满腔热忱倾注到工作中，并保证卓有成效。

二是在社会生活的各个环节上都要遵循应有的道德和法规。新时期党的政治路线和各项重大方略反映着人民群众的需要，应该坚定不移地遵守和执行，要在推动民族复兴、为人民利益不懈奉献的实践中实现"自立""自达"的人生价值。

三是要勇于抵制危害人民利益的行为。中国共产党人的大仁大义历来就包含着对腐朽丑恶的批判清除，敢爱敢恨真君子！官僚主义、形式主义、贪污腐化、宗派主义以及生活中的圈子文化、两面人行为，都是违背广大人民群众根本利益的非仁义行径，一切正直之人都应坚决抵制，要敢于做无所畏惧、坚守清正的"志士仁人"。

习近平总书记要求领导干部要增强必胜之心、责任之心、仁爱之心、谨慎之心，这也对各行各业工作人员提出了更全面的要求。中国共产党人的仁爱之心与其他诸多思想意识是相互兼容的，同时又有其独特的思想内涵，只要我们在一切工作中能对人民群众倾注爱心，驱逐疾苦，尽心服务，洒满仁爱阳光的中国大地就会成为地球上最为亮丽之处。

04

| 南粤文化篇 |

在广州读通中国近代史[*]

广州是中国近现代政治活动的一大中心，这里发生过一系列威武雄壮的历史剧，把中国历史的进程推至一个新的阶段。当代广州的经济和文化建设一定要珍惜并充分利用这一厚重的历史文化资源，本着让人们在广州读通中国近代史的情怀，进一步推进自身的历史文化建设。

一、广州文化资源丰富独特并贴近现代

广州是一个文化资源极其丰富的地区，其资源的独特性、丰富性及其与现代文化的贴近性，在中国是独一无二的。首先，广州是中国近代买办官僚资产阶级、中国无产阶级和中国民族资产阶级的落根生成之地，中国近代社会的阶级结构、社会性质、政治面貌及其发展演变，都可以在广州寻找到最初的种子和原因。其次，广州是拜上帝会的诞生地、维新思想的创立地、三民主义的发祥地和毛泽东思想的萌芽地，对中国近现代社会发生巨大影响力的思想理论都诞生于广州。再次，广州是中国人民反帝斗争的开场地，是资产阶级革命的中心地，是国共合作的"蜜月"地和国民革命的大本营，是中国现代新式军队的诞生地。近代许多影响深远的革命运动和活动都始于广州。最后，广州是中国共产党参与革命政权和军队建设的开始地，是工农革命运动的指导地，是中国共产党独立地领导工农武装建立革命政权的首次尝试地。一个半世纪以来，广州这片热土上发生了许多可歌可泣、震动神州的事迹，历史的尘封使这些伟人伟业成了当代广州文化建设的丰厚资源。

二、结合"中变""大变"重组文化资源

文化产业是一项涉及许多行业、关乎千家万户、需要政府全面规划与宏观

---

* 此文发表于《广州日报》2000 年 11 月 5 日 B8《理论》版。因原稿已佚，这里采用报纸发表的文字，补充了首段。

指导的系统工程。广州的文体娱乐、报纸、旅游、音像出版及科技等行业的产业化已经实施，教育产业化也已被社会认可并启动。现在面临的主要任务是突出重点，全面拓宽，并使其互相配套。做好了这些工作，广州的文化建设不仅能形成许多产业链条，而且能互相支持和促进，发挥出极好的整体效应。

根据文化产业的一般特性和目前广州的具体实际，广州的文化产业化应突出三个重点：一是城市建设，二是社科研究，三是基础教育。

城建的核心是文化重建，广州应围绕历史文化名城的建设做足文章。近年来广州的"小变""中变"成果已引起了人们的惊异，发展的思路是积极健康的。在此基础上，我们还应充分挖掘和利用广州丰富的文化资源，营造市区浓厚的历史文化氛围。比如，与旅游业相配合，我们可以在市内许多地方修造名人遗迹、碑记，或建造雕塑模型，自会对外地游客产生震撼力和吸引力，也会对市民产生无尽的教益。广州的名人遗迹不可胜数，且明白无误，无须考证，我们应从多方面开发利用。另外，广州的城市改造应从长远着眼，全面规划，应把旧房拆迁，把管道安装与道路的笔直化、宽阔化及地面绿化结合起来，综合设计，进行地毯式推进。尽量借鉴北京、西安和深圳等城市的道路设置格局，体现出端直之美、规则之美，力争经过三五十年，把广州建成既能与西方都市相媲美，又具自己文化特征的国际名城。城建的最终产品是城市形象，大气美观又独具内涵的都市广州，能被中国和世界"百读不厌"留连忘返，那就是我们最大的成功。

三、围绕"读通中国近代史"拓宽一批文化产业

围绕历史文化名城的建设，我们应完善和拓宽一批文化产业。能直接涉及的，一是文博业。广州的文博建设应本着"在广州读通中国近代史"的思路来考虑，应增加设点、充实内容。林则徐、洪秀全、康有为、孙中山等主要人物都应选入，应该整体设计，相互连贯，力求线条清晰，形象直观，与广州有直接联系。中国近代史上的国共两党合作是广州文博建设的又一重要内容，对黄埔军校的创办和历史等可以进行客观和系统的介绍，使国民党人士及其后裔也能在广州找到一种精神回归。二是电影电视行业。近些年，国内重大革命历史题材影片连续推出，不断引起轰动，但已开始出现背景重复的缺陷。广州应拓宽思路，把该题材的上限推至辛亥革命乃至鸦片战争，下功夫拍摄出一批关于近代名人在广州革命活动的电影、电视剧，将独有的"文化牌"打向全国和世界华侨区。这些巨制应该具有真实性、品位高、信息量大和回避重复等特点，自然能获得相当优势。三是旅游业。旅游业是城市文化建设的受益行业，同时

又可以发挥自身特点，对城市建设和文博建设起到积极的刺激作用。旅游业可以拓宽思路，围绕"读通中国近代史"和"追寻名人活动遗迹"两大主题，把旅游文化活动在广州做足，并延伸到广州以外。目前的旅游业注重休闲和娱乐，如果从历史文化的角度思考和布局，将是等待开发的巨大市场。

擦亮广州名城原本的辉煌*

"历史名城"和"文化名城"是两个不同的概念，但在中国境内，像西安、北京、广州这样屈指可数的几个城市实际上是"一身两名"，既是历史名城，又是文化名城。许多年来，人们对"两名"的标准不清，认识存在偏差，导致了广州"名城不名"的现状，现在应是擦亮广州名城原本辉煌的时刻了。

一、历史名城与文化名城具有客观的标准

作为历史名城，所要具备的基本条件是：它在一定时代曾经是社会政治活动的中心，该城发生的政治活动，曾经影响了整个社会历史发展的进程，或者该城发生的某些事件曾经牵动了整个社会的神经，它是一定时期内社会民众的瞩目之地。

作为文化名城，所要具备的基本条件是：它是某种思想、理论或学说的诞生地，或者它是某种文化艺术品的创作地和流传地。

典型的历史文化名城应该是历史名城和文化名城的综合体，它应该既包含历史名城的特征，又具有与之相应的丰富文化内涵。而作为高等级的历史文化名城，还会有一个重要的特征：是历史名人的聚集区与活动地。没有名人活动遗迹的历史文化名城是不可想象的。反过来说，如果一个城市是历史名人的密集活动区，而它不能成为历史文化名城，同样也是不可想象的。一个城市历史名人的影响度、知名度和密集度，是衡量该城历史文化地位的重要标尺。

---

* 此文发表于《广州日报》2001 年 5 月 27 日 B6《品书·理论》版，标题改为"广州名城分量多重——与西安北京齐名的中国三大历史文化名城之一"。2002 年 4 月 21 日《广州日报》的《理论》版公布，"省委宣传部组织开展了 2001 年全省党报理论宣传评奖活动"，本文被评为优秀理论文章三等奖。

二、广州是中国一流的历史文化名城

按照上述历史文化名城的标准，广州应该是我国一流的历史文化名城。

首先，从1840年鸦片战争开始到1927年北伐战争胜利，广州都是中国政治活动的一大中心。这段时间不足百年，但贯通了中国近代史的全部和现代史的一部分，是中国社会的阶级结构、社会面貌及人们思想观念发生巨大变革的重要年代。在这期间，发生于广州的许多事件对中国社会产生了极其重要的影响，其中包括：中国的买办资产阶级、民族资产阶级和中国无产阶级在此落根生成，并向上海、天津、福州及全国各地蔓延发展；近代史上最大的革命高潮，即太平天国革命在此准备；近代最有影响的康梁改革在此酝酿；近代中华民族民主革命在此发源并被推向高潮；中国现代新式军队在此诞生。黄埔军校培养的许多优秀人才，在中国现代史、当代史的演变过程中都留下了深重的痕迹；广州还是近代史上中国工农运动的指导地和国共合作的"蜜月地"，是国民革命的大本营，是大革命之后中国共产党独立领导工农武装建立革命政权的尝试地。

另外，广州也是中国少有的文化名城。这主要在于它是许多种思想的起源地：19世纪40年代，洪秀全在此创立拜上帝会，其教义吸收了西方基督教的平等思想，加上中国农民阶级的革命要求，一时得到了广大民众的热烈响应；康有为、梁启超等思想家在此著述讲学，进行改良主义的理论建设，提出和鼓吹维新思想，推动了后来的改良主义政治运动；民主革命先行者孙中山先生在此创立并着手推行三民主义，后来又在此发展为新三民主义，系统地提出了中国民主革命的理论纲领；20世纪20年代中期，毛泽东等优秀共产党人以马列主义为指导，考察了中国各阶级的经济地位、政治态度及其相互关系，在广州较系统地提出了中国新民主主义革命的对象、主要力量和团结力量，使毛泽东思想在此萌芽。可以说，近现代历史上对中国社会产生巨大影响力的思想理论，毫无例外地都诞生于广州。在此意义上说，广州是中国近现代名副其实的一流文化名城。

广州是历史文化名城，还在于它是近现代众多名人的活动地。林则徐、康有为、孙中山、毛泽东等人和他们的同僚均在广州英姿勃发地建功立业；近代科技巨匠冯如、詹天佑和现代文化泰斗鲁迅、郭沫若、陈寅恪等均在广州生活过。广州的热土上留下了近现代上百位名人深沉有力的脚印。在中国，像广州这样名人荟萃、"脚印"密集的历史文化名城其实是不多见的。

广州作为历史文化名城的优势在于：第一，它的辉煌贯通了整个中国近代史，并延伸和影响到下一个时代（现代历史），而不是仅持续了某一时代的某一

个阶段；第二，其思想文化的创造性极为突出；第三，名人聚集的时空密度极大；第四，其名人的活动地点均有可靠的记载，而不是凭想象来猜度。

三、广州何以未赢得盛名

广州是中国极具优势的历史文化名城，但为什么长期以来未取得应有的名声？归结起来，有如下的原因。

其一，人们（包括广东本地人）对历史名城的认识标准有偏差。人们总以为历史名城应该是辉煌得越早越有名，按照这样的认识，两千多年前就闻名的西安和数百年前就闻名的北京，自然就在历史文化地位上远远超过了广州。但这是一种有偏差的判断理念。人类的历史不仅仅是古代史，近代和现代史是人类历史中不可分割的重要内容。历史评价与文物鉴赏不同，各个历史阶段没有轻重之分。代表不同历史阶段的历史名城，它们在历史文化上的地位应是同等的。

其二，广东的许多文化工作者对广州历史文化名城的定位不准确。人们在认识和宣传广州并为之造"名"时，总是强调数千年的历史，有越王墓、海上丝绸之路等。然而，哪个地区没有数千年活动史？要紧的是它当时是否成了整个社会政治文化的中心。为给广州造"名"而强调它历史年代的久远性，其认识前提本身就有错误，宣传的效果适得其反。其实，从中国近代政治文化中心的意义上，全中国没有一个城市能与广州相比，广州自然成了中国曾领风骚、当之无愧的一流历史文化名城。

其三，历史名人的活动自然会留下许多遗址、遗迹和遗物，在广州活动的历史名人多在近代和现代，他们与我们当代人的时间距离较短，其遗迹遗址的文物价值尚未充分显现，以至于人们无法认定其应有的历史价值，于是就发生了名人荟萃之地的文化遗址遗迹却发掘极少的情况。

以上原因的连串式作用，使作为中国一流历史文化名城的广州至今未能赢得盛名。

四、广州名城如何辉煌起来

恢复广州历史文化名城的应有地位，首先应转变我们头脑中"城市越古越有名"的固有观念，应该在中华民族历史文化承传的总体流程中牢牢地把握它本有的定位，确认它作为中国近代史的开场地、先进思想的发源地、政治活动中心地和近代史上首次革命高潮策源地的举世无双之地位。这是我们进行历史文化名城建设的基本认识前提。

　　针对广州文化遗址遗迹极少的情况，我们应在城区名人活动过的重要场地有规模地建造一批遗址遗迹或永久性碑记，让广州保留它的历史记忆。名人当年活动时并无历史感和遗迹意识，任何地方的历史文化遗物都是由后人认定、整理、重修或重建的。广州的名人活动仅仅过去了几十年，对其遗址遗迹的整理正是我们当代人应做的文化建设工作。站在百年后、千年后的未来角度看，我们所做的这些建设同样属于一种历史性的活动。

　　整理和广建名人遗址遗迹，是广州历史文化建设和城市建设合二为一的重大步骤，因而也是广州历史文化名城建设的紧要措施。1923—1927年，广州是国民革命的总基地，在中国现代史上有所作为的各派民族精英几乎无不在此留下了历史身影。历史不会忘记他们，广州应该留住他们。我们的历史文化名城建设，应力求把广州建成中国近现代史的巨型博物馆，让人们能在广州读通中国的近现代史。这也许是中国历史交给当代广东人的重大使命。

　　当然，广州的历史并非自1840年始，鸦片战争时它已有数千年的文明进程。赵佗、葛洪、惠能、王勃、苏轼等曾遗惠此处，留下了永久的纪念。虽然他们在此处的活动并未造就中国社会政治文化的中心，但我们一旦拨亮广州在近现代历史上的辉煌，他们的各种历史活动自然会给广州的辉煌增添深长的光芒。

文化是经济永恒的牵引机[*]

"文化"在我国古代指文治和教化，一般与"武功"相对应。随着近代以来民本意识的确立，"文化"成了一个与人类经济、政治既相对应，又相渗透的具有丰富内涵的概念。德国著名哲学家卡西尔在 20 世纪中叶曾提出：人是文化的动物，文化对人类的本质意义愈益被揭示和认可。文化作为一个概括人类活动本质的概念，有它特定的内涵和系统。1871 年，英国文化人类学家泰勒给文化下了如下经典定义："文化是一个复合的整体，其中包含知识、信仰、艺术、道德、法律、风俗以及人们作为社会成员而获得的任何其他的能力和习惯。"根据这一基本的认识，多数学者倾向于把文化的复杂系统按照由外到内的顺序划分为三个层面：一是物质生产的层面，指人改造自然的存在物而构成的现实生产力及其生产成果；二是制度行为的层面，主要包括社会组织、政治、经济制度、道德、法律以及人们在交往中约定俗成的习惯定式；三是精神心理的层面，主要指人们的价值观念、心理模式、宗教信仰等，这一层面反映的是人的内心世界。文化现象具有和经济现象、政治现象不同的特殊性，因而必然有自身存在和发展的特殊规律。

一、文化是社会的"客观要素"

一定的文化现象必然产生于一定的客观物质条件，这种客观物质条件可以是特定地理和气候等人类生存状态，也可以是特定社会和历史阶段人们的生活状态。而任何文化现象一旦成型，都会毫无例外地成为社会的一种"客观要素"，对人们的生命和生活产生不可摆脱的影响，甚至对新的文化的产生造成影响。在有历史联系的同一个社会，先前文化的某些特性或其诸多因子总会以某种形式存在于后来的文化中，该社会的历史越是长久，文化的积淀就越丰厚。

---

[*] 此文发表于《广州日报》2003 年 9 月 9 日 A27《理论》版。因原文《对文化建设的多重思考》已佚，这里采用报纸发表版。

在特定文化的自我系统中，第一层面的物质文化实际是文化的物质形态；第二层面的制度文化构成人们社会交往的规范，因而有时被称作规范文化；第三层面的精神文化体现着人们的价值观念，是整个文化系统的核心，它常常表现为指导人们思想行为和思维方式确立的一些原理、理论体系。

在文化的自我系统中，物质文化和制度文化反映着并受制于精神文化，是一定精神文化的折射，而精神文化体现着各种不同文化的独特的心理结构，是系统中最深层、最具稳定性和最有决定力的东西，它代表着整个文化的层次，决定着整个文化的特质。"洋装虽然穿在身，我心依然是中国心。"正表明了精神文化的稳定性和它能作为文化核心的标志性。春秋战国时代，老庄主张守俭弃智、抱瓮灌畦，孔子也布衣一生，这并未妨碍他们成为民族文化的宗师。可见，文化的层次有自己特定的衡量标尺，与物质、技术并没有直接的关系。

二、人是特定文化的积淀物

文化是人的文化。人既是文化创造的担当者，又是一种十分显著的文化产品。一方面，作为文化的创造者，必须具备一定的资格和条件，才能进入文化创造的状态，社会的发展必然给文化创造者提出愈益严格的进入条件；另一方面，任何一个民族、群体或个人，不仅是包含特定基因的血肉之躯，而且是特定文化的积淀物。作为文化的重要产品，任何社会成员都必然在一定意义上代表和反映着所在国家、民族及地区的文化特点。人们对一个国家和地区文化状态的认识，多是通过对人这一文化产品的"鉴定"来进行的。

三、文化消费比生产更根本

文化的生产必然以文化的消费为前提，这和经济领域生产是消费之前提的关系正好相反。在文化领域，没有对先前文化的吸收、认同，就不会有文化的创造和创新。也就是说，文化生产需要以文化消费为准备，社会越发展，文化生产的起点就越高，进而文化创造所必需的文化消费量就越大。从生产和消费的关系上讲，任何文化产品，只有最终进入消费领域，才能成为文化生产的基础，从而才能影响文化创造的质量。总而言之，在文化领域，消费甚至比生产更为要紧，更为根本。

世界上有活的文化和死的文化，活的文化永远是一个前后相继、流变不居的过程，需要不断地生产和创新，其中凝化了的部分最终会成为死的文化。两种文化互相依赖、互相贯通、互相转化、互相支持。死的文化构成活的文化的创造资源。文化资源不同于经济资源的两个显著特点，一是文化资源大多具有唯一性，不可再生；二是它一般可以被反复使用和消费，而不会造成本身的耗损，精神文化尤其是这样。一个民族或地方的历史文化就是这样一种不可再生而又永远用之不竭的资源。

人类的历史，从一定意义上看就是不同文化交流、融合和发展的历史。不同文化的接触，总是由内涵丰富的一方流向内涵单纯的一方，由文化高状态的一方流向低状态的一方。两种流向的实质在于追求一种平衡原则，而文化平衡的结果一般是前者对后者的同化以及后者某些文化因子的变异性扩散，而这实际上正是文化的融合。

四、经济交流必然是文化交流

在经济全球化的当代社会，各地区的经济贸易、经济交流日益频繁和突出，表面上它与文化交流相互交织。然而，文化交流不一定是经济交流，而经济交流必然是文化交流。一个在赤脚人居住的荒岛上开拓鞋业市场的事例生动说明，只有对方认可了你的文化，才能接受你的产品；而对方消费了你的产品，也就吸收了你的文化。文化会把经济不断提升到新的层次，并推动到更大的范围，它是经济发展永恒的牵引机。

随着时代的发展，文化对社会的主导作用日益清晰地显现出来。人们终于意识到，民族的发展和社会的竞争最终要以文化论输赢，文化建设的自觉意识和优胜意识开始苏醒。然而，文化建设具有和经济建设不同的特殊规律。认清这些规律，是搞好文化建设的必要前提。

遵循文化规律，建设文化广东[*]

广东的文化建设具有自己特定的起点：首先，广东是一个商业文化比较兴盛和发达的地区，人们的效率意识、竞争意识、公平意识、法律意识，以及创新意识、服务意识更为明确和自觉，人们的主体意识、平等意识和敬业意识进一步弘扬。其次，广东是一个多元文化并存和兼容的地区。广东的本根文化相对单纯、薄弱，它在与不同文化的接触中，自然被浸染得色彩斑斓。广东文化的多元性使它具有了更多的包容力和吸引力。最后，广东是中国传统文化比较薄弱的地区。在农业经济基础上衍生的中国传统文化一般具有内敛、保守、凝重的特点，与自然经济、农业经济、计划经济具有不同程度的适应性。这种文化曾经被广东文化临摹过、接受过，但由于边陲地缘的隔远、海洋气息的吹拂和商业文化的抗拒，传统文化在广东并没有深深扎根，民众少有传统文化的包袱，而有面对现实的态度。

一、消除文化消费的"偏食"现象

我们站在人类文化建设基本规律的角度审视地方文化，会发现广东的文化状况虽有上述优长，但也面临着一些现实的问题。

其一，在文化的完整系统中，物质文化丰富而精神文化单薄。重实干、轻理论，只干不说的行为模式使广东在物质文化层面上实现了巨大的创造和创新，却忽视了精神文化的培育。由于精神文化是文化系统的核心，是一定文化层次的代表，因而具有丰富内涵的广东文化在与外地文化的交流中反而难占上风。

其二，与前一问题相联系，在文化消费领域，我们对物质文化的消费非常看重，却忽视了对精神文化的消费。由于文化消费是文化生产的前提，消费上的"偏食"造成了广东文化后天的"营养不良"。

---

[*] 此文原稿已佚，这是《广州日报》2003年10月14日A16《理论》版发表版本的删改版，小标题为报纸所加。

其三，成熟的历史文化是我们构建现代文化必有高度的阶梯，只有战胜它、超越它，高度的现代文化才能建成。广东文化是对中国传统文化革命性的扬弃，自然有更多的优越之处，然而，我们常对历史文化采取敬而远之的态度，是因为没有吃透它，也就缺乏战胜它的自觉与自信，难以对它发起有效的"进攻"。比如，从 1840—1927 年，广东是中国许多先进思想的诞生地和中国民主革命的策源地，其间发生于广东的许多活动后来改变了全中国的面貌，这在一定意义上代表了广东文化的力量，但我们始终疏于对这段文化的梳理。

其四，在经济建设的同时，我们注意到了文化建设的重要性，并做了不少工作，但我们常常忽视了对人的文化培养。广东是国内引进人才最多的一个省份，这也说明了广东长期处于人才洼地，对人的培养任务尚十分艰巨。由于人是显著的文化产品，社会成员精神文化的薄弱使广东文化缺少应有的深度和高度。

二、找准文化建设的突破口

文化建设的规律和广东文化建设的现状决定了我们打造文化广东的一些基本思路。

首先，认真分析和正确处理文化建设与经济建设的辩证关系。一方面，继续发挥我们比较成熟的商业文化、物质文化，保持和促进经济建设的高速发展；另一方面，把经济建设纳入地方文化建设的大范畴进行通盘考虑。人是文化的动物，经济建设应服务于人的全面发展。我们应该确定具体的计划和政策，保证广东的文化建设能得到经济建设成果的充分支持。这将是我省文化建设的一大优势。

其次，要在精神文化这一薄弱环节和核心环节上下功夫。我们需要培养，需要积累，需要突破。就广东社会发展的现状和它在全国的地位而言，精神文化建设有两个现实的突破点，一是对许多成功的民营企业中不同管理模式的总结，我们会在此创造出令国人瞩目的文化热点；二是对近代史上许多政治事件、政治人物及其内在联系的理性化梳理。

再次，文化消费应该成为我们社会建设中一个明确而响亮的口号。只有大力进行文化消费的人，才能具备当代社会应有的文化素质。我们应在文化领域大力倡导全民消费、多层次消费和高营养消费。把文化消费放在文化生产之前来安排，是我们文化建设上培育丰厚沃土的极富战略性的步骤。

最后，用扩大教育规模、提升教育层次、改善教育内容的方式推动广东教育事业的进一步发展。在教育内容上，应配合文化强省建设，调整某些方面的比重。我们应适当加大人文社会科学的分量，并加入广东地方文化的内容。要培养学生对广东文化的认识，使他们成为广东文化建设的有力支持者和强大后备军。通过教育，用提高民众素质的方法整体性提高地区文化的层次。这似乎是漫长的、艰巨的过程，但实际上却是最简捷的手段。

三、调动各类文化工作者的积极性

应根据文化系统的内在结构，重新认识和整合文化建设的队伍，注意调动全省各类文化工作者的积极性，使他们担负起各自的文化使命，尤其要针对我们的精神文化这一薄弱环节，采取一些非常方法。比如，可将全省社科理论工作者分为创造性人才和宣传性人才，分类指导和管理，充分发挥第一部分人才的作用；应改造精神文化成果的评价系统和评价机制，注意从消费的意义上衡量精神文化的生产价值；应创造条件促使广东社科理论工作者参与各种精神文化方面的交流，鼓励他们"打向岭北"乃至占领当代中国文化的某些制高点。

文化生活反映着人的本质特性[*]

随着人类进入新时代，文化对社会的主导作用日益清晰地显示出来，人们终于意识到，民族的发展和社会的竞争最终要以文化论输赢。当文化建设的自觉意识开始苏醒时，我们有必要对文化本身进行更深刻的理解。

一、文化活动是人的本质特性的展开

"文化"，在我国古代指文治和教化，它一般与"武功"相对应，是统治集团采取的一种治国手段。随着近代以来民本意识的确立，"文化"成了一个与人类经济、政治既相对应，又相渗透的具有丰富内涵的概念。《辞海》解释道：文化"广义指人类社会历史实践过程中所创造的物质财富和精神财富的总和。狭义指社会的意识形态，以及与之相应的制度和组织结构"。我们探讨人类根本意义上的文化活动，自然是指广义的文化。

应该说，文化活动是和人类社会相伴随的。自从有了人类，一方面，文化的创造，文化的复制和交流，以及文化的反思，构成了人类活动的重要主题，而与人类活动无关的文化现象是根本不存在的，从这个意义上来说，一切文化都是人的文化。另一方面，自从人把自己从动物界提升出来，开始了"人"的活动，同时也就开始了"文化"的活动。打造粗糙石器的猿人并没有文化创造的意图，却在茫茫宇宙间真正开始了文化创造的第一步。人是文化的创造者，是文化的载体，也是文化的唯一感受者，人在本质上与文化有一种必然的联系。

20世纪中叶，德国著名哲学家恩斯特·卡西尔对"人是什么"的命题做了详尽考察，提出了一个著名的观点：与其说人是"理性的动物""人是政治的动物"，不如说是"符号的动物"，亦即能利用符号去创造文化的动物。他认为，人的本质是永远处在"制作"之中的，它只存在于人不断创造文化的辛勤劳作

---

* 此文发表于《羊城晚报》2009年7月5日《求是》版，发表时题目改为"精神文化与文化的层次"，这里有所增改。

之中。这一思想，确立了文化是人类本质的全新认识。马克思说过："人本身是人的最高本质。"卡西尔从人类的活动本身来考察人的本质，认为人是文化的动物，这无论对人本质的理解，还是对文化活动意义的认识，都是十分科学的思想。

文化活动体现着人的本质，是人的本质特性的展开，而绝不是外在于人的、强加的活动。人类自觉的文化建设，是提高人的素质、完善人类自身的过程，本身具有最高的目的性，它符合人类自我提升的原初动因。

二、文化和经济是人类社会一对永恒的矛盾

文化和经济是人类社会一对永恒的矛盾，脱离经济的文化和离开文化的经济都是不可思议的，文化与经济互为目的、互为手段。同时还应看到，在人类主要受到自然必然性奴役的必然王国里，在物质财富还不能满足人们需要的历史阶段，文化虽然是人的本质展现，但人们的一切活动，包括文化活动，还不能不顾及物质财富的获得。然而，人们越能摆脱自然力的奴役，越向自由王国逼近，文化的目的性和经济的手段性就会越加突出。

在全球一体化的当代社会，各地区的经济交流日益频繁和突出。表面上它与文化交流相互交织，然而，文化交流不一定是经济交流，而经济交流必然是文化的交流。只有赤脚人认可了穿鞋的文化，才能接受鞋这个产品；而对方消费了你的产品，也就吸收了你的文化。经济交流和文化交流相比较，前者是单一的、暂时的，后者是普遍的、长久的。经济的背后是文化，市场的开拓靠文化，商品消费后遗留下来的仍然是文化。文化会把经济不断提升到新的层次和推动到更大的范围，它既是经济发展永恒的牵引机，又是经济建设的一种最终目的。

社会上曾有所谓"文化搭台，经济唱戏"的提法，其实施的长远效果之所以大多得不偿失，就是因为它歪曲甚至颠倒了经济与文化的客观关系，使地区建设偏离社会发展的正常轨道。

三、精神文化决定着整个文化的特质与层次

文化作为一个概括人类活动本质的概念，有它特定的内涵和系统。根据英国文化人类学家泰勒在其《原始文化》一书中给文化下的定义：人们倾向于把文化的复杂系统按照由外到内的顺序划分为三个层面：第一是物质生产的层面，指人改造自然的存在物而构成的现实生产力及其生产成果，它是文化的物质形

态，因而被称作物质文化；第二是制度行为的层面，主要包括社会组织、政治、经济制度、道德、法律以及人们在交往中约定俗成的习惯定式，这种文化构成人们社会交往的规范，因而被称作制度文化，有时也被称作规范文化；第三是精神心理的层面，主要指人们的价值观念、心理模式、宗教信仰等，这一层面反映的是人的内心世界，它常常表现为指导人们思想行为和思维方式确立的一些原理、理论体系，被称作精神文化。

在文化的自我系统中，物质文化和制度文化反映并受制于精神文化，是一定精神文化的折射，是它的表面化和具体表现，是它的附属品。其中物质文化要靠精神文化去推动，制度文化还要靠精神文化去建构、去评价；而精神文化体现着各种不同文化的独特的心理结构，是系统中最深层、最具稳定性和最有决定力的，是整个文化系统的核心。精神文化具有稳定性，能作为文化核心的标志。然而，精神文化不能独立存在，它需要一定的载体，只能通过物质和制度的形式表现出来、折射出来。这些物质和制度正因为体现着人的精神心理和精神世界，才成为文化的重要部分。它们对精神文化的体现越多，内涵越丰富，其文化价值就越大。

正因如此，精神文化决定着整个文化的特质，并且代表着文化的层次。衡量一种文化的程度高低，不仅要看该文化体系中物质的丰满和制度的先进，还要看物质和制度所反映、折射出来的精神文化的文明状态。春秋战国时期，老庄主张守俭弃智、抱瓮灌圃，孔子也布衣一生，但这些并未妨碍他们成为民族文化的宗师。中国传统文化中最值得称道的不在于物质文化和制度文化方面，而在于某种博大精深、源远流长的民族精神。这种民族精神，被认为"是中华民族生生不息、发展壮大的强大精神动力"，如被中国共产党人视为宝贵精神财富的"延安精神"，也恰恰是在物质财富极度匮乏条件下的艰苦奋斗精神。可见，衡量文化层次的特定标尺正是精神文化，而不是物质文化。

广东是毛泽东思想的萌芽地*

邓小平理论、"三个代表"重要思想和科学发展观，都发轫或首先阐发于广东，这是为人们所熟知的。其实，马克思主义中国化的第一个伟大理论成果——毛泽东思想也萌发于广东。由于社会生活与思想文化自近代以来的领先性，广东也成了毛泽东思想的萌芽地。

《关于建国以来党的若干历史问题的决议》对毛泽东思想的形成过程已有大致认识，并认为毛泽东思想是马克思列宁主义在中国的运用和发展，是以毛泽东同志为代表的中国共产党人在同党内外各种错误倾向做斗争中逐步发展成熟起来的。我们应该进一步指出的是，从建党到"大革命"结束，毛泽东思想开始萌芽、形成，其形成的标志是中国共产党人开始用马克思主义的基本观点分析中国社会的实际，对中国革命的根本性问题及革命的战略、策略等做出了马列未曾论及的正确结论。这些标志性的论述反映在毛泽东当时的几篇著名论文中，以1925年年底发表的《中国社会各阶级的分析》为集中代表。

《中国社会各阶级的分析》之所以是毛泽东思想开始形成的标志，有着内在的理论逻辑：一是该文较系统地提出了中国革命的对象、动力、领导阶级等思想，为后来完整的新民主主义革命理论奠定了基础。毛泽东思想理论体系中的其他内容，如革命道路问题、军队建设和军事战略问题、统一战线等战略策略问题、党的建设和领导权的实现问题，以及社会主义革命的转变问题等，都是以新民主主义理论为前提的，都是该理论的逻辑延伸。毛泽东思想这一参天大树正是由此开始萌芽。二是该文用马克思主义的基本观点及阶级分析方法认识中国的特殊社会，首次开始了马克思主义中国化的尝试，并取得了伟大的成果。它所应用的实事求是的思想方法，它所表现出的独立自主的分析精神和信任工农群众的革命态度，体现了整个毛泽东思想的三个活的灵魂。

---

* 此文发表于《广州日报》2004年1月7日A16《理论》版，发表时题目改为"广州是毛泽东思想的重要萌芽地"。

235

作为毛泽东思想形成标志的《中国社会各阶级的分析》一文，无疑孕育成熟于广东。首先，从毛泽东本人当时的政治活动地来看，在大革命时期，毛泽东曾三次来到广州进行革命活动：第一次是 1923 年 6 月到 9 月，出席中共"三大"，会上明确了建立国共统一战线的任务；第二次是 1924 年 1 月至 3 月，出席中国国民党"一大"，毛泽东被大会选举为国民党中央候补执行委员；第三次是 1925 年 10 月至 1926 年 10 月，毛泽东在此期间曾担任国民党中央宣传部代理部长，创办了《政治周刊》，出席了国民党"二大"，主办了第六届农民运动讲习所等。《中国社会各阶级的分析》是 1925 年 12 月在《革命》半月刊上首次发表的，经毛泽东修改后于 1926 年 2 月再次发表，并在他主办的第六届农民运动讲习所中向学员讲授。该文从酝酿、发表到修改、宣传，毛泽东的大部分活动都在广东，广东当是这篇毛泽东思想开山之作的孕育、成熟和面世之地。

其次，从文章涉及的内容上看，该文较全面地分析了中国社会的各个阶级和阶层，除地主阶级和农民阶级外，还有买办阶级、民族资产阶级、小资产阶级、半无产阶级等，他们的生活状况及其相互关系只有在沿海大城市中才会得到详尽和明晰的观感。毛泽东从内地湖南来到广东，通过广州这个社会各阶层攒集的窗口，敏锐地感受到了中国社会各阶层的特殊状况及其复杂关系，促使他用马克思主义的观点对此认真分析研究。从中国近代史的演进过程来看，广东正是中国买办阶级、无产阶级、民族资产阶级的落根生成之地，在广东认识和分析这些阶级，更有条件看清其形成和演变的趋势。

最后，从解决问题的针对性和相关的社会背景上看，当时中国革命的中心在广东。国共合作、打倒封建军阀是革命的主要目标，但由于国民党组成成分的复杂性，由于共产党内各种不同认识的差别，当时革命阵营内部出现了以蒋介石为代表的国民党右派对工农运动的蔑视和抵触情绪，否定孙中山"三大政策"的国家主义派和所谓的戴季陶主义接踵出笼；在共产党内部，以陈独秀为代表的右倾机会主义只热衷于同国民党合作，漠视工农运动；也有一些人只注意工人运动，而忘记农民的"左"倾错误倾向。改造中国社会的种种方案和主张在此登场，南粤广东成了当时中国各种社会矛盾的集合点。《中国社会各阶级的分析》一文公开揭露了国民党右派的反革命实质，解决了党内两种错误倾向难以回答的革命同盟军问题，预见到了民族资产阶级的动摇性。毛泽东是在为中国共产党在广东的革命指导活动探求制胜的方案，可惜未被当时的党中央采纳。

《中国社会各阶级的分析》自然是以全中国的各个阶级为研究对象的，但它孕育诞生于广东，与广东有着更直接的联系，这正像马克思的《共产党宣言》

以全世界无产阶级为认识对象，但其直接的认识都是来自德国一样。在国际共产主义运动史上，《共产党宣言》的发表是马克思主义诞生的标志，德国是马克思主义的故乡。同样的道理，在中国共产党领导的中国人民革命史上，《中国社会各阶级的分析》是毛泽东思想开始形成的标志，广东是这一科学思想的萌芽地。

　　毛泽东思想是马克思主义中国化的第一个成果，这一伟大成果萌芽于广东，是广东 20 世纪 20 年代文化丰厚、理论领先的历史见证；邓小平理论、"三个代表"重要思想和科学发展观，作为马克思主义中国化的又一批成果，都发轫于广东，更是广东当代文化土壤宜于理论创新的标志。中国近现代和当代史上的先进文化都毫无例外地初显于广东，这是一种特别的文化现象，探讨岭南文化、广东海洋文化在中国现当代社会的特殊地位，发掘其对中国文化的引领之因，对广东乃至当代中国先进文化的建设无疑都将有极大推动。

"厚于德"：新时代广东人格的鲜亮色彩

广东精神中的"厚于德"，源于对中国传统文化选择性的摄取改造。传统经典《周易》在阐述天地之性时认为："地势坤，君子以厚德载物。"（《易·坤卦》）即认为与天相对应的地（在卦象中是与乾对应的坤）具有宽广厚实之性，从而能载育万物。"厚于德"是把"厚德载物"的思想做了凝结概括，从显意和隐意多个层面表达了新时期广东精神的丰富内涵。

一、要求培养宽广淳厚、笃诚实在的人格品性

"厚于德"是取象观物，指出了广东人应该具有大地那样宽广、厚实的人格品性。这里的"德"，是内在德性、心性道德、品行操守等意，现代汉语中的德政、德泽、德望，在这一字意上是相通的。这里的"厚"，有深厚、厚重、浓厚、忠厚、丰厚等意，它与"薄"是相反的，现代汉语中敦厚、宽厚、笃厚、浑厚，在这一意义上是相通的。"德"，指出了人生修养和发展的着重点在品行、操守和人格完善方面；"厚"，则表明了人格培养方面的一种价值取向，那就是以厚为贵，取厚舍薄。

德求其厚，一直是中国传统文化中的重要特征。《谷梁传·僖公五十年》中讲："故德厚者流光，德薄者流卑。"这里的光，指远；卑，指近。流是影响之意。"德厚流光"的古语，是指道德高厚，影响深远。西汉刘向在《新序》中发表议论说："墙薄则亟坏，缯薄则亟裂，器薄则亟毁，酒薄则亟酸。夫薄而可以旷日持久者，殆未有也。""厚于德"的广东精神，体现着对人生德性培养的看重，表明了一种取厚舍薄的价值取向。

源远流长的岭南文化承袭了这一厚德之风，形成了岭南人的淳厚、实朴、笃诚和温厚之性，以及埋头实干、敏行讷言的处世风尚。新时期广东精神首选"厚于德"，其中体现着对民族文化、地区文化中传统理念的精准摄取和高度凝结。

二、提倡容载众生、惠物利人的道德风尚

关于"厚德载物",《易·说卦》中讲:"坤也者,地也,万物皆致养焉。"《易·坤卦》中有:"坤厚载物,德合无疆。"其中的"物""万物",是指成长于大地上的一切有生命的物质,自然包括作为万物精华的人。这里是强调大地的载育万物、德惠众生之性。事实上,载育万物是"厚德"的目的,是"厚德"的体现,也是"厚德"的验证,"厚德"离不开"载物"。据此,"厚于德"在字面意思之外,还隐含着以丰厚德性助益众生、惠利万物,使天地有生者被及德泽、和谐相处、受利生长及获福无疆之意。

古人常把老子的"上善若水"与"厚德载物"连为双语,以互相说明和引申,认为最好的善德应该像水一样,处卑下,不争胜,而能滋养万物,利于众生,这种效果正是"上善"和"厚德"的体现。

岭南文化的兼容性其实就是对上善若水、坤厚载物等思想的承袭。文化的兼容心态体现着对异质事物的认可、接纳、包容、助益,这和"厚德载物"的思想是相通的。新时期"厚于德"的广东精神自然是隐含着热爱众生、包容共济、和谐成长的内容。以广博的爱心利人利物,乐善好施、自甘奉献,应该是"厚于德"的内涵意念。

与此同时,古人探讨了德与福的关系,认为有大德者必有大福。《国语·晋语六》中有"夫德,福之基也""唯厚德者能受多福"。《易·文言》中有:"积善之家,必有余庆;积不善之家,必有余殃。"人们认为有德者能受多福,因而又有"厚德载福"的词语。据此,"厚于德"的广东精神,就不纯粹是利及他人、惠载万物的浑厚品德,同时还隐含着施德受福,享受和谐,以实现幸福广东的巨大智慧。

三、倡导开拓创新、奋力进取的不懈精神

中国传统观念中的地与天、坤与乾、阴与阳其实是一而二、二而一的浑圆体,双方质性不同,但本质上不能分离,它们是在相互结合的推荡作用中实现事物的完满形态及其运动发展的。《易·系辞下》有:"乾,阳物也;坤,阴物也。阴阳合德,而刚柔有体。"按照这一认识,如果人们仅仅只把握了阴柔的坤德,那还不能造就圆满的德性。要达到"阴阳合德"的圆满境地,还需要把握并效法乾德,实现两者的结合。

关于与坤德相对应的乾德(天德),《易·乾卦》中有一句经典的卦辞:

"天行健，君子以自强不息。"与坤道柔顺不同，天道刚健，是一种生成万物、自强不息的德性。这一德性的表现是：坚强勇敢，不避险难，刚毅奋发，积极进取，决不懈怠，永不满足，以强健不息的风格创造出辉煌的业绩。《易·乾卦》中讲："夫'大人'者，与天地合其德。"就是说，把"厚德载物"与"自强不息"两者结合起来，才能成就君子完满的德性。

可以说，岭南文化中敢为人先、敢"闯"敢"冒"的精神和务实肯干的品格，应该是这一"乾德"的映像。新时期广东精神中的"厚于德"，应该必然连带着这种开拓创新、奋力进取的时代精神。这是"厚于德"必然蕴含着的另一重要内涵。

"厚于德"彰显了广东精神中德性为基的兼容性、实干性与和谐性，对于当代广东人的理念培养、德性锻造和生活处事，都不失积极的指引，应该是培育新时代广东人格的鲜亮色彩。

"敏于行"：中国传统文化在广东土壤生长的绚丽花朵*

和"厚于德""诚于信"一样，"敏于行"应该是比较精准地反映了当代广东文化精神的一个重要特征。它既体现了中国传统文化精神对岭南文化、广东文化的深刻影响，又表达了当代广东文化对传统文化的历史性超越，以及广东文化在中华地域文化中的个性风采。它是中国传统文化在广东深厚土壤中的历史结晶。

一、儒家孔子的敏行观

"敏于行"出自孔子《论语·里仁篇》，其实，思想家孔子对于敏行问题有着多方面的论述，这些论述构成了儒家内涵丰富的敏行观。

首先，孔子从君子人格塑造的视角出发，将人们日常生活中的"言"与"行"区分开来，并为两者提出了不同的规范要求。他说："始吾于人也，听其言而信其行；今吾于人也，听其言而观其行。""言"与"行"是人们人格表达的两个方面，它们有所差别。而人格实现的重点是在"行"，而不在"言"。正是在这种认识基础上，孔子提出了名言："君子欲讷于言而敏于行。"讷，为迟钝之意；敏，指迅疾，敏捷。因为放言易，力行难，人格塑造的重点又在行不在言，所以孔子主张言从迟而行求疾。孔子曾对他的学生说过："予欲无言。"又说："天何言哉？"他想要像生成万物的天那样不言而行，只行不言，这更加显示出讷言敏行是他本有的价值理念。

其次，孔子的敏行思想蕴含着深沉的道德追求，讷言敏行是服务于道德目标的。孔子曰："古者言之不出，耻躬之不逮也。"这位好古的思想家认为，古人不轻易出言，是耻于身行不能达到所言，这实际是要求人们寡言而行，以成其信。"天何言哉？四时行焉"，孔子认为这才是一种高度的诚信品格。孔子在另一处说道：君子应"敏于事而慎于言，就有道而正焉"，强调的也是道义追求

---

* 此文参与广东文化精神讨论，并被收入正式出版的论文集。

和端正自身。这表明孔子的讷言敏行均是出于信用、道德的考虑。孔子曾一再说："巧言令色，鲜矣仁。"认为甘美悦人之言，喜狎悦人之色，很少能有仁德。从这种意义上说来，孔子的讷言敏行是出于道德目标的考虑，其中的"行"，实际上正是古人们所赞赏的"德行"。

最后，孔子的敏行观吸纳了审断、质疑、多思的理念，并非纯粹的快疾而行。有古贤释"敏于事"曰："敏，审也，谓审当于事也。圣人教人，固不专以疾速为重。"《词源》中的"敏"，就有聪慧之意，如敏达、敏赡、聪敏等。事实上，孔子曾说"多闻阙疑，慎言其余"，"多见阙殆，慎行其余"。主张对疑惑危险的事情，要谨言慎行。孔子对性情莽撞的学生子路说："有父兄在，如之何其闻斯行之？"不赞成子路一听到什么就去行动的疾速态度。他也曾和学生们讨论过"三思而后行"的问题。总之，孔子的"敏行"是思、学、审、疑等思维活动之后的"行"，这实际上赋予了"敏"以敏达、敏锐、机敏之意。他要求的敏行不是莽撞疾行，而是思而后行。

儒家孔子的思想，包括其中的敏行观，对中华民族的人格塑造产生了深长的影响，也构成了新时期广东精神的文化源流。

二、广东文化中敏行观的演变

中华文化的千年溢流影响和培育了面向大海的岭南文化。作为岭南文化的中心区域，广东的文化精神秉承了儒家孔子的敏行观，因为地缘环境和社会历史的不同，传统敏行观的内涵也发生了不少损益和变化。

近代以前，在农耕文明占主导地位的经济形态下，生存于岭南贫瘠土地上的先民为争取衣食丰饶而辛勤劳作，政治等级的压抑和伦理规范的束缚相对较淡，而生存的压力和对个人幸福的追求却养成了人们重实利、贵实干的务实精神，因而传统敏行观中的重行、疾行意识在此得到了切实地发扬。有所不同的是，这里的"敏行"已不是与"讷言"相对而言的，这里没有了道德信用层面上的多言之讳和失言之忌。另外，随着宋明以降广东商品交换、海外贸易的渐次兴旺，信用、诚信的品格也从兴盛的商业文化中发育成长了起来。也就是说，广东文化中的敏行、诚信不是出于外在的伦理约束，而是出于人们生存、生活的固有方式，属于人们文化精神中的内在品格。

进入近代社会后，风云际会，广东成了中华民族民主革命的策源地，资产阶级民主革命的领袖孙中山针对辛亥革命失败后各界人士对革命前途和革命方式的迷茫，提出了"知难行易"的重要思想。孙中山以广东文化中的简明平易风格，列举了饮食、用钱、作文、建筑等十项事例，指出："天下事惟患不能知耳，倘能由科学之理则，以求得其真知，则行之绝无所难。"（《孙文学说》）他论证指出，革命建国之事，"非不能也，不行也；亦非不行，不知也；倘能知之，则建设事业，亦不过如反掌折枝耳"。孙中山的"知难行易"思想无疑是为革命建国服务的，但其对传统文化的冲击和对广东文化的改造也显而易见：它以广东文化中的敏捷实干精神为立论点，认为行动是简单容易的，而行动前的明白认识和理论武装则极端紧要，从而要求"行"应被赋予思想、理论和知识的指导。经过这样的改造增益，广东文化中的敏行观突出了思想和理性的成分，又具备了以具体事功为依托的特征，且在认识论的意义上包含了朴素唯物主义和朴素辩证法的内涵。

20世纪70年代后期开始的改革开放，验证并发展了广东文化中的敏行观。僵化的社会经济模式开始松动，中国大地获得了探寻发展、改颜换貌的机遇，但唯有广东人在历史机遇的起始点上毫不犹豫地敏锐而行，捷足先登，此后社会经济犹如脱缰之马迅疾前行。广东文化中的敏行精神在此得到了极好的验证和肯定。同时，在中国改革开放的实践中，广东人不争论，重实干，注重"行"的灵活性，在每一具体的事功目标上，能把"敏"与"行"很好地结合起来，敏达疾行，大大丰富了自身敏行观的内涵。广东人的改革精神、创新精神和实干精神得到了前所未有的发挥，"解放思想""敢为人先"已成了广东文化精神的基本标志，广东文化中的敏行观获得了科学理论的灌注和全新的时代特质。

三、"敏于行"：当代广东文化精神的光亮点

自中国近代社会以来，广东文化就在全中国各地域文化中取得了领先的地位。从根本上来说，这是工业文明、商业文明领先于农业文明的必然结果，是海洋文化的创新性优越于农耕文化保守性的体现。而从文化比较的意义上来说，也是广东文化中损益变化了的新敏行观对于传统敏行观的超越和胜利。广东文化精神中的敏行观摈弃了社会政治和道德体系的外在要求，是基于人们特定生活方式的内在精神品性，主张在一定思想理念指导下、以社会事功为目标的聪慧通达之行，这比起那种以政治伦理的外在约束为意旨，以个人人格塑造为依归的传统敏行观，显然更合乎时代的要求和社会发展的需要，这正显示了广东文化中敏行观的闪亮之处。

广东自近代以来的社会领先地位，尤其是改革开放以来在全国社会发展中的排头兵地位，实质上都是行的结果，是敏行之花的灿烂开放。把广东精神概括为厚德、诚信、敏行三个方面，事实上，传统文化和广东文化中的敏行观都不能完全包括厚德、诚信的内容，却从不同意义上渗透着厚德、诚信的精神。

从社会发展的客观进程上说，载育万物的厚德精神、重约守信的诚信精神只有通过敏行才能真正展现出来，形成实效，达到目标。广东文化中的敏行观以自身的特质提升了厚德、诚信的品格，也赋予二者以崭新的时代内涵，它因而是最有地域色彩、最富历史沿革、最具广东个性特征的文化精神。

广东要想在未来的发展中继续走在全国的前列，仍然要靠自己的敏行来实现。广东已经领先实现了经济增长方式的转变，敏锐地开展了文化强省建设、幸福社会建设和社会管理体制的改革，已经练就了敏于行的思想品格，并将其确立为新时期自身文化精神的重要特征，相信"敏于行"的文化良种一定能在广东的红土地上持续不断地开出一片片绚丽的花朵。

应当注重文化产品的精神内涵及其消费[*]

党的十七届六中全会在谈到文化建设的意义时讲道："没有人民精神世界的极大丰富，没有全民族精神力量的充分发挥，一个国家、一个民族不可能屹立于世界民族之林。"从人的精神世界的塑造、民族精神力量的提升上看待文化建设，实际上是极为郑重地强调了文化产品的精神内涵。

一、一切文化品都是物质载体与精神内涵的统一

任何文化品都是人类的劳动创造和智力凝结，都有物质性载体和精神性内涵。在文化的存在系统中，物质文化品都含有精神的意蕴；精神文化品都有客观的物化载体；制度文化既有制度的设置、设施和运作，又内含相应的思想和理念。可以说，作为文化的存在品，无一不是物质载体和精神内涵的统一，只不过不同文化品的物化形式不同，精神内涵的品质、丰富度各有差别而已。

在文化品的两重属性中，物质载体是有形的、直观的，而精神内涵是无形的；物质载体具有经济学的价值，它可以用货币、价格来表现，而精神内涵具有的是思想塑造的社会价值，无法用价格来衡量；物质载体可以为人们外在拥有、集体共有，而精神内涵只能内在拥有、个体拥有，难以考量。因为这些原因，在片面追求经济效益的环境中，文化品的精神内涵相对其物质载体更易受到忽视；在文化建设成为人们共识的环境中，如果以过分务实的态度看待文化，也有可能发生同样的失误。

然而，文化品的本质在于其精神内涵，文化强国的决定性因素归根结底在人的精神世界和民族的精神力量，这要求我们在文化建设中始终注重文化品的精神内涵。

---

* 此文发表于《广州日报》2011 年 11 月 8 日 B5《理论》版，发表时题目改为"开启文化精神消费的闸门"。

二、当代社会的文化品及其精神内涵触及人类生活的各个方面

社会越是发展，有"文化"的产品就越丰富，人们对文化活动的参与，以及文化对社会的引领强度就越大。在当代社会，文化产品在经济、政治及社会生活各个领域无所不在，文化品的精神内涵从而触及人类生活的各个方面。

教育活动、研究活动、艺术活动、娱乐休闲活动、品牌创建活动、城市建设活动等无疑都是文化活动，但不止于此，文化活动还有许多重要的领域，这些领域至少还包括：（1）政治活动。包括政治制度的设定与修正，政治运作的规范与艺术，政治要素的选定与配置等。（2）管理活动。与政治活动相类似，管理系统的设置、方式的选用、要素的调配、理念的创新等，都是包含精神内涵的文化活动。（3）服务活动。无论是一般的商业服务还是政府的行政服务，都不仅是服务对象对服务内容的货币购买和民众对行政服务的税款预购，而且是同时体现某种契约关系和双方价值理念的文化活动。（4）人们的生活交往活动。除经济领域的商业交往，还包括家庭、邻里和各种生活化的社会交往。社会交往是人们生存生活的条件，同时也是文化精神的展现与交流。佛山小悦悦事件，令国人吃惊的不是车祸伤人，而是其所展现出来的某种缺失的德性精神。古人将"修身"视作治国平天下的起始步骤，正是看重个人精神文化素质在一切社会活动中的根本性作用；所谓"腹有诗书气自华"，也是强调生活交往中精神文化对一个人内在气质的决定。

党的十七届六中全会认定，"我们党历来高度重视运用文化引领前进方向，凝聚奋斗力量"；认定社会主义核心价值体系"是社会主义先进文化的精髓"。同时，又提出把社会主义核心价值融入党的建设全过程，提出"深化政风行风建设""大力推进政务诚信、商务诚信""推进廉政文化建设"等。这些表述实际上是从理论上肯定了意识形态的文化属性，并划归了政治活动和行政服务的文化范畴。不是文化附属于社会政治和意识形态，而是意识形态与政治活动隶属于文化，它们均是特殊形态的、具有重要地位的文化品。既然如此，它们的精神内涵就影响着社会，我们就应特别关注其精神内涵方面。

三、大力启动文化品的精神消费，是推动文化发展繁荣的关键步骤

文化品的生成与存在一般要经过"设计创造—生产—流通—交换—消费……"几个环节，与单纯的物质产品不同，它的循环过程不是链式的，而是前后相接、环状的。也就是说，文化消费既是文化品循环的末端，又是文化创

造的前提。因为只有经过大量文化消费、具有丰富文化素质的人，才能进行应有的文化创造。社会的不断发展抬升了文化创造的门槛，文化消费日益成为文化创造不可缺少的前提。

同时，与单纯物质产品的价值实现相类似，文化品的社会价值也只有在流转中才能实现；经过流通和交换，被消费了的文化品，其精神内涵因其无形而并未消失，反倒激发了消费主体的新创造，形成了它的积累和增殖。一般说来，流转速率快的文化，其兴盛的概率也较大，这是因为消费环节会引发它的再生产，催生了它的增殖与扩张。

社会越发展，文化的积累就越多。在当代各种文化形态大量堆积、无尽交汇的背景下，可以说，文化消费（自然是指其精神内涵的消费）是文化环状流转中的闸口，是一种文化走向兴盛的关键。当代中国学习型社会的建设，在职人员的继续教育活动，各地设立的多种文化节、读书节，以及文化下乡活动等，本质上都是冲着文化消费的闸口去的。那些没有被消费的文化，最终必然会失去生机，走向末路。

党的十七届六中全会的《决定》就"扩大文化消费"做了专段论述。我们应该明白，对文化品物质载体的消费不能代替对其精神内涵的消费。从大文化范畴和注重精神内涵的意义上，我们还需注重特殊文化品的消费，大力启动其中的精神消费闸口，这包括：（1）核心价值体系的吸收和践行，以及核心价值体系对各种制度、规范的校正。国家公务员队伍的廉政、勤政，各种陈旧体制的改革，均要靠核心价值体系的推广消费。（2）民众对先进制度、行为规范的认知与恪守。大到国家政治制度，小到交通规则，都需要在民众的认知遵守中有效消费，实现其社会价值。（3）优秀德性精神的张扬，包括友爱意识、创新思维、诚信品质、自律观念等。（4）对古今中外各种文化形态的观照、选择和反思。（5）科学知识的获得与应用等。

文化品消费的本质在于其精神内涵的消费，这种消费是生活主体的精神塑造，是文化创新的前提和起始。一个国家，一个地区真正树立起了精神文化消费的自觉意识，再辅以"有形之手"的推动，那人们期待的文化大发展大繁荣，以及文化软实力的大提升，就不会是属于遥远将来的事情。

岭南文化的兼容性与和谐性

中国历史在长期发展中形成了许多各具色彩的区域文化，但从基本的属性上归类，并从自北向南的地理方位上考察，可以分为草原文化、江河文化和海洋文化。其中，草原文化由于其承载主体的迁徙多变而承传不足，致使这一起步不迟的文化没有得到长足的发展。而以黄河文明和长江文明为主的江河文化由于起步早，延续性强，一直是中国历史文化的主体，它与延绵数千年的农业文明共生长、同繁盛，历来是中国历史文化的标志。而中国的海洋文化发达较晚（不是产生较晚），却是一种颇有个性、张力很强、极有前景的文化，岭南文化是其中最重要的构成。

任何文化都终归是一定社会存在的产物，其形成与地理环境不无关系。具有海洋文化属性的岭南文化在背靠大陆、面向大海的特定地理环境中形成，自然就具有兼收并蓄、对外开放的鲜明特征，这构成了和谐文化的基本前提。

毗邻大海的岭南处在江河的下游，但海纳百川，汇集众流。历史上的各个时期，中原各地的先进文化总是以多种方式源源不断地传输到岭南，被岭南文化所吸收、兼容，并由此强化了自身的多元性和包容性。历史上如韩愈、苏轼等许多文化精英在中原难以容身之时，却能在岭南获得宽广的立足之地，近代一切与传统文化相抵牾的政治思想之所以能首先在岭南生根发芽，当代许多不同文化背景的热血男女都能在岭南找到自己事业和生活的归宿地，均显示了岭南文化的兼容和包容。

南边的海洋对岭南曾是一个十分神秘、令人向往的世界，自然引起岭南人不少的探求。历史上的岭南人相继赴南洋创业，中国的海上丝绸之路在岭南海岸起步，近代名士林则徐在这里"开眼看世界"，这些都源于岭南文化本有的开放性。开放的岭南也首先感受到了越过大海的域外来风，如意大利人利玛窦来华传教，首先登上了岭南口岸；南印度的菩提达摩远渡重洋，最早把禅宗佛教带到岭南；英国伦敦布道会的马礼逊在岭南宣讲《圣经》，介绍基督教，组织人编写了《劝世良言》；近代岭南首批创办的报纸则展现了西方文化人对中国的观察以及他们的价值观。在中华大地上，正是岭南之地首先经受了域外文化的浸润。海洋属性使岭南文化最早接收了海外的文化因子，这既是岭南文化开放性的见证，也是其文化开放性的重要成果。

富有兼容性的岭南文化不仅最早接收了域外的文化因子，而且善于兼收并蓄，把它们作为自己的文化养料，并从中西文化的并存与交融中发酵酝酿，适时地孕育和生成属于自己的新的文化形态。六祖惠能创立了全新的禅宗顿悟之学，属佛教文化史上的重大突破；洪秀全的拜上帝教、康梁的变法维新思想及孙中山的三民主义都是在中西文化交流中产生的，属于立足本土而向西方寻找救国真理的进步观念，这些与中国传统文化截然迥异的全新思想，只能在近代中国的岭南之地形成，它是岭南文化兼容性的产物，是近代岭南文化更为丰富的见证，也是中国海洋文化开始超越江河文化的重要标志。

岭南文化对各类文化的兼容、包含、并蓄以及自身的多元化，在本质上体现为文化的内在和谐性。和谐是不同质的多种事物相互并存，能够相互协调和促进的一种良好发展状态。文化上的和谐即不同类型的文化多元并存，相互交融，并能逐步孕育出更为优良的文化形态，而岭南文化正是这样一种品质优秀的海洋文化、和谐文化。

海洋文化处在江河文化的下游，它对江河文化的稀释是自然而然、不可改变的。历史上的文化人站在中原江河文化的角度看岭南，总感到岭南文化浓度不足，于是产生各种议论。然而，海洋文化是一种更为宽广、具有不同特征的文化，它的兼容性与和谐性远非江河文化可比。尤其在近代以来的社会大潮中，在全球一体化的格局中，海洋文化无疑处在江河文化的上游，且江河终归要流向大海，它们也只有经由大海，才能走向世界。岭南文化在此以自身的兼容性、和谐性和创新性显示出了它的高度优越。

社会发展与文化的进步总是同向的。中国近代以降，资本主义产业首先萌芽于岭南，资产阶级革命的策源地形成于岭南，这均是岭南文化根深叶茂的硕果。20世纪20年代的政治北伐，当代中国的经济北输，以及伴随而来的文化北上，均是岭南文化在中国的文化圣殿中登堂入室、跃居上游的明证。海洋型文化的兼容性与和谐性决定了岭南文化还将有更大的发展空间，我们现在进行和谐广东的建设，应该充分认识和珍重对待这一宝贵的文化资源。

岭南文化的特殊品质及其历史命运[*]

中华民族在长期发展中形成了许多各具色彩的地域文化，岭南文化就是其中独树一帜的卓越奇葩。源流丰阔的岭南文化哺育了中华南疆色彩艳丽的岭南文明，并无可替代地推动了中国近代的社会发展和当代的经济繁荣。对于岭南文化这一优秀的文化，只有将其放置在中华文化的广大视域中，才能进一步看清楚它的特殊地位、特殊品质和特殊命运，才能彻底摒弃对它多年的误识，全面准确地把握它的当代价值。

一、岭南文化的特殊源流

人们对中华文化可以有基于不同标准的划分，但从自然生态及其文化衍生特征上进行最基本的属性归类，并从自北向南的地理方位上考察，可以将自古以来的中华文化分为草原文化、江河文化和海洋文化三大类型。其中，草原文化是一种基于草原自然条件和社会生活而产生的文化，这一文化在中华疆域的北部和西部催生了古老的畜牧文明，但由于其承载主体早期的迁徙多变，承传不足，致使这一起步不迟的文化没有得到应有的发展。而在黄河、长江萌发的中华江河文化因为起步早、延续性强、积累充分，一直是中国传统文化的主体，它浇灌生成了延绵数千年的中华农耕文明。由于农业经济一直是中国古代生产生活的主要形式，它在中原走向兴盛，因而以农耕文明作为支撑的、繁荣的中原文化历来就是中国传统文化的主体和标志。

中国的海洋文化产生于中华疆域的南部和东部，吴越、岭南均是其最重要的所属地。海洋文化产生的是以渔业经济、商品经济和薄弱的农林经济为支持

---

* 《广州日报》2012 年 2 月 13 日 A18《文化中国·理论》版摘要发表了此文，发表时题目改为"岭南文化在近代'登堂入室'"，内文有所删减。文章见报后，当年教育界有关考试机构据此改编出了高考模拟题中的"《岭南文化》阅读练习及答案"，供高考学生连续多年试用。

的社会文明。由于海洋经营技术的限制，海洋文化在中国古代社会没有得到长足的发展。尽管如此，它却是中华文化不可或缺的有机部分，中华文化因为海洋文化的存在才拥有自身的完整性。吴越之地虽然临海，但自周初太伯、仲雍起，尤其自春秋争霸起就与中原联系紧密，受中原文化的影响极大，独立发展的空间一直较小。与此不同，岭南则背靠五岭，面向大海，与中原较为隔远而与海外交往频密，相对充分地发展了海洋文化，因而岭南文化在中华文化中几乎有异花独枝的特殊性。

岭南文化的原初根基，是在百越远古文化基础上吸收了吴越文化、荆楚文化而形成的南越文化，这是一种以器物文化、习俗文化为主要载体的低端文化，呈散面状态，凝聚力也较弱。自战国末期，中原文化凭借其政治、军事和制度建设上的强势地位冲击着岭南，百川汇海，万流交融，于是形成了风格独特的岭南文化。

岭南文化本质上是在强势文化相汇集的过程中形成的。外部文化在此汇集的方式是多样的：

其一，中原中央政府的行政一统。从秦王嬴政派任嚣、赵佗率兵入驻岭南，到汉武帝在此灭国建郡，以至明清的专制统治，中原对岭南一直是采取管制紧缩的政策，这种管制把相应的制度文化及其思想理念传输到了岭南。

其二，战时的人口迁徙。秦汉战乱最早促使中原的避乱者逃至岭南，后来的东晋、南宋、南明政权，更把中央政府迁离中原，建于南方，岭南成了既能躲避北方战乱，又能回避中央强权的生活福地，南雄珠玑巷至今遗留着大量北人南迁的历史见证。这种人口迁徙不仅带来了迥异的语音、习俗和生活方式，而且促进了人种血统、思维方式和价值理念的变化。

其三，官员士人的贬谪。中原各朝代，特别是唐宋之际，最高当权者总喜欢把触犯了皇权的有罪之人发配流放至岭南，以示惩罚。秦始皇当政时，就将逃亡的罪犯和处置狱案不公正的官员逮捕后发配岭南。三国时的东吴骑都尉虞翻，因得罪了孙权，被流放到番禺。唐宋时的卢行瑫（六祖慧能的父亲）、王勃、周兴、李商隐、韩愈、李德裕、苏轼、李纲，以及岳飞的后裔等均曾受贬来过岭南。他们大部分虽未最终定居岭南，但他们给岭南社会注入了深重的政治文化，留下了影响巨大的思想文化，促进了岭南文化的提升。

其四，域外商人和传教士登陆岭南。广州南越王墓中就有非洲的象牙和波斯的银盒，可见岭南之地的海外贸易很早就开始了。后来随着海上丝路的畅顺，广州成为世界著名的商埠。东汉以后，来岭南传教译经的人士渐多，南朝时的菩提达摩、明朝时的利玛窦、清时的马礼逊都是著名的传教者。贸易与传教活动，把西方的生产生活方式与思想文化带到岭南，提升了岭南的商业文明，增强了岭南文化相对于中原文化的异质性，为近代中国工业文明在岭南的萌发准备了条件。

二、岭南文化的特殊品质

在一种殊异的自然生态环境中衍生的岭南文化，具有三项鲜明的个性特质。

其一是兼容性。毗邻大海的岭南处在江河的下游，但海纳百川，汇集众流。在传统文化的低洼之地，中原文化、湖湘文化、吴越文化、巴蜀文化，以及域外文化，如流水般涓涓汇入或汹涌涌入其地。在这里生活的人们，已没有了流出地的身份等级，没有了以往的思想禁锢，大家只有平等相处、互相包容，才能获得支持，并能更好地生存生活。这样的心态延续，既改变了地区文化的特征，又养成了文化的兼容性格。经过长期积累，形成了文化的多元性、和谐性、流动性与开放性。

其二是商业性。贫瘠的土地不适宜种植粮食，却适宜许多经济作物的生长，单薄的农业耕作难以使先民们就地糊口，人们不得不以经济作物换取粮食，加之不存在"重农抑商"的政策环境和文化氛围，人们毫无顾忌地投入商业活动中，商品经济在这里更充分地发展了起来。在辽阔的中华疆域内，岭南之地的商业文化可以说是根深叶茂的。这里的人们一般不是耕读传家，而是生意传家；成功的人士不是地主，而是商人。由于商业文化的普及与积累，岭南社会具有诸多不同于中原地区的意识观念。在中华各地域文化的相互比较中不难发现，岭南社会由商业文化而衍生的个体意识、权利意识、契约意识、平等意识、诚信意识、等价意识、成本意识、求变意识、拓新意识、冒险意识，以及制作物化产品的精致意识、装饰意识等，虽非极端发展，但在中华文化中却是独树一帜的。

其三是务实性。在贫乏土地上生存的古代先民所获剩余产品不多，无论是本土居民还是从中原各地迁徙而来的人们，他们没有清谈高论，没有虚浮的矫饰，也没有过分崇高的救世情怀，有的只是个人和家庭的生存、生活和立足问题。特定的生活环境养成了人们务实性的思维方式：面对一项事情，人们习惯于从实用的价值评判方面去做选择，而不熟惯于做超越个体和穿透时空的判断。重现实、重生活、重消费、重娱乐，是岭南文化价值体系的自然延伸。人们今天感叹"食在广州"，其实有着深厚的文化根基。

岭南文化的三项特征在岭南早期的神话传说中有着集中的反映。北宋时《太平御览》和《太平寰宇记》所引的《续南越志》均记载了一个关于"五羊衔穗"的神话，两个版本的内容有所差异，但都说的是五位仙人骑着五色羊，带着谷穗来到了广州，留下谷穗后仙人离去。神话是现实生活中人们一定文化心态的反映。"五羊衔穗"的故事表达着岭南文化形成和发展初期人们内心的种种深层意念：首先，为什么是羊，而不是牛、马？因为羊是善于爬山的家畜，而又不能泅水渡海，故事反映了衔穗之动物是攀爬山丘、翻越五岭而来。"五"是中原文化中的完满、满圆之数（合于"五行"）。"五羊衔穗"明确地反映着中原文化对于岭南的传输和影响。其次，五位仙人骑羊而来，留下谷穗和祝福后飘然离去，当地人在五仙落脚的地方建"五仙观"以表达纪念，表达了岭南人好客、重情，对外来人善意理解，并喜欢交往的开放心态，表达着岭南人对客人的礼遇、崇敬之情，这是商业文化应有的品格。再次，五仙和五羊送来的是谷穗，反映了岭南土地贫瘠、粮食缺乏的现实，也表达了岭南先民对粮食的强烈期求。产生于中原的神话"牛郎织女""夸父追日""嫦娥奔月"等，充满着浪漫情怀，它们的共同点是从地上上升到天上，均落脚于想象；而岭南的"五羊衔穗"则从天上返回地面，落脚于现实，其务实的文化品格极其明显。最后，羊是一种安于孱弱、不好争胜、群集随众、跪乳报恩的动物，随五仙来到岭南的不是凶煞的龙，也不是起哄群咬的狗，偏偏是心性温和的羊，这绝不是毫无目标的随机选定。五羊群聚，和而无争，这正是岭南文化多元、融合、和谐的象征，是岭南文化兼容性的反映。而且，在早先以物易物的商品交换阶段，羊皮可能具备过一般等价物的特殊作用，具有某种"货币"的功能，如春秋时的秦穆公就曾以五张羊皮换回了逃亡楚国的奴仆百里奚。五羊来岭南，含有财源滚滚之意，具有浓厚的商业意蕴。"五羊衔穗"的神话传说本身具有诸多深层意蕴，实际上深刻反映出了岭南文化的源流及其三项重要特征。

三、岭南文化的特殊命运

在数千年的中国古代社会中，岭南文化是受鄙薄的文化。因为从农耕文明的角度看，荒远的岭南之地缺乏威严的皇权、严整的族规、纲常的教化，没有清晰成志的族谱、世代承传的家园、子孙固守的基业，有的只是个别稀奇的珍馐鲜果和不少古怪的生活方式。在古代中原人的眼中，岭南人应该是昧于丰收的喜悦和诵读的快意，是身处蛮荒地、不在五行中的。中国历史上，除逃避战乱的难民外，只有犯罪受贬者才会来到五岭之南，居处岭南被视作一种贬斥惩罚，这也在一定意义上体现着某种深刻的文化地理歧视。

岭南文化处在江河文化的下游，居于农耕文明的末端，由于自身的特质而变异、稀释了江河文化，这是自然而然、无可争议的。在农业经济和农耕文明占统治地位的中国传统社会，在缺乏平等意识的古代中原文化视觉中，岭南文化受到轻薄和歧视，似乎也是顺乎其理、不可避免的。

　　然而，中国的历史并没有永久地停滞在以农耕文明为支撑的古代社会。19世纪40年代，中华国运以某种方式刚一进入近代，西方工业文明、商品经济以及与之相应的生产方式就自外部汹涌登陆中国，并立刻显示了它们对于中原农耕文明的先进性。岭南由于地缘文化本有的兼容性、商业性和务实性等品质，自然成了新式文明的感应地和生长地。如果说中华民族必定要由农业文明过渡到工业文明，那么，在新的过渡时期，岭南文化就由中华先进文化的下游立刻转变为上游，从中国主体文化的末端移到了首端。这不是岭南文化的特质有了突变，而是时代的突变在转化中国古老的社会结构，打破了千年一系的文化价值评判系统，颠覆了中原文化的中心地位，把岭南文化推崇为民族的时尚文化。岭南文化因自身的特殊品质，其命运在近代中国发生了巨大的转折。

　　岭南文化对外来的文化因子兼收并蓄，并能以为我所用的创新方式孕育出新的文化形态。六祖慧能创立了全新的禅宗顿悟之学，是这一特性的早期印证；在近代中国，洪秀全的拜上帝教、康梁的维新思想、孙中山的三民主义，改造中国社会的三大政治思想都毫无例外地生成于岭南之地。这绝非偶然，它是岭南文化兼容性、创新性的必然产物，是岭南文化在近代兴盛的见证，也是中国海洋文化开始超越江河文化的重要标志。

　　在全球一体化的世界格局中，海洋文化无疑处在江河文化的上游，且江河终归要流向大海，它们也只有经过大海，才能走向世界。由此，岭南文化在中华文化的总体格局中显示出了它的高度优越。中国近代资本产业首先萌发于岭南，民族民主革命的策源地形成于岭南，国共两党推动的北伐起源于岭南，当代中国改革开放和经济发展的最精彩篇章谱写于岭南，这些均是岭南文化在中华文化圣殿中登堂入室、跃居上游、品质优越的明证。岭南文化蒙受千年误识，其实，它正是那种颇有个性、张力很强、历久弥新、极富前景的中华优秀文化。

直面广东历史担当的责任点[*]

作为改革开放排头兵的广东，在全面深化改革时期获得了中国发展全局中的新定位。对这一定位，习近平总书记在2018年对广东代表团的"3·7"讲话中做了精准表达，赋予了广东改革发展的新使命，即我们要面对的历史责任。广东省十二届四次全会要求"抓住广东面对历史担当的责任点"，奋力开创广东工作的新局面。把握好广东在中国发展新时期的全局定位，就能明白我们历史担当的责任点，就能理解广东省十二届四次全会各项工作部署的重要性及全会的重大意义。

一、"三个定位"体现着习近平总书记对广东的殷切期望

党的十八大召开后，习近平总书记第一站考察广东时提出："广东要努力成为发展中国特色社会主义的排头兵、深化改革开放的先行地、探索科学发展的试验区。"党的十九大召开后的第一次全国两会上，习近平总书记在对广东代表团的"3·7"讲话中提出："广东是改革开放的排头兵、先行地、实验区，在我国改革开放和社会主义现代化建设大局中具有十分重要的地位和作用。"重申了广东在全国大局中的"三个定位"。现在，中国特色社会主义进入了新时代，习近平新时代中国特色社会主义思想成了全党全国人民的最新指导思想，尽管"三个定位"的内涵表述略有调整，但"排头兵、先行地"，以及前行探索的任务一以贯之、未曾变化。

习近平总书记在"3·7"讲话中，把五年前提到的"试验区"，更词表述为"实验区"。"试验"和"实验"是略有差别的。根据词语本身的含义，"试验"是为了察看某事的结果而从事的活动；"实验"则是为了检验某种科学理论或假设而从事的活动。就是说，试验是要从结果的好坏上判定事情是否可行；

---

* 此文原题发表于《南方日报》2018年7月23日封二《观点》版，发表时基本删减了第一部分。

实验是要从过程及结果的整体上验证某种假说或方案的科学性。十八届三中全会对全面深化改革做了整体谋划，并制定了成套方案；党的十九大对中国特色社会主义新时代的改革开放做了新部署。现在，中国的改革开放已经走出了依靠"摸石头"而探路径的初始期，行进到了以顶层设计为引导的更高阶段，据此，广东的先行探索就应该包含对诸多改革方案的实施与验证。把"试验区"变更为"实验区"，先行探索的使命没有变，却增大了探索任务的多面性和艰巨性。

"改革开放的排头兵、先行地、实验区"的三个定位，既是对广东已往历程和现实状况做出的评定，也是对广东未来的期冀。现在，世界局势正发生着重大变化，中国改革开放进入新阶段，党领导的这场伟大革命，从决策到实施，日益面临前所未有的挑战，历史行程不容我们有半点儿马虎和失误。鉴于此，中央的战略安排需要先行者的开拓探索，领袖的部署要有来自实践层面的坚实支持。习近平总书记为此看准和选定了广东，于是有了体现历史行进顺序的上述三个定位。就是说，进入新时代，广东改革开放不仅是自身发展的"排头兵"，同时也是中国发展的"先行地"、与世界交流对视的窗口，更是为全国的后续发展做探索、为中央的前瞻性部署提供"数据"参照的"实验区"。在习近平总书记的心目中，广东此后改革开放的措施及成效已超越了广东自身发展的意义，可以为全国及世界提供样板与观瞻，同时应当为中央对全局工作的决策部署提供可靠借鉴和实践验证。

可以说，"实验区"更多反映着广东未来的区域定位。以"实验区"替换"试验区"的用词变更，也显露出以广东作为中国改革开放的探索地、实验区，是更能代表中国未来发展需要的区域定位，体现着习近平总书记对广东未来发展最为殷切的期望。

二、"四个走在全国前列"包含着新时代广东历史担当的责任点

党的十九大对中国新一轮改革开放已有全面部署，各地都根据自己的情况做了具体安排，制定了落实措施。习近平总书记在"3·7"讲话中对广东类同于各地的一般性共同点多未涉及，他所强调的是广东作为未来中国改革开放实验区所要探索的特殊方面，是在各地同质问题之外，广东可以承担的创新探索的任务。

习近平总书记把这些任务归结为四方面：一是新的体制机制的构建，二是新的经济体系的建设，三是全面开放新格局的形成，四是社会治理格局的完善。在社会发展演进的大棋盘中，这四个方面彼此交织、互相渗透、不能割裂，然

而其每一方面又有相对独立的运转程式。习近平总书记在"3·7"讲话中论及上述每一个任务时，都首先表明党的十九大确定的相应目标，同时列举或标示我们实现这一目标的难点所在，从而把创新探索的任务交给广东。

上述四个方面各种难题的解决，是广东自身发展提升回避不了的阶坎，也将给全国各地的后续跟进和中央的再部署提供有益借鉴，这无疑就是"实验区"的光荣使命。习近平总书记希望广东发挥自我优势，克服困难，创造性地做好工作。他要求广东率先构建起可推动经济高质量发展的新的体制机制；率先建立起现代化经济体系；率先形成全面开放的新格局；率先营造共建共治共享的社会治理格局。他期待广东在这四个方面"走在全国前列"，为全国的整体发展做出探索。

2017年5月，在中央全面深化改革委员会第三十五次会议上，习近平总书记部署全局工作时要求"抓好各项改革试点""多出可复制可推广的经验、做法，带动面上改革"。2018年4月，在海南建省办经济特区30周年大会的讲话中，习近平总书记论及经济特区的历史责任，两次提到要"多出可复制可推广的经验"，表达了"在探索中找规律，不断形成新经验、深化新认识、贡献新方案"的需要。这些提法反映着习近平总书记在把握全局工作时的所想所思，说明了探索改革经验在未来全面深化改革中的极端紧迫。

广东省委十二届四次全会紧扣广东在全面深化改革新时期的历史使命，研究部署当前和今后一个时期广东在上述关键领域改革发展的各项工作，明确提出要"抓住广东面对历史担当的责任点"。事实上，作为改革开放的"实验区"，广东在这里的历史担当必然表现为领先实践与提供经验的双重责任，我们不仅需要"破解广东实现'四个走在全国前列'的发展瓶颈"，而且需要在这些领域验证中央关于全局工作的设定方案，补充许多具体环节的实施方法，提供后续区域快速跟进的成功经验。广东既要快马加鞭、劈山架桥，又要形成真经、鉴照全局。只有同时做好了这些工作，才不负总书记"实验区"的重托。

广东省委十二届四次全会认识到，中国全局的改革发展"需要条件相对具备的地区先行探索、走在前列，这个任务历史地落在广东身上"，这是极富全局眼光的认识。在两军决胜的战场上，指挥员常把极艰巨的任务交给最善战的部队；中国改革开放进入深水区；习近平总书记让广东就关键问题先行先试，"在全国率先取得突破"，担当起"实验区"的使命。广东为能承担这样艰巨的任务而倍感自豪。

三、广东省委十二届四次全会吹响了广东"改革开放再出发"的嘹亮号角

广东省委十二届四次全会解读和清点了改革开放新时期广东历史担当的责任点，全面部署并精准落实习近平总书记对广东的讲话精神；根据广东实际，提出了关键而务实的九大任务，同时制订了切实可行的行动方案。全会擎旗树帜、擂动战鼓，吹响了广东"改革开放再出发"的新号角。

其一，明确提出了广东改革发展的根本方向与指导思想。会议要求把习近平总书记的重要讲话精神与习近平新时代中国特色社会主义思想的思想体系贯通起来，学深学透；要求学习和运用好习近平总书记重要讲话蕴含的马克思主义世界观方法论，运用科学思想方法对广东的方位、担当、任务等做出客观而准确的判断，解决改革发展中的重大问题。全会抓住并解答了事关广东改革发展的方向、战略与方法等根本问题，使广东新时期的继续前行具备了科学思想的指引。

其二，在更宽广的视野中全面把握广东历史担当的责任点。全会要求"从事关全局、涉及长远的问题出发，抓住广东面对历史担当的责任点、全面深化改革的切入点、开创工作新局面的着力点、人民期待解决的关切点，破解广东实现'四个走在全国前列'的发展瓶颈"。全会把广东面对的历史责任提到与改革目标、工作方法、人民立场相统一的高度，使广东历史担当的责任内化为人们推进各项工作的自觉行动，从而坚定了意志，凝聚了人心，集聚了力量。

其三，激励广东人民继续发扬英勇拼杀的奋斗精神。全会要求广东人民传承弘扬改革前辈们倡导的"杀出一条血路"的气魄，以及"敢为天下先"的勇气和开拓创新的精神。倡导广东人民以更大勇气和智慧、更有力的措施和办法掀起新一轮改革开放大潮；要求广东抢抓历史机遇，在新一轮发展竞争中赢得先机、取得优势，把中央赋予广东的使命任务完成得更优更好。

广东省委十二届四次全会是党的十九大后，新一届省委班子首次部署广东的长远发展，是习近平总书记重要讲话精神在广东的全面落实。全会直面广东历史担当的责任点，制定了全省今后一个时期改革发展的行动纲领，吹响了广东"改革开放再出发"的嘹亮号角，在广东发展史上无疑具有里程碑的意义。

《广东公民爱心宣言》初稿[*]

为了推动中国社会的多重转变，为了实现和谐幸福的生活，为了弘扬岭南大地醇厚的风尚，为了加强中华民族的天然凝聚，为了让后代因为我们今天的行为而自豪，特提出《爱心宣言》。其词曰：

德性之魂，是为爱心；文明之源，人生之本；万物以赖，生活依凭；舍而为颓，持之必进；今日彰显，欲为十行。

一曰守本，眷爱自身。七尺之躯，重于金银；父母予之，万众牵心；强健筋骨，名誉尤尊；怀有大爱，终生守魂。

二曰起萌，敬爱亲人。父母之情，跪乳报恩；孝顺反哺，人之大伦；夫妻忠贞，兄弟和顺；不唯舐犊，优育子孙。

三曰发轫，尊爱同仁。四海来会，缘投志同；互相支持，休戚与共；无有贵贱，权责相均；诚实交往，皆为友朋。

四曰延伸，爱及四邻。幼者及爱，老者为尊；见义勇为，扶弱济困；互谅互让，宽宏谦恭；与人为善，其乐融融。

五曰展献，珍爱劳动。锱铢粒米，来自苦辛；他人成果，肃然自珍；守职敬业，心系人民；勤于劳作，贵在创新。

六曰表征，护爱家园。万象纷呈，生活其中；一草一木，添增温馨；倡导正义，举止文明；人人共建，美奂美轮。

七曰升华，热爱祖国。血脉所系，生命有根；粉身碎骨，中华儿女；中华崛起，我侪责任；披肝沥胆，血渍丹青。

八曰发扬，博爱同类。肤色或异，心性相通；赈灾济难，中华精神；坚守正义，谐者为朋；携手共进，维护和平。

---

* 此文是 2011 年应约为宣传部门所写《广东公民爱心宣言》的一份草稿，当时未能上报刊登，至今仍属个人之作，表达着对地方文化建设的某种愿景。

九曰广大，怜爱生灵。造化之功，贵在生命；蝼蚁虽小，生态之撑；堵绝捕杀，爱护野生；暴殄为罪，善待生灵。

十曰回返，关爱地球。浩瀚星际，唯此有生；居住于斯，生态求衡；消除污染，山秀水清；低碳生活，崇尚璞真。

日月经天，江河流奔；万事变迁，唯爱永恒；高山仰止，大爱精神；守护此心，现代公民；今兹宣言，共誓践行。

【附：《广东公民爱心宣言》之序】

在东亚大陆的五岭之南，在万载奔流的珠江之滨，脚踏在炽热的红土地上，我们的心灵正创造并经历着一场千年难遇的社会变革。

当年，偏僻的岭南曾以宽广的厚爱接纳了天涯沦落的谪士黎民；"仁者爱人""善利万物""兼爱天下""普度众生"的思想种子在这片土地上深埋生根。六祖以他"本来无一物，何处惹尘埃"的纯净爱心，清洗了大唐朝野混浊的世风；近代先民以"有饭同吃，有衣同穿"的普爱情怀，发起了对腐朽封建制的武器的批判；康有为、梁启超以他们天下为公、追求大同的真诚爱心，推动了近代中国的维新变法；孙中山以他"三民主义"思想的普世大爱，领导了推翻帝制的辛亥革命。神州一隅的岭南之地，把爱的果实和爱的使者送遍中国。改革开放以来，广东民众又以挚爱情义迎来五湖四海的万千英俊。叶欣的爱让神州一振，丛飞的爱感动了中国。在我们生存生活的热土上，有着根深叶茂的大爱之种，也有沁人心脾的普爱清风。

现在，中国社会走到了历史的转折处：经济转型，社会转变，生活方式变革，思想观念升华。召唤和谐社会，建设幸福家园。十四亿目光又一次投向了排头行进的广东。担当时代责任，不负历史重托，是我们必然的唯一的选择。

后 记

　　本人自 1982 年 1 月大学毕业参加工作以来，一直从事马克思主义理论和传统文化的教学与研究。1999 年 7 月，我自陕西调入广州市属高校教学，开始感触我国改革开放前沿阵地的社会生活景象以及岭南大地的文化特征，理论触角因而有了新的拓展。其后近 20 年间，我先后在广州业余大学和广东省社会科学院两个单位从事特定内容的教学与研究活动，出于理论工作者的某种使命感，我在工作之余，对广州文化建设投入了更多的关注和思考，对中华传统文化在当代的表征和发挥，以及马克思主义中国化的诸多成果也产生了更多的体悟。自 2000 年起，我把自己对上述问题的某些思考撰写成文，先后在《广州日报》发表过十多篇关于城市文化建设的看法，在《羊城晚报》集中发表过近二十篇关于和谐社会建设等方面的文章，在《光明日报》集中发表过二十多篇关于中华传统文化中思想生活智慧和识人用人方法的文章。同时，多年来也应约或因感撰写过对时政和文化有所裨益的文论，在《南方日报》等诸多地方报刊上不时发表面世。这些观点和文论虽然没有功利性的获得，却体现了本人对社会文化问题的点滴思考印记，凝结着一位理论工作者在岗位工作中的部分独立奉献。

　　这里整理成集的《敲燧石——冯立鳌短篇历史文化论集》，均是本人在广东工作期间撰写的简短文论，共 84 篇，分为"传统智慧篇""人物纵论篇""理论哲思篇""南粤文化篇"四个相互联系的专题。感谢广东省社会科学院的领导和相关部门的科研负责人，至今珍重这些散落的文化成果，协助支持我等已经离岗的研究人员拾花集彩、聚株成园，相信能为文化建设的繁荣发出应有的芬芳。

冯立鳌

2022 年 10 月 1 日